陈子龙及其时代

朱东润 —— 著

山西出版传媒集团
山西人民出版社

图书在版编目（CIP）数据

陈子龙及其时代 / 朱东润著. -- 太原：山西人民出版社，2018.3
ISBN 978-7-203-10168-0

Ⅰ.①陈… Ⅱ.①朱… Ⅲ.①陈子龙（1608-1647）—传记 Ⅳ.①K825.6

中国版本图书馆 CIP 数据核字 (2017) 第 316634 号

陈子龙及其时代

著　　者：朱东润
责任编辑：崔人杰
复　　审：贺　权
终　　审：来普亮
装帧设计：嫁衣工舍

出　版　者：山西出版传媒集团·山西人民出版社
地　　址：太原市建设南路 21 号
邮　　编：030012
发行营销：0351-4922220　4955996　4956039　4922127（传真）
天猫官网：http://sxrmcbs.tmall.com　电话：0351-4922159
E-mail：sxskcb@163.com　发行部
　　　　　sxskcb@126.com　总编室
网　　址：http://www.sxskcb.com

经　销　者：山西出版传媒集团·山西人民出版社
承　印　厂：山东新华印务有限责任公司

开　　本：710mm×1020mm　1/16
印　　张：16.5
字　　数：244 千字
印　　数：1—8000 册
版　　次：2018 年 3 月　第 1 版
印　　次：2018 年 3 月　第 1 次印刷
书　　号：ISBN 978-7-203-10168-0
定　　价：42.00 元

如有印装质量问题请与本社联系调换

序

14世纪的后期，由于中原民族的崛起，击退了北来的贵族集团，中国重新得到繁荣和发展。领导这次运动的是朱元璋，历史上称为明太祖，这是一位来自基层的劳动人民，他体会人民的疾苦，也理解骑在人民头上的统治阶级的暴行，因此在击溃敌人和其他起义的人民领袖以后，制定统治方案的时候，确实做了一些于人民有益的事。但是统治者毕竟是统治者，无论他是来自豪门贵族或是寻常百姓，在他一旦掌握政权以后，他考虑的还是本身的利益。明代统治者的急速腐化堕落，并不比以前任何一个朝代好些，甚至还要更坏一些。

从14世纪60年代起直至16世纪初期，明代的统治还勉强维持一个比较安定的局面，可是自此以后，出现了童昏无知的武宗、昏愦凶狠的世宗、不问国事的穆宗、贪得无厌的神宗，这个统治阶级的基础已经淘空，它的崩溃是指日可待了。神宗时代的最初十年，由于他在幼年时期，国家大政全部落在大学士张居正手里。居正大权在握，左右有若干趋炎附势的人物，他的措施当然有不得其平的所在，但是由于他的努力，国势基本上还是稳定的。可是居正一死，神宗的残酷剥削成为人民的大害，同时也挖空统治阶层的基础。神宗死后，继承这个统治大权的是他的儿子光宗，光宗做了一个月的皇帝死了，再由他的儿子熹宗接位。这两位皇帝是识字不多的。在17世纪前期，作为劳动人民，这个问题不大，可是他们都是皇帝，而当时的大臣之中，再也找不到一个张居正那样的人物，整个政权的崩溃是势所必至了。建州卫的动乱，努尔哈赤、皇太极的崛起，都不是意外的。熹宗逝世的时候，他的弟弟信王由检继承了这个帝位，这是后世所称的思宗。

历史是无情的，它能培养人才，也能摧毁人才。当然，我们不是说历史是有意识地起这样的作用，而是说在某个特定时期，人才得到很好的成长的环境；或是在某个特定时期，人才不但得不到培养而且会遭到压抑或打击。这是每个学习历史的人所经常遇到的问题。当然，任何人没有坐待时代支配的义务，但是在环境对他的成长不利的时候，即使他尽了最大努力，有时还会遇到打击或挫伤。可是，一个有志之士，即使遇到不断的挫折以后，决定不悲观失望、灰颓丧气，他得付出更大的努力，纵使遇到十次的失败，他还得争取第十一次的胜利。胜利不是必然的，是我们不能决定的，但是争取胜利的决心是我们可以完全做主的。

陈子龙是怎样的人物？我曾指出他的一生可以分为三个阶段。青少年时期他是一名文士，他的理想只是考中举人、进士，这不能说是没有抱负，但是这样的抱负也就很有限了，每三年就提拔四五百名进士，一名进士能为人民贡献些什么呢？幸而在适当的机会，他结识了黄道周，这才理解到还有一个为国为民的目标。这时子龙是一名志士了，他认识到必须把自己的力量贡献给国家。1644年北京破了，在新旧政权接替未定时，关外的建州卫领导者闯进山海关，北京周围五百里的地面实现了"圈地"的制度，原来的居民都得搬迁，不及搬迁的或是承认外来统治者的都成为他们的顺民。在这个大祸降临时，南京的官僚和一些有志之士随即建立以福王朱由崧为首的新政权，这就是后来的弘光帝。倘使南京政权的领导人物能结合各方的力量，共同抵抗建州卫的南侵，即使不能恢复中原，至少可以维持一个东晋或南宋的局面。但是他们没有这样做，一年之后，南京政权垮了，外来的势力一直迫进到长江以南。

子龙曾经参加南京政权的工作，在看到朝政混乱以后，他回到松江。他不是退隐，而是纠合地方人士准备给敌人一次打击。南京政权垮台以后，要凭地方势力击退敌人，这是一个过分的估计，但是作为斗士，他是不会计较成败利钝的。起义失败以后，他联系吴易，准备太湖起义。及至吴易过早地暴露目标，遇到又一次失败，这时黄道周在福建建立了以唐王朱聿键为首的福建政权，这是后来的隆武帝。国势进一步削弱了，但是子龙并不灰心，他一边接受福建政权的领导，一边也联系浙东崛起的鲁王朱以海，准备起义。作为斗士，他得不断地进行斗争，只要成功有一线的希望，真正的斗士必然要从失败中争取胜利，甚至在成功的希望只是泡影的时候，他也决不放弃斗争。子龙就是这样的一位斗士。

子龙是不是没有缺点呢？他不是超人，不可能没有缺点的。因为要忠实于传记文学，我没有权利把他写成超人。他是时代中的人物，他的一生的经历都和他的时代息息相关，因此我在这本作品当中，把他的时代写得比较多一些，这样的写法，在国外是经常见到的，不过在国内，由于数百年来八股文字的传统，可能有人认为离题太远，因此我在书名中特别提到他的时代，表示我对于这个传统的正视。至于文字方面的失误，认识得不全面、不正确，以及其他种种的不合适的所在，统统希望读者的指教，我在这里谨致最诚恳的祈求。

东润自序于上海师友琅邪行馆

1983年2月

目 录

第一章　出生的时代 / 1

第二章　时代的恶化 / 9

第三章　明朝走向崩溃的第一步 / 37

第四章　火花的绽发 / 55

第五章　从进士到推官 / 75

第六章　绍兴府推官 / 111

第七章　许都的起义及其失败 / 121

第八章　甲申的前夕 / 129

第九章　北京失守前后 / 149

第十章　建州军队的入关 / 163

第十一章　在朝五十日 / 171

第十二章　南京的陷落 / 207

第十三章　坚持斗争，永远斗争 / 227

第一章
出生的时代

子龙十二岁了,相貌骨骼也逐步地长成,他的两只眼珠有些特别,一直是向上看着。按着明代流行的相法,这是一种不吉之相。

陈子龙，明松江府华亭县莘村人，字人中，更字卧子，号大樽。

关于子龙的祖籍，有不同的说法，有人说他是青浦人。

明代的松江府，领县三：华亭、上海、青浦，其中华亭是附郭县。所以称他为松江人，也是正确的。莘村在华亭县的东北，接近青浦县，称他为青浦人，不能说没有理由，但是正因为他在自撰《年谱》，称为"宋南渡徙居华亭之莘村"，按名从主人之例，我们应当称他为华亭人。但是因为一则华亭县是松江府的附郭县，二则现代的上海已经成为直辖市，华亭县改称为松江县，我们称他为松江人，无论从明代的或是从近代的制度看，都是正确的。

在长江流域的东部，松江是一个名胜的地区。境内有九座名山：凤凰山、厍公山、神山、佘山、薛山、机山、横云山、天马山、小昆山。清代的吴伟业有九峰诗，特别提到机山，因为这是晋代文人陆机、陆云的故里，他在诗中说起：

机山

蒹葭满目雁何依，内史村边吊陆机。
豪士十年贪隐遁，通侯三世累轻肥。
江山丽藻归《文赋》，京洛浮沉付钓矶。
白袷未还青盖远，《辨亡》书在故园非。

陆机是贵族，陈子龙是平民，相去一千三百多年，他们之间是大体不相关的，但是他们之间有相关的一点。陆机是有名的文人，入洛以后为河北大都督，参与晋代有名的八王之乱，及至军败见收，从容就死。陈子龙虽然不是贵族，但是在明代北京、南京相继沦陷以后，他凭着爱国的气节，始终不屈，直到隆武帝聿键在汀州失败后，他为敌人所获，终于挣断敌人的绳索，自沉以死，始终不受敌人的戮辱。他的文采固然不在陆机之下，而他的勇决，出万死不顾一生之计，给后人留下一个民族英雄的榜样，较之陆机，实在有过之而无不及。"《辨亡》书在故园非"这一首，可能是吴伟业入清以后的作品，更可能是他有感于子龙之死而作的凭吊。

子龙的高祖陈绥、曾祖陈钺、祖父陈善谟都没有做官，但家境是富裕的，在当地有一定的名望。当明代中期，倭寇沿海进犯，在他们进攻江南时，陈钺引着家奴和佃夫二百余人曾经给倭寇以相当的打击。当时的兵备道任环提出要他做官，他坚决不干，只把一匹良马献给任环，作为对知己的报答。倭寇的不断进犯，固然是对中国人民的骚扰和祸害，但是也锻炼了人民。当时的名将俞大猷、戚继光、谭纶都在对倭战争中得到了锻炼；当时有名的文人唐顺之，在长江下游和倭寇角逐，多次地把他们击败；民间的壮士，也多次奋勇直前，驱逐倭寇。所以中国的一句古话："入则无法家拂士，出则无敌国外患者，国恒亡。"确实说明了一定的道理。敌国外患，正是锻炼人民、壮大人民的机会。

善谟的儿子所闻是从读书起家的。万历四十七年己未（1619）所闻成进士，那一年子龙年十二岁。天启元年（1621）所闻官刑部郎中，不久改工部郎中。对于神宗、光宗两朝营建的陵墓，他曾参加工作，也获得一定的重视。1621年的冬天，善谟去世，所闻奔丧南归，从此以后，他不再参加政治活动。

神宗三十六年以后，建州——后来自称满洲——的努尔哈赤已经强大了，他的策略是西联蒙古，东侵朝鲜，同时截断明代和朝鲜交通的要道，作为进行侵略的张本。现代的看法，必须先有先进的文明，然后凭借科学文化的先进知识，开辟强大的道路。在古代是不同的，只要有了高头大马，便可以一往直前地进行侵略，无论中国的历史，或是西洋的历史，都可以证明这一点。

神宗四十六年（1618）努尔哈赤发兵二万进攻明边，当时提出七大恨作为发兵攻明的理由。所谓七大恨，其实一半都是强词夺理，但是侵略者当然说是言之成理的。清人自称："此兵非吾乐举也，其余小忿，不可惮述，陵迫已甚，用是兴师。凡俘获之人，勿取衣服，勿淫妇女，勿离异其匹偶。拒战而死者听其死，归顺者勿轻加诛戮。"当然，这一切都是日后的粉饰之辞。努尔哈赤对于明朝的进攻，完全是以一个新兴的部族对于一个文化较高的民族出击的方式进行的。

在进攻当中，遇到一场大雨，努尔哈赤和他的长子代善说："天上来了一场大雨，我想还是回兵好一些，你看怎么样？"

大贝勒代善说："我们和明朝和好的日子已久，因为明朝无道，所以兴兵。现在已经进达明朝的边界，倘若退兵，我们和明朝的关系，是重修和好呢，还是互相仇视？军队已经开出很远，要隐讳是隐讳不了的，何况兵士都有御雨的衣服，弓矢也有御雨的装备，下些雨本来是没有关系的。大雨一降，明朝的将领必然认为我们不会进攻，因此下雨反而使我们可以出其不意，对于我们，倒是一件意外的好事。"

建州的进兵，把抚顺作为第一个目标，第一件事是争取抚顺游击李永芳的投降。本来在明朝和建州的交涉中，李永芳是经常作为中间人往来的，所以招降也就成为顺理成章的事。努尔哈赤在去信中第一件提出的是明朝支援叶赫部落的事。叶赫本来也是关外的一个单位，和建州处在同等的地位，他们之间，有和好也有斗争，以斗争作为主要的关系。努尔哈赤给李永芳的信中说：

> 尔明发兵疆外，卫助叶赫；我乃兴师而来。汝抚顺所一游击耳，纵战亦必不胜，今谕汝降者，汝降则我兵即日深入；汝不降，是汝误我深入之期也。汝素多才智，识时务人也。我国广揽人才，即稍堪驱策者，犹将举而用之，纳为婚媾。况如汝者，有不更加优宠，与我一等大臣并列耶？汝不战而降，俾汝职守如故；汝若战，则我之矢岂能识汝，必众矢交集而死。既无力制胜，死何益哉！且汝出城降，则我兵不入城，汝之士卒皆得安全。若我入城，则男妇老弱，

必致惊溃，亦大不利于汝矣。勿谓朕虚声恐喝而不信也，汝思区区一城，吾不能下，何用兴师为哉？失此不图，悔无及已。其城中大小官吏兵民等献城来降者，保其父母妻子以及亲族，俱无离散，岂不甚善？降不降，汝熟计之，毋不忍一时之忿，违朕言教，致偾事失机也。

从这一篇短短的招降书中，我们可以看到当时的努尔哈赤对于明朝，即使发动攻势，其实只是小小的尝试，事实也理当如此，因为明朝是一个两京、十三行省、连带许多外藩的大国，无论它是如何腐化，还远远没有暴露；努尔哈赤即使在那里窥伺它的一些城市，其实还不敢发动规模较大的战争。其次，明朝即使到了后期，还保存着一定的威信，这和17世纪40年代以后有很大的不同。游击虽然全称是游击将军，他的部下很少超过五百人以上，努尔哈赤许下宏愿，只要他一旦归降，便与满洲一等大臣同列，这里固然是他的权术，同时也见到他对于自己和明朝皇帝之间，还存在着一些差别。不仅如此，即使到了他的儿子皇太极的手里依然如此。这与庞大的明王朝和长白山脚下新造之邦两者之间的比例是相称的。所以这封招降书反映出建州的统治者对于自己国内的处境，还是有切实认识的。

李永芳得到招降书以后，果然具备冠带，正式向建州投降，成为这次战役中的第一个汉奸。不幸的是他并没有得到一等大臣的待遇。这个责任不一定属于努尔哈赤，因为虎豹和兔犬所订的条约，虎豹是没有履行的义务的，这是每个汉奸应当认识而又常常为他们所忽略的信约。

建州对于明朝不断地侵袭，十年以后，明朝最后发动一支庞大的军队东征。万历四十七年（1619）兵部右侍郎杨镐为经略，率领四路大军出山海关。二月十一日誓师，二十一日出塞，兵分四道。总兵官马林出开原，攻其北；杜松出抚顺，攻其西；李如柏出清河、鸦鹘关，攻其南；刘𫟼出凉马佃，攻其东南。建州的东西南北，都在明朝的大兵围攻之下。此外还有广宁的军队，辽阳的军队，和朝鲜元帅姜弘立的军队。在这几路军队的大包围之下，长白山下的建州军队是没有希望的了。

但是军事的胜败，不是决定于参加作战军队的多寡，而是决定于两军的士气。老子说过："抗兵相加，哀者胜矣。"这是说在两军相遇之时，抱定必死的决心，没有丝毫的侥幸心理的，最后终能获得决定的胜利。这一次明王朝和建州的作战，正证实了这一条铁的规律。

杜松是一位有名的战将，出抚顺，越五岭关，直抵浑河。天渐渐地暗淡下来，随军人员提议在此过夜。杜松不听，他看到水面上有几十条船搁在那里，水很浅，杜松拍着战马渡河。随军的将士请他被甲过江，杜将军哈哈大笑，他说："披了铁甲打仗，那算什么！我杜松少年从军，现在老了，还不知道铁甲的分量。"他进军了，连克二寨。次日进二道关，建州的伏兵全部发动，大约三万人。杜松打了一仗血战，正准备上山，山林中的伏兵大起，又展开了一次血战。天渐渐地黑下来了，东营的大部军队因为早先被敌人阻遇的浑河到此发水，无法过河。这一晚杜松和他直属的部下都在山林中战死，第一路的大军结束了。杜松是一个武人，他经常和人说："杜松不识字，可是和那些识字的文官老爷们比起来，他们既爱钱，又怕死，是完全不同的。"杜松的死，是这次出军的第一个挫折。由于他的有勇无谋，进军的路线完全暴露在敌人的前面，不能不算是失败的主因。

杜松败死，消息立刻传到稗子谷的马林，马林压不住，军中大哗。第二天天还没有亮，大兵立即引退。经不起半路上建州兵的几次袭击，马林和他的部下全部战死。

刘𬘩可不同，他深入三百里，踏平了十五座寨子，杀敌三千。建州兵正在溃退之中，他们捡到了杜松的号箭，立即改了汉装，送给刘𬘩，请他赶快进兵。刘𬘩和杜松同样是大将，他说："杜将军哪有给我号箭的道理！"奸细说："杜将军因事急，所以发了号箭。"刘𬘩究竟老练，他说："我们不是约好用号炮吗？"那时在号炮方面，一切都还落后，一次号炮只能传达三里，因此奸细说："杜将军是这样打算的：一次号炮，只传三里。现在相去五十里，那要花费多少时间，急不容缓，因此发了号箭，还望刘将军多多原谅。"刘𬘩一听，觉得言之有理，又唯恐被杜松抢了前功，因此催兵大进，半路上遇到伏兵，全军大败，刘𬘩这一位六十老将，也中伏身死。

朝鲜兵长于火器，和满洲兵打了一次大战。可是风转了，火器一时无从施展，他们也溃退了。

这时只剩得李如柏的一支军队还没有遭到阻击，可是经略杨镐看到孤军作战免不了全军覆没的命运，因此就命令李如柏从速撤军。四路大军进攻建州的计划失败了。明朝从1368年朱元璋称帝起到1661年朱由榔在云南溃灭为止，前后二百九十四年，终于覆灭了。在败亡的一阶段中即使有了孙承宗、熊廷弼、袁崇焕，直到后来的李过、李来亨、瞿式耜、李定国这一大批爱国的文武领袖的努力终于失败了。建州奴隶主贵族进入北京，掌握政权，他们也逐步地变了，奴隶主贵族政权和汉族的地主政权合流了。不过这个合流并不彻底，直到1911年清政权彻底失败为止，他们还在全国重要地区设有驻防军队，这个防不是防国外侵略者的入侵，而是防汉民族的重新崛起。同时一直到20世纪之初，汉族的大臣在章奏中一概称臣，而满族大臣，无论地位多高，权势多大，必须自称奴才，偶尔有时满汉大臣联名上奏，满族大臣随众称臣的也被特别指出，受到申斥。满洲统治者直到放弃政权的前夕为止，始终没有忘却他们汲汲维持的是奴隶主政权，汉族是奴隶，满族也是奴隶，一切在这个政权统治之下的都是奴隶。

杨镐四路大军的溃败是一个转折点。经过这一次大战，建州的胜利和明朝的溃败已经指日可待了，可是江南松江府的一角，万历四十六年陈家的这位十一岁的孩子看到彗星横扫天空，天下到处征兵，他也懂得流泪，有时和长辈们谈起，长辈们只是笑着说："孩子家懂得什么？"

自从陈所闻成了进士以后，陈家的声望在这小小的松江城内提高了，一般人更注意到子龙。子龙十二岁了，相貌骨骼也逐步地长成，他的两只眼珠有些特别，一直是向上看着。按着明代流行的相法，这是一种不吉之相。景泰时期的吏部尚书王文就是这样，当时有名的相法家袁天纲的儿子就说这是望刀相。后来英宗复辟，王文和于谦都死于刀下。子龙在清兵入关以后，起义失败，为清兵捕获，他不甘心为敌人所杀，跃入水中而死，清兵把他的头割下来，悬挂在虎头牌之下，这是后话。一个爱国志士，他的生是为国家为人民而生，他的死也是为国家为人民而死，这和他是不是长成了望刀眼或是曾不曾梦到要把人头挂在虎头牌之下是毫无关系的。

第二章
时代的恶化

中国是一个伟大的国家，明朝的勃兴正证明了中国的强大生命力，但是到神宗后期，他已经是暮气沉沉了，接下来是一个孱弱无能、自行斫丧的光宗和一字不识、不知国事的熹宗，明朝的结束是指日可数了。

杨镐四路大军的失败,是明王朝和建州王朝胜败的关键。我们对于当时的情况,做出具体了解以后,不能说神宗对于国家大事没有一定的了解,因而完全掉以轻心的。无论他在万历十年以后对于张居正曾经进行过怎样的污蔑和迫害,他从十岁到二十岁的十年时间,受过居正的教育;上面有慈圣李太后的督察,下面有太监冯保的监护,他对于国家的前途不可能没有足够的认识;而且国家一经失败,皇帝一族,无论亲王、郡王甚至远房的什么将军、中尉、郡马、仪宾这一大套的人物都要受到杀戮和贬窜的处分,这一切他都应当明了,而且他也明了。万历四十七年的搏斗,是生和死的搏斗,是他的骨肉血亲和崛起的部族的搏斗,这一点神宗是应当清楚的,也是必然清楚的。

那么为什么会失败呢?

当时的将军们,无论他们是怎样勇敢善战,他们究竟是粗犷的斗将,不是智勇的将军。杜松是一位身经百战的大将,但是他的大功都是在西南区域和落后的少数民族血战得来的。这只能助长他的骄傲之气,并不足以增加他的战略。"现在老了,还不知道铁甲的分量。"这句雄赳赳的语言对于一位把总、守备,不失为富于胆略的语言;对于大将,那就是不可为训了。国家的大将,十万军队的司令,赤膊上阵,这是哪一路的兵法?刘𬘓的头脑是清楚一些了,他还记得和杜松是以号炮为约,但是在奸细们的一番诡谲之辞以后,他把这个密约忘了,只顾得抢头功,却没有防备敌人的诡诈。刘𬘓又败死了。

还有两路呢。一路是三十六岁的马林,没有经过大战。他的部下听到杜松败死的消息，全军哗变，马林也在乱军中丧了性命。三位大将都死了，经略杨镐只剩得李如松这一名部下。如松是成桂的儿子，虽然是纨绔出身，且喜保全了性命，没有给四路大军造成全军覆没的噩耗。

为什么会造成这样的大失败呢？明朝中期以后，出军的时候，经常是以文人统帅大军。文人是从八股出身的，破承转合，尽管做得怎样的文从字顺、抑扬顿挫，其实与作战的驱驰进退毫不相关。当然，即使是从八股中求人才，也不一定没有将才，因为人才决不甘心于老死岩壑，以起承转合求人才，必然也有豪杰之士，不可一世的人才，即以起承转合应之。待到战事旁午，他仍然可以他那纵横捭阖的方法破敌立功，成为一时的名将。但是同时还有一个掣手拖拉的方法使他无法成功，坐视国家的丧败而不救，这就是所谓"红旗报捷"。在一位大将出征的时候，照例有大群的文官跟着，他们既不用打仗，也谈不到参谋。他们有的是红旗。凭着这一面红旗到处督战。应当开战的他们督战，胜利了，他们派着飞马到北京去报功，称为红旗大捷。失败了，他们凭着这一面红旗调动比较得力的军队掩护他们逃跑。当然，那时他还可以向皇上奏明，把一切罪过推给别人。向上，他们可以推给经略；向下，他们可以推给战将。他们是无罪的，而且还可以有功，因为在找到替罪羊的时候，不但替了他们的罪，而且也保证他们的干练。

可怜的是经略，因为最后的罪责都会落到他们头上。有了功也许可以加一条什么头衔，赏赐若干永不兑现的大明宝钞；可是失败了呢，那时一切的罪名都会搁到他们的头上，最后只有把颈子里冒出的热血偿还这些不一定应当由他偿还的血债。为什么会落到他们偿付呢？主要还是由于他们会做几篇八股文章，平时再说一些忧国忧民的话头，最后就由他们偿还这笔血债。历史是这样写了，不过国中还是有人的。杨镐以后有熊廷弼，熊廷弼以后有卢象昇，卢象昇以后有史可法、黄道周，黄道周以后有陈子龙。为了国家，甘心献出自己的头颅，中国是有人的。有了人固然是不免失败，但是有了人中国也可以复兴。中国是几万万人的大国，尽管有的人会失败、会杀头，但是中国的复兴，由衰落而强大，终于对世界做出应有的贡献，是必然的，没有疑问的。

杨镐的失败，引起了建州的一系列的胜利，以后他们夺抚顺、夺开原，再进而夺辽阳、夺沈阳，截断明朝和朝鲜的通道，甚至强迫朝鲜在万分不愿的情况下为他们供应粮草马匹，反对一向友好的明王朝。仅仅经过了不到二十年的时间，终于夺获了整个中原，把他们的奴隶社会带进关内，以后再逐步地和汉人的封建社会结合起来，成为半奴隶半封建的社会。

万历四十七年（1619）的四路大败，是明王朝向满洲王朝转变的关键。从这一年以后，满洲王朝向东西南北四个方面扩张，明朝的统治权逐步地退到辽河以西，朝鲜因为和明朝的联络截断，不得不向清王朝靠拢。神宗这位统治了四十八年的万历皇帝也终于衰老了。那时他只有五十八岁，可是从定陵发掘所得的遗骸看来，他已经衰老，脊椎已经伛偻了。做皇帝确实很辛苦，他要担负国家的大事，同时也要担负国家的小事，对外的和平战争，对内的油盐柴米。宫殿以内，他有一大群的后妃嫔嫱；宫殿以外，他有更大的一群文武百官。一切都要由他负责。在顺利的时候，他固然可以一呼百诺，歌舞升平；在失败的时候，那就是君臣相顾，不知所归。干皇帝这一行，实在是三百六十行里最辛苦的一行。但是到了万历四十八年这一年，神宗皇帝终于不干了。由一位三十九岁的太子出来当上皇帝，历史上称为光宗皇帝。

这位皇帝是一位宫女的孩子，虽然是长子，但是一直到十三岁还是个文盲，以后不知道究竟认识几个字，充其量不会超过半文盲。妈妈久已去世了，还得伺候父亲和那个对他不顺心的郑娘娘。在有人奉命将他打死，不幸被获的时候，他还要替这个人解释，替他辩护，终于不了了之。千辛万苦，活到三十九岁真不容易。现在父皇死了，要他出来当皇帝，这份工作就很不简单。在舞台上，要当皇帝，还要经过师父的传授，老板的棍棒，才能够一腔一板，称孤道寡，那时胡子一抹，装腔作势，在大臣们三呼"万岁"以后，喊一声"诸卿平身"。可是光宗皇帝连这一些准备也没有。做皇帝是怎么个做法，这位三十九岁的半文盲，真不知如何是好。

但是有办法。妈妈虽然没有了，郑娘娘也差不多是个妈妈了，平时她不总是在父亲左右伺候的吗？总懂得一些干皇帝的手法。只要郑娘娘肯指教，想来多少总有办法。

这位郑娘娘是同神宗皇帝对天立誓，要把自己的儿子常洵立为太子的，可是那些朝臣百官不答应，他们抱定立嫡立长的老规矩，嫡子虽然没有出世，长子是有的，为什么不立为太子？他们从小就会使用笔尖的，加上南纸店现成的纸张，一而再、千而万地要求立太子。神宗皇帝总还没有忘却割臂沥血的盟誓吧，怎能把常洵抛开呢？何况这小子长得十分好，雪白粉嫩，坐在朝廷上也还像个样子，不像常洛那样面黄肌瘦战战兢兢的寒酸相。但是官儿们的笔尖是凶的，有的甚至传出谣言，说是郑妃是怎样调唆，郑家又是怎样的暗算，甚至是要买人闯进皇宫，打死小爷了。话越说越凶，神宗皇帝再要装聋作哑、半死半糊涂也装不成了。最后他下定决心，常洛立为太子，常洵封为福王，可是首先必须御赐皇庄，待凑足四百万亩的皇庄以后，常洵才能出宫，到河南做他的王爷。

是四百万亩啊！河南这地方本来不错，离北京不远，虽然皇子一经出封，没有随时入朝的祖例，可是离北京很近，这就是好处。河南已经封过好几位王爷：周王、唐王、伊王等一共五六位，都不是不要皇庄的，现在再来一个福王，而且声势更大，是皇上的宠妃的皇子，皇庄的田亩，差一点也不行，到哪里挤出这四百万亩呢？难道百姓也不要，由大家放手去抢？没有百姓，有了皇庄谁来耕种呢？河南省的大官小官都是给皇帝办事的，万一连百姓也挤完了，这些官儿要他们做什么用？难道由他们戴着乌纱帽去替皇子皇孙这些王爷们耕田吗？总算神宗皇帝还通一点人情，没有等到凑满四万顷之数，竟让福王去河南了。

神宗皇帝死了，按从前的说法，是宾天了，那是说到上帝面前当客人了，福王也早去河南，太子常洛是可以当皇帝了。这一位半文盲的老好人能做什么呢？照例说他要呼天抢地，跪在大行皇帝——初去世的皇帝称为大行皇帝——的神座面前守夜，最多只能席藁枕块。席藁是躺在草荐上，枕块是把泥巴当作枕头。他还要好几天不吃饭，只喝一口稀汤。这都是说给那些耍笔尖的文人听的，究竟是不是这样真干，我没有赶上那个礼教昌明的盛世，没有看见过。估计起来，这位太子常洛，后来称为光宗，因为他是半文盲，大约是不会做的，也不懂得要这样做的。

半文盲虽然是半文盲，人总还是一个人，是人就有七情六欲，老子死了，七情六欲并没有死，所以在神宗皇帝上天到上帝面前做客的时候，光宗首先去郑娘娘面前请教。郑娘娘是懂得礼数的，特别是皇宫里那一套做得说不得的礼数。她自己是衰老了，可是她的左右却有不少的美女。她立即向新皇帝进贡三十位美貌佳人。

可怜的光宗皇帝，从他出生那天起，一直到父亲去世那天为止，他从来没有看到过一次好脸色。神宗皇帝在他的眼里简直是一尊天神，老是金光满面，端端正正，从来没有说过一句爱怜的温旨，更谈不上抚摩和提携。现在好了，天神是归天了，光宗也是皇帝了，又是一朝天子。眼前的三十位美女哪一位不是粉妆玉琢，冰肌雪肤，平时看也不敢偷看一看，现在——光宗皇帝说——都是我的了。他顾不上席藁枕块，只要摸一摸，已经够他销魂的了，何况是三十位。半文盲说给自己听："这些美人儿都是我的了。"

神宗皇帝由他自己躺在那灵柩里吧，免不了的是这一位和那一位皇娘的痛哭，这一位和那一位大臣的碰头，可是光宗皇帝却耽在那三十位天仙般的怀抱里，一日十二时，他真要劈成二十四时来过。是三十位天仙呢，他不知道究竟是哪一位更甜蜜、更亲爱些，只觉得都是好，都是绝世的佳人，想不到自己活到三十九岁，还没有看过这样甜蜜的女子。女人是天生的，专门为苦恼的人们来消磨时日的。父皇在位的时候，自己轮不上，现在父皇去世了，郑贵妃又送来，那怎能怪我呢？一切的席藁枕块、水浆不沾的礼节，翰林院的官儿们总会写上的，自己且同这三十位美人们厮混。

可怜的光宗皇帝，他实在没有做什么了不起的坏事。经过三十九年的折磨，自从出胎的日期起，人家就没有把他当过小主儿看，只算是都人们带的一笔私账，十三岁还没有识字，以后即使再学，也学不了几个方块块，现在算是皇帝了，那怎么办？除了这一点男欢女爱、不学而能的本领以外，他要学也来不及了。

于是一边由大学士方从哲一再提出什么什么的主张，一边由光宗皇帝吩咐秉笔太监照批，一切都还有一个模样。礼部侍郎孙如游请立太子，老皇帝死了才不过几天，新皇帝即位也不久，立太子不免太早了一点，秉笔太监说等到孝服满了再说,光宗皇帝点点头。

御史张泼请开言路。本来神宗皇帝到了晚年,什么话都听不进,一切都给它一个不闻不问,御史们都有怨言。现在要开言路,眼见得是非开不可了,就开吧,好在听不听还是由皇上做主,那就开吧。

可是那三十位美人的消息不知道为什么官儿们都知道了。御史郭如楚不便直接提出人数,他说:"起居必慎,嗜欲必啬,斧斤必远,则无耗损之渐。"文章写得很婉转,光宗皇帝不一定明白。秉笔太监由于是经过翰林先生教学过的,他们也不便明说,只说:"道理也说不清楚,不要答复吧。"这位郭如楚御史落得的答复是"不报"二字。

由于神宗去世不久,一时来不及为新皇帝立太子,只能称为皇长子,十六岁了。大学士方从哲请求为皇长子指定师傅。光宗皇帝宣谕:"且慢,皇长子才十六岁,小得很,身体也不好,今年且让过,到明年再看吧。"所以这位十六岁的文盲且让他盲下去。不久他还得当皇帝,好在皇帝尽管做,盲不盲没关系。

光宗皇帝高兴了二十天,到二十一天上,他竟不能上朝了。在这一段之中,努尔哈赤是一刻也不放松的。明朝皇帝高兴的是三十位美人朝夕侍侧,建州首领高兴的是向明朝进攻。抚顺、铁岭久已在他的掌握之内了,他的大军正在进逼沈阳,要是沈阳失守,东北的大局就再没有恢复的余地了。所幸这时还有熊廷弼这一位视死如归的经略撑持着。他督率着诸将策应,打了两天的硬仗,努尔哈赤的大军退却了。

八月三十日召见大学士方从哲,还有其他几位大臣和英国公张惟贤。明代是以武功立国的,所以遇到朝廷大事,武臣的领班照例是要参加的。这一天是光宗皇帝即位以后的第三十天。他指着那位不识字的皇长子,要从哲等好好辅导皇长子为尧舜之君。尧舜之君谁也没有看见过,究竟是什么样,谁也没有一个底。据我的看法,尧大约是位昏聩不堪的酋长,不然,他怎样容忍那穷凶极恶的四凶,等待舜王爷来扫除?舜大约是位技巧熟练的师傅,所以能盖仓廪,掘井道,得空还能玩弄乐器,可也不是主张一夫一妻的,把尧王爷的两位姑娘都骗到手。他的弟弟看不过,就想包过去。待到舜王爷百岁而后死在苍梧，这尧王爷的姑娘至少总该七八十了吧，还是翠羽明珰一直赶到湖南去，把两人的珠泪洒在湘江边的竹竿上，至今还传着那发人深思的湘妃竹。大约古书的大半都带点儿神话味，不能相信，不必相信。

光宗皇帝说过辅导皇长子的问题，接下就谈到寿宫。寿宫就是皇帝坟墓的别称，方从哲说是已经安排好了。光宗皇帝说："不是说的神宗皇帝的寿宫，是说我自己的坟墓。"方从哲和几位大臣说："皇上万岁万万岁，这事是一时谈不到的。"

光宗皇帝问鸿胪官："我的药呢？"

方从哲说："还是不要轻进的好。"

在方从哲退出时，鸿胪寺臣李可灼的药进上了，光宗很高兴，连说："进药进药。"

方从哲是首辅，责任更大，和其余的几位御医谈谈。又一位大学士刘一燝说："在我们乡间，两位乡亲都用过。一位立即痊愈了。看起来是有些道理。"

孙如游是另一位大官，他说："不一定吧，还是慎重些好。"

这几位大臣在暖阁里一长一短地谈论，光宗皇帝喊嬷嬷进来，要她赶快调药，七手八脚，药调好了，光宗皇帝举起药杯，一饮而尽，高兴地喊道："忠臣忠臣。"

李可灼正跪在门外等待颁赏。大臣们也放心了，正在一脚高一脚低地走出宫门。过了一歇，只听得皇上很高兴，传呼御餐。情况一切好转，大臣们高高兴兴地回家了。下午四五时后，可灼也出宫了，大臣问起情况，可灼说："皇上怕药力不够，还要再吃一些。"

大臣们都不主张再进。

可是光宗皇帝还在催，因此重新把红丸用水调好，再进。光宗皇帝欣然地再进，头一晃，光宗皇帝不再是皇帝，成为先帝了。从光宗皇帝即位之初到他临终这一天，整整一个月。努尔哈赤这个建州的首领还在沈阳的四围打转，准备一个夺取辽东的打算，而这个地大物博的明朝皇帝，则在三十位妃嫔的围绕之中葬送了自己的性命。是不是光宗竟是一位荒唐透顶的皇帝呢，其实不是如此。

中国古代荒唐透顶的皇帝，岂止光宗一个？不幸的是他在一月之中，竟把自己的一条性命白白地送去。

光宗既死，当然是由他那个文盲儿子由校即位，历史上称为熹宗。熹宗即位时，年十六岁，对于国家大事什么都不清楚，他了解的是木工手艺，要是由他好好发展，可能成为一个极灵巧的木工艺人，不幸的是他当了皇帝。这样不幸的皇帝，中国古代何止一个？李煜是第一流的文学家，赵佶是第一流的艺术家，然而不幸都当上了皇帝，皇帝这个任务，又不容许辞职，只有昏天黑地地当下去，最后落得个身败名裂，真是最大的不幸。

十六岁的孩子当上了皇帝，一位大臣也不认识。认识的只有光宗身边得宠的李选侍，算是阿姨吧。群臣们进了宫，特别是兵科都给事中杨涟，熹宗不认识，只看到他大捧的胡子，胡子伯伯的精力最足，声音也最洪亮。大家把这位十六岁的孩子拥上轿，一直抬上文华殿。皇帝上朝了，大臣、小臣们叩头再叩头，这算是维护法统。同时有人奏称李可灼进红丸，以致光宗皇帝崩驾。第一件是剥夺了他的月俸，以后再慢慢地治罪。

北京城里正在演出一幕一幕的文戏，关外的努尔哈赤却在攻打沈阳，也在演出一幕一幕的武戏。明朝虽然已经逐步地衰弱了，但是山海关以外辽宁这一带还是有着第一流的人才，应付着满洲的进攻。第一个是熊廷弼，他是进士出身，但是文武全才，是一位镇守边关的大将。他的缺点是认定自己是一位忠心耿耿、能谋善战的大将，其余的人他都瞧不上眼，有时甚至对他们加以谩骂。至于他的生命，他久已以身许国，活也可以，杀也不妨，什么都不放在他的眼里。这个当然是明代的风气。他初到辽宁的时候，命佥事韩原善去沈阳，韩原善不敢去。他再命阎鸣泰，阎鸣泰到了虎皮驿，痛哭一场，回来了。再派谁呢？熊廷弼自己去，从虎皮驿直抵沈阳，大雪飘飘，再从沈阳直赴抚顺。总兵官贺世贤说不能再去了。廷弼说："怕什么？冰雪满地，敌人不会料到我会来的。"这时他大吹大擂地一直向前数百里，谁也没有看到，他祭奠了阵亡的部下，相度将士，召集流移、整顿甲仗，分置兵马，整个的辽宁全区，重新回到了明王朝。

熹宗即位，第二年改号天启。天启元年，命袁应泰为辽东经略，从才气论他不及廷弼；从忠鲠论，他和廷弼一样。受任的那天，他杀白马祭天，自称决心与辽宁共存亡。他上疏言："臣愿与辽相终始，更愿文武诸臣无怀二心，与臣相终始。有托故谢事者罪无赦。"熹宗优诏褒答，赐尚方宝剑，应泰随即杀去贪将何光先，汰去贪将李光阳以下十六人，建议用兵十八万，大将十人，对付努尔哈赤。

应泰是一位忠心耿耿的大员，但是将略非其所长。蒙古大饥，向应泰索食，应泰认为如果不加救济，蒙古军队势必拼入建州，对明王朝更不利。这一下沈阳、辽阳的蒙古难民更多了，他们的行为也不用检点，因为蒙古民族和汉民族的习惯不一样，一边是习为当然，一边是认为事出不经，矛盾更多，解决也更困难了。应泰正在自鸣得意，准备用蒙古兵抵抗建州。天启元年（1621）三月十二日建州出兵进攻沈阳。总兵官贺世贤、尤世功出城奋力一战，大败而还，次日降人内应，二将战死。总兵官陈策、董仲揆赴援，也同时败死。应泰撤退各路兵马，退守辽阳。十九日建州兵进攻辽阳，应泰身率总兵官出城接战，大军再败，诸将多死。这一晚袁应泰宿在营中。第二天建州兵来了，应泰入城，力督诸总兵守城。战事不利，建州兵由小西门入。袁应泰看清楚这一次的事情结束了，他和巡按御史张铨说："你没有守城的责任，赶快去吧。责任是我的。我只有一死。"袁应泰死了，建州兵破了沈阳以后，又破辽阳，关外的两座重城都失守了。

但是北京城里好像没有这件事似的，他们依然是在争执。争执的是什么？光宗皇帝最后的宠妃是李选侍，应当怎样安排？是不是可以给她一个皇太后的名号？她连皇后都不是，怎么能当上皇太后呢？选侍有一个女儿，是皇八妹，一时又说皇八妹投井了，那还了得！是谁逼死的？总算还好，没有出人命案子。但是李选侍还住在乾清宫，现在光宗皇帝久已算是在天之灵了，要李选侍干什么。于是就要移宫，李选侍一去，熹宗皇帝人住乾清宫，总算是名正言顺。在这次移宫之中，太监们搬搬挪挪，又算发了一笔小财。本来明末的太监，最盛的时候号称十万人。明故宫我是没有机会看到过，清故宫是看到的，就把太监们一字儿排开，也排不下十万人。后来才知道明朝亡国以后，房子剩下的不过十分之一。既然还有十分之九，那就多安排若干人也不是难事。

说起太监，本来也是惨无人道的事，为什么好端端一个人，要把他的生男育女之道切断呢？何况多半是他的父母动手的！事实上一家生活没有出路，只有这样才能保全他的生命，至于他的后代，好在还没有影子，不出世也省了许多麻烦。

从古代起，君主们都相信太监是好得多。寺人孟子，寺人披不都是见于古书吗？他们既然没有家室，当然不会贪图私利；既然没有子女，当然不会谋及子孙。其实这些想法都是天真得过分了。不为子孙谋利益，他不会为自己谋享受吗？不为子孙立基业，他没有侄儿吗？侄儿做了皇帝，他不是同样是太上皇吗？岂但是子侄，就是内侄，一样可以推戴。周世宗继位以后，谁说郭威不是周太祖呢？所以做皇帝的总要为子孙谋万代之计，虽是枉费心机，但是还得做下去。

北京城里正在争权夺利的时候，努尔哈赤一心一意在想夺取中原。这时建州卫的势力久已超出沈阳、辽阳这两座最大的城市了。他们的野心是向西发展。目的地是广宁，后世称为北镇。建州的军队据有沈阳、辽阳、广宁这三座大城，形势已成鼎足，是不可动摇的了。特别是广宁，因为这里西通蒙古，建州、蒙古的军队合而为一，更可以举足轻重，明朝的军队要向东开拔，不能不仔细考虑。

在破辽阳的时候，明王朝的御史张铨被擒。明代的御史，官虽不大，身份却是高的。张铨说："我受朝廷深恩厚禄，战而被擒，唯有一死而已。倘若投降苟活，必为后世所唾骂。你们虽然给我一条生路，在我只有一死。"张铨是不肯投降的，当这句话传到努尔哈赤的时候，努尔哈赤说："他若知天命来归，当然是要从优款待。现在既然是战而被擒，擒后又不愿生。以一个愿死的人，我们再去养他，不如由他去死。"张铨是被杀了，明朝的御史愿死不愿降，这件事对于明朝的臣民，是一种鼓励。

关东的形势失败了，明朝改取守势，山海关成为重镇。天启元年（1621）五月敕召熊廷弼。上谕说："朕唯尔经略辽东，一战威慑夷酋，力保危城。后以播煽流言，科道官风闻纠论，斥下部议，听令回籍，朕寻悔之。适辽阳陷落，隳尔前功，尔当念皇祖环召之恩。今朕冲年，遘兹外患，勉为朕出，筹画安攘，其即日叱御前来，庶见君臣始终大义。"熊廷弼是来了，但是现在的熊廷弼，已经不是当日的熊廷弼。当日力保沈阳、辽阳，北援抚顺，踏雪耀兵，是一位叱咤一世的大将。现在只能驻扎山海关，挂上一个经略辽东事务的虚衔，山海关以外的形势，虽然还不能说为努尔哈赤所占有，已经成为缓冲地带，建州的军队可以唾手可得了。不过熊廷弼是一条硬汉子，他的气势赫赫犹在。"气吞万里如虎"，熊廷弼依然是熊廷弼。辽东巡抚王化贞不能不算是忠臣，但是他究竟是一位书生，他的策略，首先是联络海岛上的毛文龙。毛文龙，挂着参将的头衔，一边联络朝鲜，一边盘踞海岛，做他的生意买卖，同时结交得势的将领，保举升官，一直做到副总兵。官也升了，生意也做了，和朝鲜是联络有素，和建州则偶然交锋，在大东湾、渤海湾一带，成为一个小小的独立王国，打仗是偶然的，垄断北方水陆交通的形势则是必然的。

北京城里，主要的政务又是一样，无论东方的情势如何紧急，这位十六岁的文盲皇帝第一件是认为保姆客氏保护出力，赐香火田二千亩。太监魏忠贤侍卫有功，交工部叙录。同时在四川、贵州的边界上，朝廷正和土司开战，这一仗主要依靠四川的朱燮元调遣有方，大功告成，但是国力的虚耗是必不可免的，竟没有考虑到以全力应付山海关以外事关存亡的大战。

关外的情况是两位大将。熊廷弼是经略，驻山海关，但是兵事的大权都在巡抚王化贞手里。王化贞应当也算是一位得力的将帅，他主张开战，但是他的把握是不大的。当时的御史江秉谦有一番持平之论。他在奏章中说：

经抚不和，幸有明旨会议。议者曰：化贞欲战，廷弼欲守。夫廷弼非专言守，谓守定而后可进战也。化贞锐意进战，岂战胜而可无事守也？万一不胜而又将何以守也？大学士叶向高言，经抚会议，汉史赵充国平西羌，虽主屯田，而辛武贤亦竟以力战取胜，今廷弼能为充国，且留化贞以为武贤，亦何不可？唯是廷弼之于化贞，作用既殊，而欲化贞受其节制，则举朝之人皆以为难行，同官皆争之，岂臣一人所敢独任?

对付努尔哈赤的两位大将不能合作,情形已经很明白了。平心而论,王化贞是一位肯干的大臣,但是将略非其所长;熊廷弼是一位才具优长的主帅,但是气量不免褊隘。以这两位负责的大员,同时应付边境,实在是用人不当,但是当时明王朝的亡国形势已具,历史的潮流,是不能逆转的了。岂但是熹宗,上而不问国事的神宗、糊涂弩弱的光宗,下而喜怒无常的思宗,哪一个不是亡国之君?明朝的三十年苟延残喘,不能不算是万幸的了。

天启二年(1622),努尔哈赤的军队逼近广宁,驻扎清河堡,但还没有出动。王化贞的军队也出动,直驻沙岭,两军又成了相持的形势。这时候谣言来了,说是建州军队已经进到城边,投降的免罪,怕死的都扎了香亭去迎接了。总兵、监军阻挡也阻挡不了。化贞正关着衙门呢,由总兵江朝栋扶着他出走了。行不多时,熊廷弼听到建州的消息,正在骤马赶来。不料才到前屯,就遇到王化贞。化贞看到廷弼,只有痛哭流涕。廷弼对于事情的原委是早已料到的,有什么可说的呢?

本来廷弼以经略的头衔出山海关的时候,化贞唯恐他以经略的身份,夺取自己的兵权,表面上做出把军权让给廷弼的形式。廷弼推回说:"我的责任是扼守山海关,管不到广宁,广宁也用不到透过于我。"经过一段时间,化贞有了一些布置,自称一举可以荡平建州。廷弼自请免职,一任化贞以专责成。到了现在,广宁失守了,化贞正领着一部分可靠的部队,决心退守关内。两位大将在大凌河见了面。化贞大哭。廷弼冷笑道:"王巡抚准备六万大军,一举荡平建州,现在怎样了?"化贞羞颜满面,他说:"不谈了。现在唯有收拾军队据守宁远和前屯。"廷弼说:"太迟了,来不及了。现在唯有护送难民入关,把关外的粮草全部烧却以免建州的利用。"化贞出了宁远,建州兵随即出现,一部分的叛军欢迎建州兵入境。努尔哈赤听说王巡抚走了,急命大军去追。这里正看出熊廷弼的将略,一路的粮草已经烧光,追也无从去追。从此广宁和山海关又成了相持之势。

沈阳、辽阳相继失守以后,现在又奉送一个广宁,山海关外,几于全部失守了。在努尔哈赤初起的时候，建州只是辽宁东北长白山下的一个部落，现在已经肯定地成为明朝的一个敌对力量了。当然这两方的国力是无可比拟的，但是一个是初升的朝阳，一个是残余的夕照，虽然从形势上是无可比拟，但是初升的不断地升起，残余的终久只有没落。

熹宗初年，明朝和建州的争端是辽阳、沈阳、广宁这三个据点，明朝掌握着这三个据点，建州是没有崛起的希望的。可是这三个据点一旦丧失，明朝无形地就给了建州一个强大的根基。当时的形势，是明朝和朝鲜维持坚强的友好关系。和蒙古的关系，远远不如朝鲜。在明朝强大的时候，散漫的蒙古各部族和明朝是友好的，可是一旦明朝控制的力量不足，蒙古族是随时可以倒向建州而与明朝为敌的，从山海关直到陕西三边，他们不断地向明朝进攻，造成明朝的北顾之忧。

在辽阳和沈阳尚在明朝掌握之中的时候，杨镐曾经发动四路大军向建州进攻，朝鲜也派遣姜弘立元帅率兵一万三千人，接受刘綎的指挥。及至四路大军败了，姜弘立向建州投降，明朝和朝鲜的联系断了，建州也迁都沈阳，从此明王朝和建州王朝对立的形势形成了，所仗的是义宁一线。在明朝保持广宁的时候，蒙古族在西，虽然仍是不断地要挟和骚扰，总算还站在明朝的一边，可是广宁一失，他们和建州接上了。本来明朝久已进入封建社会，建州和蒙古都还在奴隶社会，血是比水更浓的，一经冲破广宁这一线，他们的互相联系是切不断的，从此以后，明朝除了东北之忧以外，更添上了一个北顾之忧，而且这个北顾之忧更不限于山海关一片石这一带，而是漫长漫长、没完没了的一大片地面。

中国是一个伟大的国家，明朝的勃兴正证明了中国的强大生命力，但是到神宗后期，他已经是暮气沉沉了，接下来是一个弩弱无能、自行斫丧的光宗和一字不识、不知国事的熹宗，明朝的结束是指日可数了。但是中国是一个大国，中国是一个不能灭亡的国家，无论国家怎样危急，总有人站出来，无论怎样生死攸关，总有不怕死的英雄准备一腔热血为国家浇灌独立之花。熊廷弼不曾冒了生命危险从雪深没膝的当中，巡视边徼，为辽宁保障吗？现在又出来一个孙承宗。

天启二年（1622）努尔哈赤进略广宁，接下来就是广宁的失败，王象乾为兵部尚书，王在晋为辽东经略。象乾一向是做蓟辽总督的，老了，也没有多大才具，但是因为他一向是在蓟州的，所以和边外的蒙古关系较好。他的计划是要用一百二十万两白银收买蒙古，对付建州，只要一天不出大的事故，他就可以安然无事，告老而去。这些人正代表中华民族消极的一面。是人类的渣滓，每个民族都有的。在这个民族向下的时候，一切渣滓都泛滥上来，初看好像是一个渣滓的世界；但是到了这个民族向上的时候，渣滓会沉下去，只见到一派兴隆的气象，这个民族的光荣是不可抹杀的。

即使在这沉渣泛滥的时候，光荣伟大不怕死的人还是不少的，是要挺身而出的。头颅不过是七斤半的一个骷髅，杀去了也无损于人的光荣。在广宁挫败之余，负责的大臣既然以苟且偷安为得策，以放弃全辽为大略，以收买蒙古为壮猷，当时的孙承宗就提出他的主张。承宗也是从八股出身的，不过明朝的八股还准许作者有自己的见地，所以明代有不少的骨鲠之士能从八股出身；清朝从开国起，八股就以清真雅正为正宗，所以没有人能提出自己的见解，朝考、会考更讲究个黑大方圆，一切都以书法的死搬硬套为宗，所以明王朝还有人才，清王朝则以造就奴才为主，这是明、清两个朝代的区别。

明王朝的兵部尚书、蓟辽总督是一意以苟延岁月为事了。恰巧孙承宗以东阁大学士入直，主持兵事。他的奏章是值得全录的。他上的《敬陈目前切要疏》说：

年来兵多不练，饷多不核。以将用兵而以文官招练，以将临战而以文官指发；以武为备边而日增文官于幕；以边任经、抚而日问战守于朝；其一种因循诞谩之象，徒相与咨嗟而不能返。故以一隅勤天下，遂至敛天下之兵于边，而既坏一隅，兼坏天下。臣以为今天下急务在收拾人心，而欲收人心在大振天下之气。其纲纪大要在皇上敕后臣工，共奉祖宗之法度，而先选精敏有为之材。昔刘晏为度支，专用果锐少年，务在急速集事，世或非之，而不知治固有时。方今百吏因循，庶政丛脞，宜令吏部细加体察，凡宽博近迂，文藻近弱，迟暮近衰，急为量移。务得精敏有干局者，布列兵马钱粮之司，抚道俱极一时之选，大破常格、勿拘资叙，又不得借破例以徇情分。郡邑之长，务择廉干，盖郡邑尚可搜括储偫，而廉乃不私，干乃有用，遂可积饷养兵，以应征求，以办城守。凡地皆然，而畿内为急。至于武吏，不拘曾在战阵，曾为大将，亦不拘文武，兵部调诸将有才望者遍核之，择一沉雄有气略者授之钺，俾开府专辟置，偏裨而下，得自择其人而授之朝。或朝有推授，仍听其自择意气相合者，即以其人若所辟置之人。分募精兵，多不过十万，或有见兵若调募来者，仍令自为简汰而用之，如所自募。纵其抚赏之费，而任属专，听信明。文吏得与谋议，供军实，不得制其师。盖兵之道，精不可以事窥，粗不可以理解，而文吏泥拗，好用小见解，沾沾将吏之上，能令将吏羁絷而不得展。以文统武，自是敝法。以极不知武之文，统极怕文之武，更属极敝之法。故臣谓今天下当重武吏之权，而重武之权亦唯是去文吏之扰。但得无多设文官，则武吏不轻。如向者刘綎、杜松，近者罗一贵之勇烈，假令得专制之权，何至于败？惜也。大将既得其人，便当以辽事付之，小胜小衄皆勿问，要于守关无阑入，俟兵力之厚为恢复。城堡有所复，即以畀其人，略法黔国。使其人之精力全用于辽，得寸则寸，得尺则尺，以干家之智干国，必无遗力，而朝廷特资兵饷，明赏罚，以防跋扈之渐，如周、宋之初可法也。国家京营兵十万，日添文添武以为兵害，而不少添其饷。营兵上等之饷不当募兵下等之饷，何能为练？当如募兵之法，列饷为三等，而以递升递降之法简拔清汰。环城为营，每城建三营，营可八千有奇。建营之法，即以阵法为之，令什什伍伍，在营如阵，在阵如营，升其伉健者为亲军，而老弱拊营，姑任之为老家，如宋初升籍之法，不变常，不动众，而阴夺其势，不忧其徒众而易哗也。其大要在先简营将，无以文吏操之，而清其拜座主之费。尤在总协大臣，挈持纲领，勿循格套，以提掇营将之精神，则京兵可强，募兵可省，而外兵屯聚之祸可销也。永平为陵京重镇，为山海后劲，不可再设巡抚,却不可不设总兵,与山海、蓟镇为犄脚之势,为皇上护此雄关。卢龙、蓟门诸州县宜略仿各边之法,城各设守将一员,添兵防戍,筑垒于必争之地,使镇戍连接,墩营相望,关西州县处处设兵,虽为各城防守,其实于东则若以山海之兵分布于各城,以为老营;于西则若以京师之兵分布于各城,以为突骑。每城择健令及佐贰,团结义民,安插流佣,兵即于本州县招募,器甲粮饷给以本地钱粮。近畿三百里内,发数万金,储米豆为备,备而不用,可平粜以振民而官饶其息。一片石而西,戚继光故垒在焉,可按其踪而加修葺。畿南涿、易以及通州,当清理额兵,兼募新兵。抚臣张凤翔议招兵五万,臣谓有一兵当得一兵之实用,无哆口几千几万,不得一兵之用也。天津、北平若京东,皆可屯田,以屯拨辽人,以渠限胡马,以租给军饷,此三便也。臣之所言,非有迂远难行,然唯法乃定,唯断乃成。臣非欲弃老成、奖新进也,又非欲遗道德、尚名法也。天下因循诞谩,姑务偷安,大厦之不支而苦守门户,要领之不问而牢护面皮。臣诚不忍见皇上之法凌夷蛊坏而不可收拾,遂敢冒天下之私忌以修朝廷之公法。自古法之利国家者大,而奉法之害,其中于身者亦大。若言必逊皇上之心,动必谐众人之意,老成长虑,却顾身名,不为皇上主持,今天下岂少此人,而皇上亦何取于臣哉。[1]

钱谦益《初学集》作于明代,其是非得失亦多当于人心,他和孙承宗的关系,是师生的关系,因此对于承宗的认识以及议论都是翔实可靠,其可取者在此。

明代在政治措制上的大错在于成祖的定都北平,其后称为北京。他的本意是唯恐南京的民心还是倾向失败的建文帝,因此在没有得到建文确耗以前,一边虚张声势,以为建文自焚,一边则派出各项亲信,包括三宝太监在内,漫山遍海地搜访,及至毫无踪迹以后,他还是死守北京。当然,当时的北京

---

[1] 钱谦益《初学集》卷四十七《孙公行状》。

还不是全无依据，特别是在俺答和三娘子安心做北京的屏藩以后。但是东边呢？东边的策略是把女真遗民分为三百八十四卫，使他们互相牵掣。这样北京的东北是稍许安定了。但是在建州卫的努尔哈赤崛起以后，自号满洲，朝鲜切断了，北边的蒙古随时可以跟着努尔哈赤的大旗向南侵略，沈阳、辽阳、广宁，一经丧失，东边的铁骑可以一夜直叩山海关。到了这个时候，全国的宝库，安在大门的门槛上，战事一胜，固然可以安然无恙，战事一败，全国的心脏便立即暴露，这实在是一个非常危险的布局。

明王朝的布置怎样呢？是在山海关外布置下若干的兵营。有兵就要吃粮，有马就得吃草吃豆。粮饷草豆的来路，全仗山海关外的一线。这条线一断，建州的士兵就可以叩关而入，离北京城不过二三百里。那怎么办呢？明王朝的官制和清王朝不同。清王朝到了后期，督抚有一定的定额，河北（清代称为直隶）有总督一人，山东、山西各有巡抚一人，这是定额，轻易不会变的。明代是按照需要，随时随地都可以设总督或巡抚。总督的军权有时节制三省或两省，有时仅总督三、两个大城，一切都有临时的布置。巡抚便更多了，有时一城会有两个巡抚，名为操持军政大权，其实只管了半个县城，在营兵不听指挥的时候，连这半个县城也管不上。

广宁失守以后，全辽的形势变了，"戎马不如归马逸"，鞭子一摇，排山倒海的败兵，便直奔山海关。王在晋这时正以兵部尚书的崇衔，代熊廷弼经略辽东，欲用蒙古以制广宁。北京的兵部尚书王象乾说："不行，得了广宁，也守不住，那时皇上震怒，罪罚更大，不如退守山海关。"这就定下了放弃辽东，再放弃辽西的毒计。好在百姓总归是百姓，大明也好，建州也好，种田的只要纳粮，当奴才不过多根绳索，关两位王尚书什么事！他们的大计定了，请在山海关外再筑一重关，铺工四千余丈，用费一百二十万，至于营房、僚佐的宿所一切尚不在内。官大的好说话，僚佐袁崇焕、沈棨、孙元化都据理力争。可是总督是不听的，一切都上奏了，只等那一百二十万。

首辅叶向高是拟旨的，他还算有担当。他说："这件事凭笔墨是说不清楚的，且让我去看一看。"孙承宗已经入阁了，他说："事情多得很，首辅且慢一步，容我先去看看。"在他们同心之下，孙承宗立即出发。

六月二十六日孙承宗到山海关，他看到王在晋，就问起："新城成立以后，是不是就以旧城的四万兵来守关？"

这一问很出乎王在晋的意料，用旧兵守新城，那筑城的一百二十万是干什么的？

王在晋说："当然要另外设兵。"

孙承宗说："照王尚书说，那是要用八万兵守这个八里地面了。山海关的北面有一片石，还有更远的所在，是不是也要守？是用守兵来作战，还是再用战兵来助守？王尚书是怎样考虑的？八里之内已有旧城，又筑新城，旧城城址的坑坑洼洼，是为我们自己设的，还是为敌人设的？新城如若可守，那要旧城干什么？如不可守，那时新兵四万，在旧城之下倒戈，王尚书是不是让他们进城，或是由敌人处理？倒要请教。"

王在晋说："关外本来设有三条道，他们可以随时入关。"

孙承宗"嘻嘻"一笑说："这是说敌人来了，我们可以随时逃回，那么关外再筑一重关，有什么意义？"

王在晋说："不是这样说的。我们是在山上另建三寨以待逃兵。"

孙承宗说："兵还没有溃，我们先筑好寨子等候，是不是替他们准备一条退路？那不是教他们溃走？要筑新城是什么用意？这是一层。还有一层，人心一溃，那不是再走上全辽崩溃的道路？"

王在晋说："在八里之内，南边是山，北边是海，中间掘沟二十里，胡马是不能过来的。"

中间掘沟是中山王徐达的遗策，这一顶大帽子，王在晋拿在手里，是准有把握了。

孙承宗一些也不让步，他说："中山王在这里经营的时候，左边是山，右边是海，沙少泥多，所以定下山海关这天下第一关的形势。现在形势变了，是不是要划砂凿石，火烧水激？那怎样办得通呢？成祖的时候，放弃了三卫，独守辽东，是因为大宁以南，有蓟门的天险；可是成祖独守辽东，正是因为没有辽东，辽西就无可守之险。当今大计，只有设法恢复，倘使不作恢复大计，切切然尽撤藩篱，到那时敌人一直打进了堂奥，我们还有什么可守之险呢？"

孙承宗这一席话，在座的都无言可答，在晋屡次向他们示意，但是孙承宗这一番忧国忧民深入肌理的言论，凭什么来驳回呢？

在讨论防守时，阎鸣泰主张守觉华岛，这是海中的岛屿，对于敌人，起了牵制作用的。袁崇焕主张守宁远（现代称为兴城县），这是从广宁入关的要道。去辽阳、沈阳已经很远，但是要想出关收复二城，不能不取道宁远；要想保守山海关，更不能不先守宁远。袁崇焕的用意在此。王在晋的主张是用银五十六万两安抚蒙古，牵掣建州。这是不是一个方法呢？承宗认为这是一种浪费。他指出："且此五十六万者，以今岁进兵而一用之乎？将岁仍为额乎？岁百二万已不能继，而又终不能去兵，二百万之饷更繁，而百二万之额岁益，天下其堪之乎？且此之款也与宣云异。宣云之款即作恶之虏，既款则恶息，而调发之费省。今作款一虏，作恶又一虏，借此之款以息彼之恶，即款者不能，而款之者何必。望皇上敕经、督二臣力修内备，勿倚此为实著而忽臣之所疑也。"在这一条里，承宗的议论更细致更清楚。在高拱、张居正等应付俺答的时候，他们是不能不有所费的，但是他们所收到的结果是俺答的归顺。现在王象乾、王在晋的主张是收买西边的蒙古而应付东边的建州。应付了俺答而俺答屈服，是高拱、张居正大功的告成，实效在人。应付了蒙古而建州继续进攻，是岁费二百余万而国家依然不得安枕，当时的明王朝能出几个二百万而百姓尚能啼饥号寒，安坐待毙？所以王象乾、王在晋的主张是一种坐以待毙的主张，这是孙承宗所不能容忍的。

至于在努尔哈赤压迫下，蜂拥入关的辽民，这正和东北沦陷以后我们面对的东北同胞一样。孙承宗在奏议中说："有关内之辽人，玉田、丰润之间，拥犊车，载妇女，朝东暮西，而呼号于道路者是也。法当籍所聚辽人，分注其卫所，量州县大小，分拨乡堡，无令流移不定而事久变生也。有关上之辽人，环关城之外，而片席为窝者是也，法当籍其拳勇，尽募为兵，置之中前、前屯、渐及宁远；更择其有家口者为屯牧。以辽人守辽土，以辽土养辽人，此大计也。又有关外十三站之辽人，义民十余万，因山为寨以待救者是也，法当如袁崇焕议，驻兵宁远、觉华，迎护以归，强者为兵，弱者屯牧，此复辽之资也。当事者恐其召兵，苦其归而无计安插，辗转踌躇，听其自为生死，乱贼既不能诛而忠义又不能援，十万之众，尽化为东西虏，何可缓也！"

这一着说得最沉痛而且也说得最切实。建州初起，只有甲十余副，其后遂以逐鹿中原，驻防十八行省。哪里来的这些建州官兵？说清楚了，其中正有无数的汉人，他们求为关内的义民而不可得，求为出关的义兵也不可得；在死亡的威胁下，他们不得不走化汉为满的一条虽可耻而唯一可以保全性命的道路，当时和以后的汉军八旗，其实正是走的这一条路。他们是汉军棒子，是二鬼子，到了清中叶以后，他们甚至抹去了汉姓，只称某名、某名，和满人一样。

明王朝对于辽东的存亡，不能说是完全不重视的。有了巡抚，其上又有经略，更上则有督师孙承宗，官是愈来愈多，愈多愈大，但是关只是一座山海关。经过孙承宗一整顿，山海关的问题算是暂时解决了，但是从山海关到北京城，虽然不到半省，但是官多如毛，有总督、有巡抚，这是大官；有监军道、有监军御史，这是中官；有知府、有知县，这是不太小的官，还是各式各样的官，都是官。又有各式各样的太监，这是皇帝家的奴隶，但是他们是很大的官，除了孙承宗的威望，他们不敢藐视以外，其余谁不要让他们三分？总督都不一定在他们眼里，何况其余。官多了，就得有拥前伺后的兵卒，作威作福的差役，从老百姓看来也都是官。这一切的官打建州没有多大用处，欺负老百姓则是威灵显赫的。这一些都造成山海关以内的一片大混乱。

明朝自神宗以后，经过光宗、熹宗，积累了三朝的荒唐昏乱，国家已经具备了亡国的形势，但是明朝不是没有能够担当国家大事的人才。所苦的是有而不用，用而不专，专而不信，于是把一切因素集中，终于铸成亡国的大乱，而且不铸成大乱，决不甘心，这是读史者所同具的浩叹。即如天启三年（1623）孙承宗进驻山海关的时候，《行状》就说：

> 二月二十六日公朝诸将吏而问之曰："公等数言按视宁远，何以屡更？"众曰："请戒期。"公曰："以明日往何如？"众皆愕。次日即出关。
>
> 赵率教以空粮（**缺额之粮**）买马置牛，烧土种秫，屯练修举，

其容有墨。公大喜，以所乘舆舆之。召东厂校事者语之，令以上闻。

自前屯一日驰至中台，城中仅苫屋两楹，一破几及木灯檠，突兀丛骨中。

质明抵宁远，登首山，眺海，遂跨珑珑山，南望觉华山。三山连踞，若与首山相招邀，而灰山连珑珑，若与首山相为内护。南则大海从东来，以觉华湾环宁远，情地内向，重山叠海，天造之以拱卫中华，诚必争必据之地也。登其城喟然而叹曰："好家居，为纤儿撞破，安得不致恨于焚城撤守者乎！"

由庐山横跨西南，车殆马烦，踯躅沙碛荒草间，夜三鼓，仍抵中台，乃还治所。

这只是记的孙承宗至宁远，远望觉华岛的一段旅程，其实在全辽只当八分之一而不足，其他诸地皆正沦入建州，再一迁延，建州即将一蹴山海关，直抵永平，明朝境内直属之两京十三省皆在建州眼底，这实在是一个极大的威胁。

但是北京内部已经存有戒心了。他们戒惧的不是建州的兵威而是孙承宗的权势。孙承宗自信是仗钺老臣，出关御侮，他上奏熹宗：

中使关涉兵政，自古有戒。边人窃见皇上不遣主兵大臣而独遣治兵内臣，又不遣一人而四十余人，私相拟议。一谓皇上特重远人，劳亲近以慰劳疆场；一谓上或不信远人，遣亲近以体察情形。主兵之臣所以抗颜军中令行禁止者，唯仰恃皇上信任宠临，而体察之说一开，主兵者摇摇不敢自信。何以号令文武将吏而使之必信？闻诸内臣从北边来，令将吏罢边务而逢迎，亡马释戈甲而供应。臣欲诸将吏昂首而当贵人，则惧媟慢天使，无以仰对皇上慰劳之圣心；欲其俯首而事贵人，则向来扶养飞扬用壮之气，稍稍见于眉睫，一旦销铄于内外交结之仪文，又无以仰副皇上鼓舞之至意。兵不可玩，使不可常，典或以美而成骇，例或以暂而为久，天下不明皇上过信大臣之心，而或疑皇上有不信大臣之心，是皆足以害政。臣愿皇上严于兵事，毖饬使臣，令其宣布德意，无遽以此行为尝，无遽以观兵为威福。

当时孙承宗的威名极盛，守边至重，魏忠贤一时无可如何，便分遣诸阉人监督关内外，必待逐孙而后止。到这个时候，虽然辽东的大部分已经完全丧失，宁远、觉华所据亦仅仅一角，可据以为恢复辽东的前哨，而终不可当辽东的堡垒；但是目不识丁的皇上，事不关心的魏忠贤，久已置辽东于度外。明朝和建州对等的形势已经在逐步完成中。

但是孙承宗是不能忘却辽沈的。他的策略是一边保守宁远、觉华，一边恢复金、盖、旅顺。由金、盖、旅顺北向则可以进窥辽阳、沈阳，而明王朝的东边才能获得必要的保障。这一条路线是明太祖北征辽沈的路线，也是清朝灭亡前夕李鸿章经营旅顺、大连的遗策。江山犹在，地形未变，一切研读历史者都能窥见其中的大概。

孙承宗的计划最主要的一条是权不得两操，机不容并省。这是一切成功的要点，但是到了明代末年，一切都是为了官吏的安排。当然官吏之上还有魏忠贤。官愈多则忠贤之权愈大，利源愈开。所以一切措施不是为了抵抗建州的入侵，而是为了填满权力的欲壑。

在这里我们必须叙述一下山东登、莱的形势。我们经常的计算是从辽宁铁路计算的，从北京到沈阳一夕可达，但是在没有铁路以前不是这样的。从北京到通州，然后从遵化出山海关，再从宁远、锦州直至义宁、沈阳、辽阳，这是一条旱道，要走半年才能到达。假如每人每日食粗粮两斤，计算一百八十日要食三百六十斤，那么在他出征的时候，除了一切器械衣被之外还须运粮三百六十斤，这是任何人力所不能胜任的。因此山东、辽宁之间的交通线，主要是依靠水路，不是陆路。当然古人对于成山港的风暴是有戒心的，古来所谓成山角的天险，以及胶莱运河的疏凿，鲁西"滴水归公，不许溉田"那些昏谬绝伦的规定，都是和当时的形势有关的。但是从远古时代的规划算起，营州的形势经常是和登莱连在一处而很少是和冀州相连的，这是中国历史上的一条规律。因此到了孙承宗经营关东的当时，他注目的完全在这里。他一边控扼山海关，一步不肯退却，他有袁崇焕为他死守宁远，然后再向锦州一步一步地进窥。同时我们又必须认清辽东湾这一个天然的有利形势。建州的兵力控扼了沈阳、辽阳这两个要地——广宁是满蒙出入之地，并不是天然保险的，因此已经放弃——可是这两个要地都在辽东湾的控制之下，东窥可取辽阳，北进可取沈阳，并不是什么金汤之固。待这两地一下，建州人只有退回铁岭以东的老巢，明朝和朝鲜的联系重新打通，便建成一个不败之地。以孙承宗的指挥之周，明朝全胜之势，捣败建州是有十分把握的。

但是明朝已经腐烂到不堪收拾了。上面是一个不识一丁的小青年，他的亲信是一个野心不断扩大的太监魏忠贤，内阁大学士是若干八股名家，他们正在互相斗争以博取魏忠贤的青眼。当然还有若干的大小官吏，他们也是从考八股出身的。这其中有不畏强御、不惧生死的名臣如杨涟以及和他们一起的黄尊素、左光斗、高攀龙、顾宪成、邹维斗等人，他们是一些把四书五经读通的人，但是却不是政党，没有人民的维护而是仗着一肚皮的孔孟之道来与权势搏斗的。他们对于国家的形势，不一定很清楚，但是却装着满腹的"内中国而外夷狄"的见解。他们不一定要开边启衅，但是也不愿意奴颜婢膝，屈服称臣，成为万世唾骂的贰臣。这是一大群，但不是一个政党，没有党魁，没有党纲，没有能力提出一条能为人民所接受，因此也受到人民拥护的根本大计。

假如孙承宗要为国家做一番工作，出一番力量，他就必须团结这一股无法团结的人物而与只手遮天的魏忠贤和他的那一批时时准备拥护魏忠贤称王称帝的无耻之徒来一次既有外患又有内忧的斗争。这是一个当时的孔孟之徒所办不到的。

假如在天启最初的三四年作一个总结的话，我们看到的是一个新起的建州奴隶主野心家，正在对着国势百倍的王朝进行作战，一切形势都有利于这个庞大的王朝，但是这个王朝正在以日长夜大的趋势腐烂下去。待到这个腐烂形势已经接近完成的时候，当然有人在这个新起的野心家面前拜倒，高呼万岁。历史正在以这样的姿势玩弄这亿万的人民。

孙承宗准备以全力逐步逐步地彻底消灭这些东北野心家的时候，明朝的北京城里也在急速地准备一个改朝换代的大阴谋。不改朝换代是不行的，因为接连三位皇帝，一位是横征暴敛，堆积满院的金银财宝；一位是朝歌暮舞，在三十日之内，结束自己的生命；最后这一位更妙了，学得一手的好手艺的少年巧匠，雕刻钻凿，无所不精，但是一字不识，什么都交给九千岁魏忠贤。皇帝本来是轮流坐的，不一定包给凤阳朱家。天下正大着呢，如今建州这一批人要来，那就看他们的本领吧！

天启四年（1624），孙承宗提出他的方略，除了水军以外，他有他的车营图说，内为车营，外有前锋后劲；合为骑步九万二千八百五十六人。内步兵四万一千八百五十六人，俱足；骑兵五万一千人，现少一万五千七百八十九人，议催各镇兵，可得万人。其马宜六万三千六百一十三匹，今少六千五百八十九匹，拟于京营量选三千五百，太仆寺量兑三千一百。其各营所需细大之数，约七十余万，乞发帑金二十四万。

当然，在军队要求发放帑金之时，皇上照例要扣除一些，这是惯例，一切且待战事决定以后计较，但是孙承宗自信以内阁大臣，出关督师，他必须做出成绩来，为国家争回一些地方，保障东北的边疆。承宗的规划是发动水师，到三岔河，约水将金冠、姚与贤等即日渡柳河，在二沟会合。可是问题的焦点出现了。督辅出师，必须会同兵部尚书，兵部尚书高第与孙承宗不合作，总兵马世龙奉高第的命令，停止出兵。这一下出现了矛盾，督师要出兵，尚书不要出兵。姚与贤接到的是尚书的命令，不出师。部将金启宗接到的是督师的命令，出师；可是他手下只有七条渔船，经营三天，陆军渡过了八百骑，都在水边的低洼地里，进退不得。敌人从芦苇间进逼。八百骑的骑兵成为他们的活靶子。李承先中箭先死，鲁之甲、钱应科溺死，水师丧失殆尽。只有陆军自上流直冲船城，船城人杀建州固山贝子一人，甲士数十人，俘获生口五百而归。这一次的出兵，以水陆会师为名，以水军不战告终，俘获建州兵五百。在这一次战役挫败以后，孙承宗的督师大学士罢免了，总兵马世龙罢免了。调兵部尚书高第经略辽东。

高第有高第的一套方略。在他到山海关以后，第一道命令是撤退锦右、宁前之兵四百里，把关东完全交给建州。明朝的地方大得很，捐弃四百里不足为患。但是这不是当时的形势。明代自成祖以后，是以北京为首都的。首都之东是蓟县，蓟县之东便是辽东，所以明人常以蓟辽总督为重镇，张居正重视戚继光、李成梁，不是没有他的道理的。辽东一失，蓟镇孤立，北京首都便毫无障蔽了，这是小学生应有的常识，谁知道兵部尚书，尽管他的地位相当于现代的国防部长兼参谋总长，是不管的，国家还有什么希望？

但是宁前四百里并没有放弃，这一次的得力在于宁前道袁崇焕。袁崇焕也是八股出身的，他初任县官，在考场中出题开考时，正遇到一位曾在关外当过兵的老兵，他们谈到边关的故事，谈到九边的形势，谈到和建州、鞑靼打仗的故事。

这时袁崇焕高兴极了，他忘记了他的职任是在本县预试时应当担负监临阅卷的事，只顾同这位老兵谈下去。他备了酒肴，越谈越高兴，谈到怎样地用刀用枪，怎样地着了胖袄抵御枪弹的故事。他听到鞑子不一定要从关口杀进来，他们会拆边墙。

"边墙不是用条石整整地砌上吗？怎么个拆法？"袁知县问。

"大老爷，你还不清楚？石头墙不是没有缝隙的，只要一处松动，向旁边一挪，还愁搬不开吗？想想看，从前人筑墙也不是处处都好，一处松动，锣声一敲，鞑子冲上来。人都是父母生的，能当得起几刀一搠？自然要跑啦。边墙拆去一段，他们冲上来，那就要比比看谁的腿长，谁的腿短了。"

袁知县越听越要听，越听越要问，索性喊着酒肴和老兵对酌起来。他拱拱手道："老大哥，你真是经山历险，动刀动枪，为国家立过大功。可惜却落到这个知县衙门里，委屈了，委屈了。"

他们这一谈，从傍晚谈到天亮。考生们的卷子最初是三本、两本交上来，以后是一大叠，几十本，几百本。福建人最重视考试，认为这是一条入仕的门路，考上了便做官，做了官一边用不到再受差役衙吏的气，左邻右舍还要给个面子，说不定三次两次到知县老爷那里说个情，也有个二三十两银子的盘缠。

交卷的人等急了，只有挪动脚步回到下处；差役的人等急了，却想如何交差。袁大老爷是来监考和看卷子的，要是和这个烂腿缺胳膊的老兵谈个没完没了，那么到什么时候才能看卷子呢？

官究竟是官，是老爷，差役们敢说话吗？弄不好翻了脸，打一顿屁股，那时去和谁说理？可巧也有精灵鬼，他们想法子搬泥神，和师爷们使一下好脸色，请师爷们和袁大老爷谈一下。师爷们也晓得看卷子的事情是无法搁下的，不能有一搭没一搭听凭大老爷讲《山海经》，说什么九边形势。

内中一位壮壮胆，向袁大老爷请了示："袁公，你看是不是喊一点早饭，趁凉把这几本卷子过一过目吧？"

这才提醒了袁崇焕，谈了一夜，太阳已经照到西墙，卷子总还是卷子，难为这些子曰行的老童生百里迢迢地进县，不看也不成话。他说："啊，老哥哥们，话是不错的，可是和这一位九边老伙计一谈，把时间都忘去了。再细看，也来不及，何况我和这位老伙计话还没说完呢？这样吧，谈还是由我们谈。至于卷子，你们几位谁高兴谁看。说起来，童生们都有祖宗保佑，县考的当中，顺眼的就多取两个，不顺眼的少取两个也不妨。真真委屈的充其量不过三年以后重考一次，那时总有一位大老爷逐字逐句细批密点，像我袁崇焕这样信口开河的人是不多的。"

经过这一番吩咐，幕僚们本来熟悉袁大老爷的脾气，他们就去细批细点起来，连排名次、挂县榜这一类的事，他们都直接地用袁崇焕的名义干了。

袁崇焕还是和这位老兵细谈、咀嚼、回味，直到他自己对于九边形势有一个大略的认识才肯罢手。所以天启五年（1625）高第经略辽东的时候，当他提出主张，要把山海关以东四百里地面全部放弃的时候，袁崇焕毅然地站出来力争。他慷慨地说出："经略的主张是以山海关为主，关以外全部放弃。在经略当然有经略的筹划。可是崇焕是宁前道副使，这四百里是崇焕管辖的地面，没有这四百里，就没有袁崇焕，这四百里崇焕是守定了，生于斯，死于斯，宁可进前一尺，不可退后一寸。还要请经略大人好生考虑一番。"

就是这样，为明朝保存了关外这一条走廊的起点，为以后洪承畴、祖大寿等人出关进击建州的起点。

明朝末年是一个百孔千疮的时代。经过神宗、光宗、熹宗这三位宝贝皇帝的雕琢，明朝要想再偷存下去，已经是无可挽回的事了。到了思宗，这是一个要想做好而不知道怎样做好的人，他知道太监是国家的大害，他有决心把这个大害去掉，但是大害是去掉了，他不理解这个毒菌已经布满全身，去掉太监不难，但是用什么人来代替太监，他却想不到一个办法，所以到末年还得起用太监。他知道文官几乎无人不贪，他去掉了一些文官，但是他不知道用哪些文官来代替他们。他知道武官贪生怕死，残害百姓，他也想去掉一些，但是他不知道用哪些武官来代替他们。他知道有些文官是可杀的，因为杀了以后，他的部下不会造反；但是有些武官尽管无恶不作，竟是不可杀的，因为杀了以后，他的部下就要造反，事情反而不可收拾。他尊重文官，有时请坐，称为"先生"，请他们赐教，但是他们一面说不敢当，实在也毫无办法。当时不是没有人望，如钱谦益、瞿式耜之流，但是他们在家也是垄断乡里，无恶不作。瞿式耜还好，总算到了桂林，支撑西南半壁。钱谦益就糟了，他早年辇金入京，希图拜相，到了晚年，顶着礼部尚书的头衔，迎接建州奴隶主入南京，还要假托以修明史为名，投身满洲。明朝的统治完了，无论思宗的苦心焦虑，隆武的发愤图强，永历的百折不回，这个朝代是完了。而这个朝代的人民，最初是过的可杀可死的生活，以后是过的差别待遇的日子。最后只有相顾而起，从死亡中挣扎起来。他们要打破奴隶主加于他们身上的锁链，还要为比建州奴隶主更凶狠的奴隶主所加于这批奴隶主和奴隶身上的锁链而奋斗，艰苦是艰苦的，然而他们毕竟站起来了。他们是自己的主人，也能打倒不把他们当作人的人。

第三章
明朝走向崩溃的第一步

天启六年(1626),子龙的文学天才终于为夏允彝等所发现,他们的推崇和陈所闻的赞赏都给了子龙一定的自信。这一年他在府县考试中都有所表现,补博士弟子。用通俗语言说,他是秀才了。

天启二年（1622），陈所闻因为治丧回到松江，按照当时的礼制，在丧服二十七月之内，应当在家守孝，这是朝廷的制度。违反了这条礼制的人常常要受到当时的谴责。张居正受到刘台的弹劾，最主要的是这一条。这样的规定，有它有利的一面，国家大权不至于长期集中于个人，以致造成专权跋扈、作威作福的形势。从另外一面看，就是不能继续维持一贯的政治形势，以致发生畸轻畸重、忽左忽右的局面。唐代的李德裕，倘使得到一个长期执政的机会，唐王朝的崩溃，必然可以推到更后若干年。

从另外一面看，从最高当局看，可能这是比较好的制度，因为政治上的波动，经常对于政治会发生一种推动的作用。在正常情况下，这是对于国家的一件好事，当然，我们也不能把正常的情况认为是经常的情况。

陈所闻回到松江，名义上是治丧守礼，其实主要的还是教子。子龙这一年已经十五岁了。在现代社会里，十五岁的孩子，对于国家大事必然是有所认识的。但是在那时这就完全不同了。就以子龙自己所编的《年谱》为例吧。八岁时就开始学做对子。这是完全必要的。因为考试的第一步是考秀才，一篇八股文主要是靠作对子撑起来的。还要作诗，那时的诗，号称五言八韵，就是五个字的诗句要做十六句，押八个韵脚，其中除首尾二联不须对偶外，其余十二句全要按照平仄声逐句配对，所以入学不久，就要学作对联。

陈子龙十二岁那一年是万历四十七年，按照当时的情况，那一年正是明朝和建州奴隶主决战的一年。杨镐的四路大败，正表现着封建主的没落，社会体制很可能来一个大倒退。但是这个十二岁的孩子正在那里读《周礼》

《仪礼》《礼记》，这是他的经学。同年他还要读《史记》《汉书》，这是他的史学。更特殊的是在这一年他父亲从北京回来，替他定下一门亲事，这是子龙日后的妻子。当然，我们也不能忘记这时只是17世纪的20年代的前一年。

陈所闻因为父丧回到松江，他对于子龙的督课更加紧了。天启三年（1623）子龙到青浦县应试。为什么到青浦？当然这是由于陈家的田产在青浦，所以在青浦应考。青浦县县知事徐未孩很赏识他的作品，决定把他安排在第一名，可是因为所闻久已出仕了，为了避嫌，这才放在第二。从青浦县送到松江府，松江府知府张石林气魄大一些，把子龙放在第一。事情就算定了吗？不然，上边还有专管考试的学政，这位是孙六吉。从六吉看来，子龙的文章是有才气的，但是才气不是八股文需要的。八股文讲究的是代圣立言。什么是代圣立言？就是要按照孔子、孟子的语气说话。孔子、孟子说话的时候，有什么才气吗？讲才气那就不成为圣贤了。其实这也是一偏之见。原壤不遵守礼节，孔子以杖叩其胫。王驩朝暮见，孟子不与之言。即使真算是圣贤了，他们也有发脾气的时候，或者见面不交一言，或者简直用拐棍敲对方的小腿。圣贤也是人，是人就不免有个发生气恼的时候。可是宋、元、明、清以来，尤其在八股文盛行的时候，他们的圣贤定型了，成为一种没有意气、没有感情而只会说大道理的人物。不说大道理就不成为八股。这是八股对于中国文坛犯下的最大的罪过。孙六吉既然是以学政入场，当然陈子龙是没有入选的希望了。

青年人总会有幻想的，这些幻想可能和他后来的事业有关，但是更多的是和他的事业无关。既然是幻想，便不能凭着一定的条条，认定这里有什么理由。在子龙十六岁的时候，他忽然想要做神仙。做神仙也不坏，朝游东海，夕游阆圃，有时可以看到沧海变为桑田，桑田又变为沧海。事实上，这种想法也不能说是完全想入非非。从现在我们的认识看，喜马拉雅山虽然很高，其实千万年以前，这里只是大海，因为地壳的变化，南方的大陆从大海中漂浮，向北靠拢。最初是近一些，更近一些，以后靠拢了，更要相挤，一挤势必至于有一部分是挤高了，越挤必然越高，所以喜马拉雅山每年总要高一些，更高一些。这是远的。就以近代而论,江苏南通县的狼山诸峰在五代时候,南唐和吴越作战,两国的兵船可以在长江之中,环着狼山作战,现在狼山已经到了长江北岸,江中的沙滩也在二三十里之外了。稍远一点说,现在的泰兴、靖江诸县,在两千年以前只是一片大海,所以枚乘《七发》里说到"将以八月之望,与诸侯远方交游兄弟并往观涛乎广陵之曲江"。可是从现在看,就完全不同了。甚至在 20 世纪初期,我过江到上海求学的时候,那时轮船停泊的所在,本来就在江边,现在这一大片土地,又都沉入江中了。所以沧海桑田,说起来固然可怪,其实这是事实,一无可怪。所苦的是人生比较短促,好多变迁的事,我们因为没有亲身体验,因此觉得是不尽可信而已。

当然,在天启三年的时候,陈子龙有许多思想,从他父亲看来,甚至认为是发狂。这确实是发狂,因为无情的现实正在酝酿之中,大风暴就要出现了。一个金钱狂的皇帝死了,来一个色情狂;色情狂的皇帝死了,再来一个文盲。敌人正在山海关外不远的地方,朝廷之中又来了十万太监。在这个情况之下,是没有人能把国家安定下来的。何况连这个要把国家安定下来的思想也没有。坏人遍地皆是,好人也不能安定。到这个时候,不能使人不想起张居正,在居正当国之初,上边是一位十岁的皇帝,他的年龄还小,提不出什么主张,但是五六年以后,他便是成年了,而且酒色财气,一应俱全,不是轻易可以对付的。所好上边还有一个慈圣皇太后呢,这是从人民中产生的,懂得民间疾苦,虽然有时不免要修桥建庙,只要好好应付,道理不是说不通的。但是张居正轻易见不到太后一面,一切全仗司礼太监冯保。所以张居正不得不以全力应付冯保。这在当时便有两种不同的看法,有的人认为这是权宜之计,不如此便不能打通李太后,也就无法应付逐年成长的神宗。有的人则认为这是串通宫闱,是大臣们不应当做的。后面这一说,道理完全正确,但是在这个道理指导下面,便无从办事,一种泄泄沓沓、苟且应付的办法久已成风,没有居正的考成法,用不到 1644 年多尔衮破北京城,明代早已瓦解了。

现在回到 17 世纪 20 年代,当时的熹宗皇帝是一个文盲,但是他比神宗好应付得多了,因为他没有一定的主张,没有一定的嗜好,只要不妨害他的木工生活,他可以把一切交给魏公公——这一位后世唾骂的魏忠贤。是不是有一个什么皇太后？没有。上面有一个李选侍，是光宗的遗妃，做不得什么主，也用不到为她去修桥建庙。因此在熹宗的时候，只要能应付魏忠贤，要做到万历前十年那样的政绩，是完全可能的。那么问题就在于如何应付魏忠贤。

要应付魏忠贤，这实在是一个极大的问题，因为到了最后的一个阶段，他已经被称为九千岁，比皇帝的万岁爷只差了十分之一。而且为他建生祠的地方几乎遍于全国，同一个大城里竟会建上三座、四座。不为他建祠的长官，有时还得免职家居，甚至还要冒抄家的危险。这就是说魏忠贤的凶焰要超过冯保十倍、百倍，那就不是一个，甚至不是十个张居正应付得了的。可是事实也不一定如此。

一切的灾祸，初起的时候，和到了成灾的时候是完全不同的。大火的漫延可以把数百里内的深山老林一起化为枯木断槎，但是初起的时候只是星星之火，能把这个星星之火扑灭了，一切可以保证安全无事。即使火势已经出现，只要我们应付得法，同样也可以不成问题。《汉书·李陵传》不曾说过吗？陵"引兵东南循故龙城道，行四五日，抵大泽葭苇中，虏从上风纵火，陵亦令军中纵火以自救"。颜师古注："预自烧其旁草木，令虏火不得延及也。"这实在是在一个荒原中自救的办法。所以对付灾祸不是没有办法的。最可怕的是和它硬顶，于是硬击硬撞，终于两败俱尽，人完了，国家也完了。这是张居正所不为，却是熹宗的时候杨涟等所走的道路。

熹宗即位以后，魏忠贤的地位正在逐步上升，但是在最初的时候，他还不能没有顾忌。大学士叶向高、韩爌辅政，赵南星、高攀龙等居大位，左光斗、魏大中、黄尊素等在言路，忠贤之势，尚未得逞。熹宗三年（1623）忠贤引魏广微为大学士，从此他的爪牙进入政治中心，魏忠贤的毒螫遂一发不可收拾。

六月，左副都御史杨涟疏劾魏忠贤二十四大罪。数年以前是以杨涟为首，拥戴熹宗入居乾清宫，让李选侍退出，当时熹宗称他为胡子大臣的。现在还是这一位胡子大臣疏劾魏忠贤的大罪。在这二十四条之中，我们可以录取几条。

……旨意多出传奉，公然三五成群，勒逼喧亵，政事之堂几成闹市，大罪一。交通孙杰，论去阁臣刘一燝、冢臣周嘉谟，急于剪己之忌，不容皇上不改父之臣，大罪二。执春秋讨贼之义者，礼臣孙慎行也；明万古纲常之重者，宪臣邹元标也；忠贤一则逼之引疾，一则嗾言官劾去。顾于护党气殴圣母之人曲意绸缪，终加蟒玉以赠其行，是何亲于乱贼，何仇于忠义，大罪三。王纪为司寇，执法如山；钟羽正为司空，清修如镜。忠贤一则使人喧辱之去，一则与沈㴶构陷之削籍，顾于侧媚善侮者破格点用，骤加一品以归，大罪四。国家最重无如枚卜，忠贤力阻孙慎行、盛以弘，岂真欲门生宰相乎？大罪五。……同奸辅沈㴶创立内操，安知无大盗刺客寄名家丁？傥或伺隙，可为寒心，大罪二十二。近日忠贤进香涿州，铁骑簇拥，蟒玉追随，警跸传呼，归则驾四马，羽幢青盖，夹拥环遮，入幕密谋，叩马献策者，实繁有徒，大罪二十三。忠贤今春走马御前，皇上射其马，贷以不死，进有傲色，退有怨言，大罪二十四……[1]

在这个情形之下，党祸的形势已经完成。一边是魏忠贤和他的党羽，一边是在朝的忠正。这样两党的对立，壁垒森严，但是和汉、唐的形势有所不同。汉、唐的党祸，一边是大臣，一边是宦官，这个对立是清楚的，可是明朝却完全不同了。一边是守正的大小臣工，一边是宦官和宦官手下的文武亲信。这种形势一经成立，再加上一个文盲的皇帝，除了与宦官接触以外，更无与群臣接触的机会，并且也没有与群臣接触的语言。不要说没有一个张居正，即使有十个张居正，也无救于朝廷的危亡。明朝的亡国，其原因是多种多样的，有敌国，也有内扰；有民愤，也有士愤。危亡的形势，日积月累，终于铸成铁的结果：明朝的覆灭。

覆灭的形势是铸定了，是不是由于敌国的强大？不见得。建州奴隶主既不强，也不大，而且内部也不团结。是不是由于人民力量的壮大，其实也不

---

[1] 据《国榷》卷八十六，《明史·杨涟传》字句略异。

见得。明末的陕西，包括现代的宁夏、甘肃在内，人民的生活已经被逼到死亡的边缘，倘使他们还有一线的生路，他们会去自觅生路的。正因为他们的生路已断，由于种种的原因：战争的绵延，败溃的混乱，自然界的威胁，出路的截断，他们这才采取了万死一生的计划，终于起来造反。待到造反已经成为唯一的生路以后，当然就铸成了四个颠扑不破的大字——造反有理。所谓造反有理者其实就是求生有理。在统治者逼得人民求生无路的时候，这四个字必然出现在天空，照亮了整个的国家。

建州既然并不强大，那么明朝为什么遭到覆亡之灾呢？那就更证明了孟子所说的"入则无法家拂士，出则无敌国外患者，国恒亡"这句颠扑不破的道理。也证明了《春秋·公羊传》记"梁亡"，"鱼烂而亡也"这一事实。

熹宗当然不是治理国家的材料，他自己也知道，这应当说是他的优点，因为中国自古的帝王，认清楚自己不是治理国家的材料的人并不多，所以实际上说，他还是有一些自知之明的。不幸的他自知不是治国的材料，却把这个工作交给魏忠贤，魏忠贤再交给一些更不如魏忠贤的人物，这就造成"鱼烂而亡"的必然形势。

当时的敌国外患是建州，尽管建州自知远远不如明朝强大，同时也承认明朝是他们的宗主国，但是努尔哈赤和他的部下已经跃跃欲试，准备随时取而代之，所差的是这个机会还没有送上来。不过他们是懂得策略的，在机会未到之前，他们决不抢先一步，以免遭到失败；在机会一到之后，他们立刻扑上去，决不放松一个可趁的机会。从这里我们又可以认识到一个真理，即使是在所谓文化落后的国家里，他们对于如何保卫自己、扩大影响这一套本领，决不让于任何先进的国家。本来争取生存是一切生物天赋的本能，任何一个集体都不能自诩有它的特长。

杨涟弹劾魏忠贤二十四大罪，在当时确实是一件大快人心的大事。经过这一次的弹劾，左光斗、魏大中等人联翩响应，整个的朝廷轰动了。当时明朝本来有两个都城，成祖以后，北京是首都，南京是陪都。这不是说南京不重要了，而是说南京更高超了，一切端居养望，或是资历已高的大臣，都在南京，他们的言论和主张，有时比北京还更重要，更能符合人民的要求。七月间南京兵部尚书陈道亨、右侍郎岳元声等合言："忠贤恶贯既满，必不可容；杨涟疏词逼真，必不可弃。此岂尽仇于忠贤而比昵于杨涟哉？凡以公听并观，见忠贤假心小劳，恣其大逆。迩来朝政参差，国势抢攘，物力凋耗，岂无召致而然，乞将忠贤罪状，即赐处分。"这是代表南京方面的言论，当然是不会见听的。

明代后期，大学士的地位，实际已处于国家最高权力机构。这时的首辅大学士叶向高，看到魏忠贤以内侍的位置与朝廷大臣对立，决非国家之福。他提出"皇上诚念魏忠贤，当求所以保全之，莫若听其所请，且归私第，远势避贤，以安中外之心，中外之心安则忠贤亦安"。叶向高的地位不容过于偏激，但在大臣与忠贤的矛盾已经到了不可解决的时候，主张由忠贤暂时且归私第以安中外之心，不失为合情合理的主张，对于自己的地位，已经尽了责任，保全了身份。这一个主张是合适的，但是大权不在熹宗而在忠贤，忠贤绝没有退归私第的决心，因此向高的主张也就不起作用。不久以后，工部员外郎万燝因为得罪了魏忠贤，熹宗吩咐把他拖到午门外面，赐予廷杖一百。

廷杖是明朝的一项发明，是以往任何朝代没有的。朱元璋起自民间，又承蒙古王朝统治的末期，因此唐、宋时代比较文明的传统没有流传下来，野蛮行为到这时反而变本加厉。自古以来，本来有五刑，这里已经有许多野蛮的成分了。到朱元璋手里，第一是滚钉板。板是一块长长的木板，板上插上几十个数寸长的铁钉，凡是真正受到委屈的人，必须赤身露体，在钉板上滚一道。滚过了准予申冤。钉板是无情的，无论有冤无冤，在上面一经滚过，必然会把他刺得血流遍体，常常是板未滚完，人已身亡，更谈不到申冤诉屈了。

第二便是廷杖，凡是对于皇帝的言论，有所讥评，或是不能使皇帝满意的，当时即用特旨赐予廷杖。关于这个制度，清人姜宸英《刑法志》曾说：

> 刑法有创之自明而为前代所未有者，廷杖与东西厂镇抚司狱是已。是二者杀人最惨而不丽于法。举朝野之命，一听于武夫宦竖之

手,可叹也。故事:凡杖者以绳缚两腕,囚服逮系午门外,每入一门,门扇辄合。至杖所,列校百人,衣襞衣,执木棍林立。司礼监宣驾帖讫,坐午门西墀下左,锦衣卫使坐右。其下绯而趋左者数十人。须臾,缚囚定,左右厉声喝。喝"阁棍"则一人持棍出,阁于囚股上,喝"打"则行杖,杖之一则喝令"著实打"。或伺上意不测,曰:"用心打",则囚无生理矣。五杖而易一人,喝如前。每喝,环列者群和之。喊声动地,闻者股栗。凡杖以布承囚,四人舁之。杖毕,举布掷诸地,几绝者十恒八九。

这真是一种极端野蛮的刑法,但是在明代是经常使用的。人类固然有不断走向文明的倾向,但是同样地也会朝相反的方向进行,文明和野蛮,正在不断地交替着。所幸的是向文明的倾向毕竟比向野蛮的倾向强一些,这样地逐步推演,人类社会也就逐步好转。

万燝是叶向高的同列之臣,向高虽然出力救护,万燝终于死在杖下。不久向高的同乡御史林汝翥也因为廷劾魏忠贤,受到赐予廷杖的处分。向高继续向皇上请求开恩。还好,林汝翥的消息灵通,他逃了,一逃逃到遵化巡抚那里,这一次的廷杖被他躲开了。熹宗皇帝也许顾不了许多,把这事情忘了,可是太监们没有忘。有人说林汝翥是叶向高的同乡,十之八九是逃到叶相府去了。这一来大家把相府围住,叫喊连天,不过汝翥既然不在那里,叫喊也没有用。

但是究竟是有用的。叶向高是首辅,现在搞得太监封门,成群结队地喊捉拿,这个首辅的位置还有什么意义?自己年龄也大了,相府的工作也实在太重,他切切实实向熹宗请求告老还乡,皇帝也照例予以慰留。从此一而再,再而三,直至天启四年(1624)七月为止。叶向高离开北京,从此以后,北京的政局更加混乱。大学士中虽然还是有一些正派的人物,但是实权逐步地为魏广微所掌握。广微一边是内阁大学士,一边却又是魏忠贤的亲信。魏忠贤更是为所欲为,和以前不一样了。

当时的明朝正在热烈地争辩两个问题。一是建州奴隶主不断向关内进窥,二是魏忠贤的逐步掌握政权。天启五年（1625）以后魏忠贤和魏广微这才定下了一石二鸟的毒计。

关外的失败，主要由于经抚的不和。经略熊廷弼自视甚高，尽管他的才具和忠贞，足以胜任而有余，但是气焰之高，实在也难与共事。王化贞是一位肯担当国事的大臣，但不是边疆之才。这两位负责的当局，事实上难于共同负责。辽东的失败，其根本原因在此。广宁失守以后，王化贞收拾残局，和熊廷弼入关，这才有孙承宗巡视关门的委任。但是当时的众矢之的，一直集中在熊廷弼。

北京城内的争执，一切围绕着魏忠贤的地位。一边有不计成败，直接攻击忠贤的杨涟，和他的若干共鸣的士大夫；一边也有不以魏忠贤阉党为耻的魏广微和大批冒进的官僚集团。

这两种矛盾纠缠着，最后魏忠贤和他的党羽定下了一石二鸟的毒计。这是说他们认定凡是进攻魏忠贤的都是收到了熊廷弼的贿赂。凡是收到贿赂的一律送入东厂，由国家追赃，赃额的大小一律由东厂估计，凡是不能缴足赃额的，一律要经过刑讯，这是说赃额永久没有满足的日期，刑讯也就永久没有停止的日期，最后以受刑不胜而死。至于熊廷弼，他是以布置边防冒着大风雪而开始，以兵权被夺而失败，以引颈受戮、传首九边而告终，至于失陷辽地的王化贞则因为他是谦逊缓和，虽然失陷边疆，只得一个永久革职的处分。在王化贞，这是侥幸，不一定由于他和魏忠贤有什么私人关系。在熊廷弼，这是由于他的气概高岸，不以生死系念而致死。至于因廷参魏忠贤的杨涟以下诸人，根本与辽东的失陷无关，他们的死，完全是死于魏忠贤的仇视，而以受赃致死，则更是加以无辜的陷害，这里正看到明朝的加紧迫近崩溃了。

杨涟最初拥护熹宗入乾清宫，那时熹宗还是一个十六岁的孩子呢！他并不认识杨涟，只记得有这么一个胡子大臣。熹宗对杨涟当然有一些好感，但是慢慢地变了，以后认为他在移宫这一个大案中，不但没有功，而且有离间宫廷之罪，对于一个文盲的孩子，这样的颠倒是非，也许原在意料之中，可是这是一位皇帝，这种言论，真不成其为言论了。杨涟在厂狱中临死之前，留下了一百八十字的血书，血书是被烧了，所幸同狱的一位商人曾经看到，也还记得书中的字句：

> 涟今死杖下矣。痴心报主，愚直仇人，不为张俭逃亡，亦不为杨震饮药，欲以性命归之朝廷，不图妻子一环泣耳。讯问之余，枉坐赃私，杀人献媚，五日一比，家倾路远，交绝穷途，身非铁石，有命而已。雷霆雨露，莫非天恩，仁义一生，死于诏狱，难言不得其所。唯我身受顾命，托孤寄命，临大节而不可夺，持此一念，可以见先帝，对二祖十宗与天下万世矣。

杨涟死后，还得到他的原籍德安追赃，赃本来是架空的，追又从哪里追起，但是追还得追。当地的地方官只得就地募捐，把这件赃案结束。

一个月以后，前左佥都御史左光斗因为追赃的事，在厂卫监狱中死了。光斗也是魏忠贤要杀的一个目标。清代文人方苞有一篇《左忠毅公逸事》，把他忧国忧民的心事记下，是一篇极不易得的文字，他提到左光斗的学生史可法探望左光斗的情形：

> ……及左公下狱，史朝夕狱门外，逆阉[1]防伺甚严；虽家仆不得近。久之，闻左公被炮烙，旦夕且死，持五十金，涕泣谋于狱卒。卒感焉，一日，使史更敝衣，草屦，背筐，手长镵，为除不洁者引入狱，微指左公处，则席地倚墙而坐，面额焦烂不可辨，左膝以下筋骨尽脱矣。史前跪，抱公膝而呜咽。公辨其声而目不可开，乃奋臂以指拨眦，目光如炬。怒曰："庸奴，此何地也，而汝来此！国家之事，糜烂至此，老夫已矣，汝复轻身而昧大义，天下事谁可支拄者！不速去，无俟奸人构陷，吾今即扑杀汝。"因摸地上刑械，作投击势。史噤不敢发声，趋而出。[2]

---

[1] 指魏忠贤及其死党。
[2] 《望溪文集》卷九。

从这一篇文字里，很可以看到当时确实有不少以身许国的人才，为魏忠贤所陷，终于不得其死。在这一群人斩尽杀绝以后，明朝也就随之而尽。从我们今天看来，明朝只是一个落后的地主阶级王朝，明朝的存在与否，与人民政权没有必然的联系。但是明朝一经结束，来一个建州的奴隶主王朝，其实是走向落后的一面，及至这个奴隶主政权和汉族的地主政权联合执政，其间的若干年，整个的政治走向反动。可是奴隶主与地主，仍然不能完全等同起来，奴隶主在某些方面，始终没有摆脱奴隶主的思想意识，直到清王朝的覆没。在我们重温历史故事的时候，实在不能不为之痛心。

在逮捕周顺昌的时候，还曾激起一次江南的民愤。本来明代的地主阶级必然保存某些地主意识。特别是长江以南地主阶级和人民中间存在着一定的阶级仇恨，也是无可讳言的，但是在魏忠贤的爪牙逮捕周顺昌的时候，激起了江南人民的义愤。这件事发生在天启五年魏忠贤的爪牙东厂缇骑逮捕周顺昌时。顺昌，吴县人，官至文选司员外郎，这时正在家居。在周顺昌被逮时，苏州的老百姓愤怒了，激起极大的骚动，后来张溥曾记录下来：

……予犹记周公之被逮在丁卯[1]三月之望，吾社之行为士先者，为之声义，敛赀财以送其行，哭声震动天地。缇骑按剑而前，问谁为哀者。众不能堪，抶而仆之。是时大中丞抚吴者为魏之私人，[2]周公之逮所由使也。吴之民方痛心焉，于是乘其厉声以呵，则噪而相逐。中丞匿于溷藩以免。既而以吴民之乱请于朝，按诛五人曰：颜佩韦、杨念如、马杰、沈扬、周文元，即今之傫然在墓者也。然五人之当刑也，意气扬扬，呼中丞之名而詈之，谈笑以死，断头置城上，颜色不少变。

——《五人墓碑记》

[1] 事在乙丑，《明史》记在丙寅。
[2] 毛一鹭，时为应天巡抚。

魏忠贤这个太监，当熹宗在位的七年中，竟成为一个赫赫有名的权威。地位一直封为上公，明代自太祖以后，异姓不得封王，最多只能封到公，封上公就是封王。他的侄儿封公封侯的便多了。对他的嵩呼，称为九千岁，甚至九千九百岁，只要再进一步就是万岁了。国子监生陆万龄甚至提出"孔子作《春秋》，忠贤作《要典》，孔子诛少正卯，忠贤诛东林"，应当给魏忠贤建祠国子监，与孔子并尊。魏忠贤由于这些人的推崇，他的地位，直到与孔子并尊，与熹宗比肩。在群臣上奏的时候，他们有的甚至不敢提到他的姓名，把他和熹宗并列起来，称为"皇上与上公"。总之，在这段时期里，只要他再进一步，不难称为皇帝。

但是明朝还是有一些人才的。由于孙承宗的扼守山海关，袁崇焕的死保宁远，他们又把前线推向锦州。这时锦州成为明朝和建州、蒙古三方力量争夺的场所。蒙古的实力差一些，可是建州正在准备夺取山海关，孙承宗、袁崇焕则在准备收复沈阳和辽阳，这里正看到明朝还是有生气的，没有走到山穷水尽的地步。可笑的是在关外的斗争中，经过每一次的战争，不但作战的人员受到褒奖，而魏忠贤和他的侄儿等也都因此受到重赏，甚而加官晋爵，这实在是一件令人无从索解，啼笑俱非的事件。

天启时代，出现了一部官书，称为《三朝要典》，这是明朝解体时的一部重要文献。所谓三朝，指神宗、光宗、熹宗。第一件是梃击案，实际上是在光宗为太子时的一件奇案，一名乡农因为出卖柴火，闯进东宫太子所在的宫殿，倘使就事论事，加以轻微的处分，逐令出宫，可以了事。但是当时的群臣认为这是郑贵妃的策划，意在谋害太子，以便树立自己的儿子福王，其结果是议论纷纷，总算神宗是一个昏而不庸的君主，他立即召见群臣，由太子自己把原委说清，但是这个案子始终引起不少的猜疑。第二件是红丸案，太子即位以后，由于无知，恰巧郑贵妃给他三十名宫女，他纵欲无度，由御医李可灼进以红丸，在第一粒药丸下去以后，他自觉精神大振，高呼"忠臣、忠臣"，随命再进一丸，这一次的结果是随即身死。当时，有人认为李可灼是弑君，甚至首辅方从哲也免不了责任。议论纷纷，久而不定。第三件是移宫案。光宗逝世以后，李选侍尚在乾清宫，一时未及搬出，事情本来不难解决。可是以杨涟为首的一些名臣坚请立即移宫，以致造出选侍自尽未遂、皇八妹坠井等意想不到的谣言。这三个案子本来可以从容处理，但是当时的朝廷充满了虚骄之气，不但小人如此，连所谓君子的也在所不免。

天启六年（1626）在熹宗的名义下，发表了《三朝要典》。上谕说：

> 皇祖早定元良，式端国本，父慈子孝，本无间然，而奸人王之寀、翟凤翀、何士晋、魏光绪、魏大中、张鹏云等乃借梃击以要首功。我皇考因哀得疾，纯孝弥彰。奸人孙慎行、张问达、薛文周、张慎言、周希令、沈惟炳乃借红丸以快私意。迨朕缵绪，正统相传，奸人杨涟、左光斗、惠世扬、周朝瑞、周嘉谟、高攀龙等又借移宫以贪定策之勋而希非望之福，将凭几之遗言委诸草莽，以待封之宫眷视若寇仇。臣子之分谓何？敬忠之义安在？幸天牖朕衷，仰承先志，康妃皇妹，恩礼有加。凡三案被诬者，皆次第赐环，布列有位，嘉言罔伏，朝政肃清，特允部院科道之请，命史臣编辑成书，仿《明伦大典》故事，择庚午开馆，名《三朝要典》。

这部《三朝要典》，在明朝崩溃的时候，曾经起过重要的作用，关于这件事，以后还有发展。

是不是这部书完全错误呢？不一定，特别是关于前面的两个案子。可是关于移宫一案，完全归罪于杨涟、左光斗、高攀龙等，是最不得人心的，因为当时要求移宫的是熹宗本人。这一次案子，虽然不免操之过急，但是杨涟等一批人是当时公认的正人，徒以不甘心为魏忠贤的爪牙，遂至目为奸人，甚至以移宫一案作为他们的罪状，这就必然要使《三朝要典》成为明朝崩溃前夕的重要文件。

大崩溃已在目前了，但是在崩溃的前夕，还有一场闹剧，这就是所谓"建祠"。

魏忠贤本来是一个无赖，由于他本人生活上的困顿和明朝内监的泛滥，他被收入宫内，作为一名平凡的太监。熹宗皇帝虽然在光宗之后接位了，可他还是一个无知的青年，凡事都离不开他幼年时的保姆客氏。客氏是寡妇，她不免要和内监接近，是两名姓魏的，一名是魏朝，一名便是忠贤。魏忠贤除去魏朝之后，他的地位上升，和客氏几乎是夫妇了，从此他的头衔便不断地更换。由于他掌管东厂，称为厂臣；由于他进封勋爵，称为上公。此后群臣上奏，固然不敢径称忠贤之名，内阁为熹宗撰定诏书，必称"朕与厂臣"。监生陆万龄甚至请以忠贤配孔子，以忠贤父配启圣公。

这一出闹剧的最后一场是为忠贤建生祠，天启六年（1626），浙江巡抚潘汝祯为忠贤建祠西湖，六月上奏，赐名"普德"。自此而后，宣府、大同、虎丘、密云、昌平、通州、房山、宁前、五台山、卢沟桥、延绥、登州、河间、天津、开封、淮安、济宁、武昌、均州、固原、河东，处处都为他建生祠，有时同地建立三祠、四祠，一祠之费，多者数十万，少者数万，剥民财，侵公帑，伐森林，毁民房，无所不为。在开封建祠的时候，甚至拆毁民居二千余家，监生陆万龄至谓"孔子作《春秋》，忠贤作《要典》；孔子诛少正卯，忠贤诛东林；宜建祠国学西，与先圣并尊"。在山海关以东，明朝和建州奴隶主正在作生死存亡的斗争；在山海关以西，举国上下则在作疯狂地努力为魏忠贤建生祠。全国人民处在民族大灾难的前夕，统治阶级则在表现垂死前的疯狂。

在高攀龙等和魏忠贤斗争中，由于攀龙曾在东林书院讲学，因此称攀龙等为东林党。其实这个东林还没有构成政党的条件，即是在这里讲学的人，思想上也没有什么政党的观念。东林党的名称，应当说是名词上的一种不确切的称呼。但是不久以后，复社出现了，开始具有政党的意义，而入社的人士号称上万，普及到当时的全国领域。复社的活动中，甚至具有政治的意义，周延儒的第二次入阁，事实上出于复社的活动，不过因为延儒的声名狼藉，其后复社中人也尽量地隐讳其事。

在天启之初，陈子龙只是一个孩子，虽然他后来把生命献给国家，但是少年时期，孩子究竟只是一个孩子，他的生活和整个的政治活动是没有什么联系的。天启三年（1623），他有时还要谈些神仙之道，陈所闻把这作为癫狂，极力禁止。所闻的教导,当然是要他由八股出身,在当时这是一条通向仕途的大道。子龙也曾作过《春思赋》《蟹赋》,科举时代称为古学,要是在这方面有些成就,也会得到一般人士的欣赏的。

天启四年(1624),陈所闻的健康情况开始好转,但是魏忠贤的毒焰正在煽动。陈所闻在阅读邸报中看到当时的正人君子受到排斥,每每咨嗟叹息。子龙和他的朋友们也在不断地关心国事。

到了天启五年(1625),逮捕周顺昌的事件发生了,这是一个信号,人民发动起来了,他们同情正直的士大夫,反对魏忠贤的爪牙,甚至不惜牺牲,终于以颜佩韦等五人的生命照耀了这一次的斗争。这是一个号角,全国都响应了。子龙也在这次运动中有所表现,他甚至缚草为人,写上了魏忠贤的姓名,发动了青年朋友,对草靶人射箭。这当然是一种幼稚的行动,但是对于一位十七八岁的青年,你无从要求他提出什么积极活动的。

在这一年,他和夏允彝、周立勋、顾开颜、宋存标、宋徵璧、朱灏、周钟等结为朋友。当然这些人都是地主阶级出身的知识分子。在日后建州奴隶主入侵以后,必然会分化。有些人因为要保全地主阶级的生活和立场,很自然地会向入侵的建州人靠拢,甚至屈服。但是也必然有些人为了保存民族气节,不向入侵的建州人屈服,终于杀身成仁,维护了民族的尊严。

天启六年(1626),子龙的文学天才终于为夏允彝等所发现,他们的推崇和陈所闻的赞赏都给了子龙一定的自信。这一年他在府县考试中都有所表现,补博士弟子。用通俗语言说,他是秀才了。

在这一年的秋天,陈所闻死了。在他临死的时候,一再嘱咐子龙要好好孝顺祖母。这件事对于子龙的最后一段生活起了决定的作用。在南京失守,杭州、绍兴相继陷落以后,他始终隐忍着。在奴隶主的建州兵士蹂躏东南的时候,他没有走上前线,直到祖母逝世以后,他才不恤以一生之存没,争取民族的自由。天启六年,他结识了东南两位老名士陈继儒、董其昌,同时也和嘉定侯峒曾,嘉兴钱旃、钱棻结交。陈子龙年十九岁,在旧社会,他已经成熟了。

天启七年（1627）八月，熹宗皇帝死了。从神宗到熹宗，明朝的统治，除去张居正当国的十年不计，神宗三十八年，光宗一月，熹宗七年，经过四十五年的琢削，政治和国势正在逐步地走向崩溃，但是还没有崩溃；建州奴隶主政权从最初的十几副兵甲扩展到辽阳、沈阳，正在和明政权争夺锦州一带的统治，但是还没有成功，也还没有扩展到整个中原的野心。明王朝西北部的人民生活已经到了穷途末路，但是还没有决心发动革命。文盲无知的二十三岁皇帝死了，一切的重任落到一位十六岁的继承人身上。

第四章

火花的绽发

  明代中举是一件大事,这是进入仕途的第一步。明代初期,入仕有三条路:吏员、举人、进士,以进士为最贵。到了后期,吏员入仕这一条路是堵塞了,主要的通途是进士,但是进士必须由举人出身,所以中举还是件大事。录取举人,便得进京投考。陈子龙、夏允彝是同乡又是同科举人,所以崇祯三年(1630),他们一同进京,参加进士的考试。

熹宗死了，继承这个重任的是他的弟弟信王朱由检，史家称为思宗。思宗生于万历三十八年十二月，即1611年1月，天启七年八月即位，实际上他还不足十七岁。这个庞大帝国的重任，连带东北的战争、西南的叛乱、满朝文武百官的贪污腐化，一切都得由这位年轻人处理。

第一个亟待解决的问题是魏忠贤。熹宗末年的诏书，连忠贤的姓名都不提了，动辄自称"朕与厂臣"，从大学士起没有一个敢和忠贤对抗的人物。忠鲠的人才是有的，但是屠杀的被屠杀了，退居的被忘却了，没有出来做官的有不少的人才还没有被发现，他们对于国事不是不关心，而是由于没有掌握政权，无能为力。东林党其实不是什么政党。继之而起的是复社，确实具有政党的雏形，但是在组织上很不健全，也没有取得政党的地位。因此思宗即位的时候，确实是孤立，孤立到只剩一个孤家寡人的地位。

熹宗去世的时候，魏忠贤和兵部尚书崔呈秀曾经密谈，据说呈秀认为时机还没有成熟，只是摇头。这才传信王入宫。宫中的太监多到数万人，这里当然有忠贤的心腹，有些虽然还不是心腹，但是准备随时争取心腹的地位。所以思宗入宫之初，自己带了干粮，准备万一。这不是思宗的过虑，而是当时客观的形势要求。要保证对于国家做一些贡献，首先必须保证自己的存在；唯有确实认定此路不通以后，才容许对自己做出适当的处置，这是思宗的认识。

思宗即位不久，地位逐步地安定下来，这才做出从容的布置。魏忠贤首先提出请求免去东厂太监的任务，斗争开始了。思宗知道这是以退为进的一着，他没有同意。魏忠贤请求停止为自己建生祠。思宗同意了，但是指出已经建成的一概不动。忠贤的侄儿良卿官至太师，封宁国公；侄孙鹏翼官至少师，封安平伯。至是皆给铁券。铁券本来是封建时代君主玩弄大臣的一种工具，在赐券的时候，都是说明"与国同休"，到了必要的时候，要杀的还是照杀不误。可是在给券的时候，都说是永远不变，而受券的也经常认为这是一种保险的证件。

十月间巡按直隶御史贾继春弹劾兵部尚书崔呈秀不忠不孝。这是一个尝试，思宗亲笔批"知道了"。次日兵部武选主事钱元悫上言：

> ……迩年以来，百辟卿士不媚天子而媚奸臣，至舆厮贱隶，夤缘扳附，立跻显要，玷列卿行，污滥朝署，常伯有续貂之诮，烂羊兴关内之谣，甚非盛世所宜有也。厂臣魏忠贤以枭獍之姿，供缀衣之役，先帝念其服勤左右，假以事权，群小蚁附，势渐难返。称功颂德，布满天下，几如王莽之妄引符命；列爵三等，畀于乳臭，几如梁冀之一门五侯；遍列私人，分踞要津，几如王衍之狡兔三窟；舆珍辇宝，藏积肃宁，几如董卓之郿坞自固；动辄传旨，钳制百僚，几如赵高之指鹿为马；诛锄士类，伤残元气，几如节甫之钩党株连；阴养死士，陈兵自卫，几如桓温之壁后置人；广开告讦，道路以目，几如则天之罗钳吉网。先帝念忠贤有驱使之微劳，闻誉言之日至，岂料其威权趋附之至此。使先帝而早知其横窃，亦必有以处忠贤矣。即皇上念其劳，贷之不死，宜勒归私第，散死士，输蓄藏，使内庭无屑火之忧，外廷无尾大之虑。魏良卿辈既非开国之勋，又非从龙之宠，安得玷兹茅土，污此彝章，速令解组褫绅，长农没世。至告讦获赏之张体乾，锻炼骤贵之杨寰，夫头乘轿之张凌云，委官开棍之陈大同，号称长儿之田尔耕，宁国契友之白太始、龚翼明等，凡为爪牙，俱明暴其罪，或殛或放，奸党肃清，九流澄澈……

这是对于魏忠贤的一道檄文，动员令开始了。

魏忠贤只是一个寻常的地痞恶棍，乘着熹宗的昏庸无知，自己以为大权在握，为所欲为。其实他不知道时代已经变了，要做曹操、朱温，这是不可能的。宋元理学对于封建王朝已经铸成了一座钢铁的保险柜，所以童昏如宋钦宗、度宗之流，没有任何一个人敢于动摇。明朝的皇帝，如武宗、穆宗都是昏庸到顶的人，但是也没有人敢于动摇。甚至元人以外族入主中原，到了汉民族全部奋起、共同给予反击的时候，还有花云、王冕这些人在君臣大义的昏聩思想指导下，对统治者效忠。明代的建文帝和成祖的斗争，其实只是叔侄间的争夺，与人民的生活没有任何联系，但是铁铉、方孝孺这些人都为之卖命，甚至诛及九族，一些不以为悔。这一切都是宋元理学对于封建王朝的贡献。

思宗和魏忠贤的斗争，经过四个月的酝酿，到十一月初完全揭露。最后以魏忠贤的安置凤阳而结束。魏忠贤的死党也被逐步地予以肃清。

魏忠贤的安置凤阳，只是一句表面化的语言。相传忠贤到了中途自尽，他临终的话是："皇上置我于死地，我是死了，但是最后还是由我置皇上于死地。"

忠贤最亲信的死党是兵部尚书崔呈秀，在熹宗去世的时候，忠贤本来想把皇帝的冠冕夺到手里，但是呈秀认为即使控制了北京，四方义兵必起，时机还没有成熟。及至忠贤失败，呈秀回到故乡蓟州，他把姬妾聚在一处，罗列珍异酒器，开怀畅饮，每饮一杯，随即掷毁，最后也终于自尽。

魏忠贤及其死党正被逐一肃清的时候，思宗看到当时在对外战争中，最大的祸害在于用太监监军。当然这是从前代历史中可以得到的教训。唐代在讨伐安史之乱的时候，郭子仪等九节度使围安庆绪于相州，朝廷以宦官鱼朝恩为观军容使，其结果造成全面的大崩溃。因此思宗决定撤回各镇太监。他在诏令中说：

　　……军旅国之大事，必事权一而后号令行，人和协而后胜算得。然势敌则交诿，力均则相击，自非审口以期，何繇出令制胜？先帝于宣宁、关蓟、宁远、东江等督抚外，分遣内臣协镇，一柄两操，侵寻滋弊。比来内外督、抚，意见参商，嫌疑萌构，彼此自命，咸称赘员。得且相蒙,失且相卸,封疆事重,其能堪此!矧宦官观兵,古来有戒。朕今于各镇守内臣概撤,一切相度机宜,约束吏士,无事修缮,有事却敌,俱听经、督便宜调度,无复委任不专、体统相轧以藉其口。各内官速驰驿回京,原领在官器械马匹,如数交督、抚分给诸将以备战守,开数具奏……

这些措施无疑是正确的,但是在选择内阁成员的时候,却有了一个特别的办法。他召集各部大臣,和主管人事的吏科都给事中、河南道御史于乾清宫。皇帝对天拜跪以后,把资望较深的大臣姓名分别开列,逐一卷好,纳入金瓶,然后再行拈出,共得四人。这时大臣们指出国事繁重,请求添补人员,结果增补二人,同时授礼部尚书兼东阁大学士。这就为选定内阁人员,增加了一重宗教仪式的成分,当然是行不通的。但是由一位十七岁的青年决定内阁人选,也实在没有较好的办法。封建社会究竟是不够前进的社会,思宗皇帝只能这样地选择人才。

这一年子龙二十岁,他和当时的社会领导阶层接触了。

晚明的东林党是没有群众基础的,因此实际还够不上称为政党。到天启末年出现了复社,这才逐步地扩大群众组织,由一个地点推向全国,在全面铺开的时候,号称二万余人,有姓名可考的二千余人。这个团体最初是以太仓州的张溥、张采二人为首的复社,同时并起的有松江府的夏允彝、陈子龙为首的几社。及至子龙等和两张结交以后,更扩大了复社的声势。他们最初只是谈论诗文,其后由诗文联系政治。当时的士人,在政治上要取得地位,除了一些歪门邪道以外,主要是由县学生、府学生(那时都称为秀才)去应考,考取了就是举人,然后再由举人应考,考取了就是进士。由进士出身的,有的入翰林院,有的分发各部,由主事、郎中等逐步向上;有的分发各省,由知县逐步向上。这里当然有些人从中央调出各省,也有些人从各省调入中央。总之一切都要从科举出身。这就和清朝有些不同。清代的官制是由明代演变而来的。明代的内阁还有些实权,清代自雍正以后设军机处,逐步掌握了全部政权,大学士只成为空衔。咸丰以后,有些文人参加军事,他们不愿用军衔，由此一部分军人由武官改为文官。及至捐官的制度出来，只要出钱，几乎什么官都可以做。所以清代做官，有文人、武人和捐班三条大路，明代主要只有一条路。这就成为复社的基础。

子龙和苏州的杨廷枢、徐汧成了朋友，他的父辈姚希孟、魏浣初、龚立本、文震孟都激赏他的诗文，交相称誉。次年，他在太仓弇园遇到江西的艾南英，发生了一次有名的争执。

艾南英，江西临川人，字千子。当时江西人在八股方面有艾、陈、章、罗四大家，指的是艾南英、陈际泰、章世纯、罗万藻。明代文人主要地分成两派：一是李（梦阳）何（大复）李（攀龙）王（世贞）主持的秦汉派；一是王（慎中）唐（顺之）归（有光）茅（坤）主持的唐宋派。前一派号称文必秦汉，诗必盛唐；后一派在散文中特别推崇唐宋八大家。其实这两派都是为八股服务的，而入门的路线完全不同。子龙这时年龄还轻，受王世贞的影响也较大，因此是主张文必秦汉的。这年秋天他和南英会面了。艾南英比子龙年长得多，虽然没有做官，但是声名很大，江西四大家的文笔在科场中是到处闻名的。

崇祯元年的秋天，这两位见面了。他们谈到文章。

子龙说："弇州先生指出文必秦汉，诗必盛唐，这句话是完全正确的。"

艾南英是一个有名的大近视眼，那时眼镜虽然已经输入中国，但是还没有通行，他瞪着蒙眬的眼梢，才看到这一位二十出头的青年。他老气横秋地说："什么？足下说的是秦汉吗？秦汉的文章有什么可学的？年轻人，多想一些。不要说秦汉文不足学，就是曹、刘、李、杜的诗，有什么可学的？"

"那么北地、济南两位老前辈都不足学吗？"子龙说。

"哈哈，又是北地，又是济南。这两位李先生懂得什么？年轻人还是多想想，不要被他们引错了路。"

这种教训的语调正引起子龙的愤慨。

"是呀，是呀，还是千子先生说得正确。"大家说。

子龙已经不能再忍耐了。幸亏他的好友夏允彝也在场，他连忙解围道："论理呢，艾老先生是经验之谈，不过要说曹、刘、李、杜都不足学，是不是还可以商量一下？艾老，你看怎样？"

允彝这一番说，虽然没有明显地袒护子龙，但是也给南英一个警告，要是坐在拿园里菲薄李、何、李、王，那不是指着和尚骂秃驴吗？

在座的都来打圆场，这一餐就此草草终局，但是事后南英和子龙还是书札往返，辩难不休。事实上这都是文人的意气用事，文章到了明代，主要的关键还在八股方面，南英、子龙，谁也免不了这一道关。一切是为八股服务的，那么这里就用不上太多的争执了。可是从大节看起来，在隆武帝（清代抹杀了这个年号，只称为唐王）朱聿键在福州发动抗清战争的时候，子龙固然是大节凛然，成为抗清的英烈，南英也从江西前往福州，投奔抗清的中心，终于死在福建。这说明了他们两人的人生态度基本上还是一致的。可是并不因为基本上的一致而在议论上作一些必要的互相谅解，这是明代文人常有的风气。

在这一年之初，思宗还抱有夺回辽、沈的雄心，当时的愿望是由两路出兵。一路由山海关、宁远、锦州向北进军；一路是由觉华岛、盖套进兵，以登州为后方。四月，命袁崇焕以兵部尚书兼右副都御史，督师蓟辽，兼督登莱军务。军事重任完全落到崇焕身上。七月，崇焕入都，先奏陈兵事。思宗在平台召见，面加慰劳，问以出兵方略。

"你看建州什么时候可平？"

"出兵方略，臣在疏中已经奏明。臣受皇上特眷，请假以便宜，计五年全辽可复。"崇焕说。

"好得很，"思宗说，"那时当然不吝封侯之赏。你的子孙也可以实受其福。"说到这里，中间休息一下，思宗退出。

兵科给事中许誉卿由于本职关系，他问崇焕："督师说的五年为期，有什么把握？"

"皇上非常焦急，只能先行安慰一下。"崇焕说。

誉卿吃了一惊。他说："皇上英明得很，日后按期责效，那怎么办？"

崇焕这才知道肯定得太早了，正在打算怎样解决这个问题。

他再一次见到思宗。

崇焕说："辽东事本不易言，皇上既然以此委臣，臣安敢辞难。但是要在五年之内见效，还必须各部共同努力。"

思宗紧接着说："哪几部？要做些什么？"

崇焕屈指说起："五年之内，户部要按期给饷，工部要按期给军械。还有，吏部用人，兵部调兵遣将，要事事相应，方能有济。"

思宗同意，随即传旨各部，共同协作。

一切都在准备着，但是依然是徒托空言。就在这一个月，宁远发生了一次兵变。当兵的把巡抚毕自肃抓起来，向他要四个月的兵饷。毕巡抚说早已申请了，户部还没有发下来。兵士不管这一些，把毕巡抚、总兵官朱梅和其他一些当官的捆起，用拳头的用拳头，用棍棒的用棍棒，把毕巡抚打得满脸是血。兵备道郭广新到了，好话说尽，总算把巡抚放出，共同设法，将各衙门的库底搜空，共得银二万两，再向各家殷实商户暂借三万，凑足五万，这才解决了一场横祸。

这里看得清楚，事情是不简单的。自从万历十年神宗亲自执政以来，一路拖沓，四十多年了，直到这时，议论多而成功少。国家的艰危，人民的痛苦，不但坏人不管，有时即自诩为清流的好人也不管，所争的都是闲气，没有提出任何值得切实考虑的问题。子龙这时已是复社的一员了，但是复社又解决了什么问题呢？他们自许为直接东林，有时人家也称他们为小东林。人数已经上千上万，俨然是一个政党了，但是并不代表人民，也没有为人民说话。即如倪元璐，这是一位老东林党了，在李自成破北京以后，自杀，大家共称为忠臣，那时他是户部尚书，为明王朝又做了些什么具体工作？崇祯元年，元璐官至侍讲，四月请毁《三朝要典》，他说：

　　……梃击、红丸、移宫三议，哄于清流，而《三朝要典》一书，其议可兼行，其书必当速毁。盖当事起议兴，盈廷互讼。主梃击者力护东宫，争梃击者计安神祖。主红丸者仗义之言，争红丸者原情之论。主移宫者弭变于几先，争移宫者持平于事后。数者各有其是，不可偏非。总在逆珰未用之先，虽甚水火，不害埙篪，此一局也。既而杨涟二十四罪之疏发，魏广微"此辈门户"之说兴，于是逆珰杀人则借三案，群小求富贵则假三案，经此二借而三案全非矣。故凡推慈归孝于先皇，正其颂德称功于义父，又一局也。网已密而犹疑有遗鳞，势已重而或忧其翻局，崔、魏诸奸始创立私编，标为《要典》，以之批根今日，则众正之党碑，以之免死他年，即上公之铁券，又一局也。三案者天下之公议，《要典》者魏氏之私书，三案自三案，《要典》自《要典》也。今为"金石不刊"之论者诚未深思。臣谓翻即纷嚣，改亦多事，唯有毁之而已。

《三朝要典》的纠纷，直到弘光时候还没有完全结束。宋人多议论，因以亡国，其实明人之多议论，更远过于宋人。

明思宗和袁崇焕急于恢复辽沈，看法是正确的，但是步骤却没有站稳。明代的岁入和岁出，常常是一个问题，张居正的严考成，施用一条鞭法，其主要目的在于求国家的收支平衡，略有盈余，所以在他掌握政权之初，甚至如讲筵赐宴，都要求节约，他是认识到这一点的。及至神宗亲政，他好像有两本账，一本是公开的，一本是自备的。他在岁入方面多方注意，但是这本账始终没有公开；可是岁出方面，当然是公开的。到魏忠贤专政的时代，国家亏累的问题更严重了。崇祯元年，户部右给事中黄承昊言："今出数共五百余万而岁入不过二三百万，即登其数，已少百五六十万，况外解、积欠、黔饷三项，实际岁入仅二百万耳，戍卒安能无脱巾，而司农安得不仰屋乎？"这不失为有识之言。戍卒脱巾之言，在宁远已见了，其实这一年的脱巾之变，不仅在宁远。到十一月里，白水县王子顺合东来逃兵，掠蒲城、韩城之孝童、淄川镇。在这一年李自成、张献忠也在陕西吹响了起义的号角。历史记载说这里的主力是耿如杞领导的勤王军队，在建州军队把他们打败以后，他们溃散了重行集合，于是发动起义；有的记载又说是在明王朝为了节约开支，裁除驿站，于是失业的驿卒起来造反。造反是真的，但是在政治混乱之中，民不聊生，造反是无罪的。这里就有一个造反有罪和造反无罪的课题。

政府是建立在人民拥护这个基础之上的。倘使政府能为人民谋利益，得到人民的拥护，这个政府的存在是有理由的；倘使政府不能为人民谋利益，甚至危害了人民的利益，那么这个政府就丧失了存在的理由，人民有理由打倒它，重行建立自己的政权。明朝本身就是在这个情况下成立的，但是经过了二百多年的腐蚀，这个政府久已不再代表人民的利益，甚至转化成为人民的敌人，那么人民拿起刀枪来推翻它是有充分理由的。

神宗末年，一个弱小的建州卫已经蜕化为一个实力充沛的、发展中的集体，他们发展、壮大，逐步地向四围扩展，成为一个强悍的满洲国（崇祯九年前建州卫自称满洲国），他们曾自称"后金"，当然这只是一个发展中的过程，爱新觉罗氏和完颜氏的金王朝是没有什么直接血统关系的。起初他们仇视汉民族，他们对于汉人第一步是杀、杀、杀，偶然不杀的就把他们作为奴隶。到了皇太极的时代，他们的野心更大了，正在利用一切手段巩固自己，扩大自己。在皇太极最初的时候，那时是四大贝勒的联合政权，由皇太极和两个兄弟、一个叔伯兄弟共同执政。以后皇太极逐步地把其余三位的地位压低了，突出个人，成为一位最高的领导者，政权逐步走向统一。他对于汉人，无论是被掳掠的平民或是被俘获的敌军，一概不杀，甚至吸收到军队中去。西边还有蒙古人呢，他设法联络可联络的，打击必须打击的。在这个情况之下，满洲国的地盘扩大了，他的部下也就有了满洲、蒙古和汉军三支军队。当然，汉军的地位是不高的，因为他们是被俘虏的，或是向满洲投降的。

从另一方面看，明朝的军事地位，也不是完全没有发展。辽阳、沈阳、广宁三座大城是丧失了，但是正如古人常说的那样："百足之虫，死而不僵。"明朝的大军被逼到山海关以后，本来打算把关外的地面，完全放弃，由于袁崇焕的坚持，才保留了宁远这座孤城。可是后来又逐步由宁远向北发展，他们重行延伸到锦州、大凌河、小凌河。在这些地方他们不仅建筑了三座大城，还在大城的周围建筑了若干小城，用后代的术语，可是说是"碉堡群"。当然，那时还不可能有这样的规模，可是他们已经发现死守孤城不是妥善的，必须在大城的周围筑起一些卫星城，保卫这些城市。假使当时的明朝能坚持这个办法，他们可以逐步进展，切断建州和蒙古的交通要道，把建州孤立起来。只要发动一次前进的号令，可以向沈阳和辽阳同时进军，彻底摧毁建州奴隶主政权。但是这里需要的不仅是决心，而且还要有耐心。决心要大，但是耐心更要大。从历史吸取教训,西汉时期,赵充国的破西羌正是用的这一策略。

从万历十一年(1583)努尔哈赤发兵攻尼堪外兰算起,到崇祯元年(1628)四月以袁崇焕督师蓟辽为止,已经四十五年了。在这四十五年之中,努尔哈赤和皇太极向明朝不断进攻,明思宗和袁崇焕约定要在五年之中击败建州,收复全辽,这样的迫不及待,是最犯兵家之忌的,但是既经说过,袁崇焕不得不努力贯彻。

当时关外的军队,在大陆上的这一支,是袁崇焕管得到的,但是在海面上的这一支掌握在毛文龙手里。毛文龙是浙江的一位都司,在神宗支援朝鲜的时候,他参加这次战役,失败以后,他逗留在渤海中的皮岛,逐步地壮大起来。正值朝廷混乱当中,他一边扩充军队,一边结交权贵,好在那时无论是神宗的晚年或是熹宗的年代,明朝的中央,始终是混乱的,不稳定的,所以毛文龙的军队就无限扩大了,他部下的将领,姓毛的姓毛,不姓毛的也得姓毛,这算是一家人了。在熹宗年代,他报所部额兵二十余万;以后兵科给事中王梦尹、翰林编修姜曰广阅视,改报十万。崇祯元年登莱道王廷试阅视,定额二万六千,文龙大为不平。

次年六月一日,崇焕以督师的名义来岛阅视,文龙来会,相与燕饮,常至夜分。六月五日邀文龙观射。崇焕把带来的军队布置好了,在山头上设了军帐,四面安置了带来的军队。文龙来了,可是部下都留在外边,进不得场内。

崇焕下山迎接文龙。他很客气地说:"我明天就要回去,海外重任,完全拜托毛将军,请受我一拜。"

文龙说:"不敢当。"

崇焕拜了,文龙连忙答拜。

崇焕看到文龙左右将领,连忙请教姓名。

"喔,"文龙说,"不必问了,都姓毛,是我的子孙辈。"

"难得难得,"崇焕连忙说,"大家都在海外,为国家吃辛吃苦,每月只受禄米一斛,太辛苦了。说起来也痛心,请大家受我一拜。"

督师拜下去了,毛文龙部下的将领也答拜。

袁崇焕把文龙请到后堂宴饮。他们谈得很高兴,慢慢地谈到国家大事。

崇焕问起为什么要违背命令。文龙还在抗辩，崇焕脸声一变，把桌子一拍，他大声说："绑起来。"

毛文龙的部下一看，左右全是袁崇焕的人，众寡不敌，自己又没带武器，因此没有动。

崇焕对文龙说："本部院节制四镇，恐天津、登莱，受腹心之患，请设东江饷部，钱粮由宁远直达东江；又欲分旅顺东西节制，设道厅稽查兵马钱粮，俱不见允。终不然，只管混账过去，费坏朝廷许多钱粮，要东江何用？本部院与你谈了三日，只道你回头是岸也不迟。哪知你狼子野心，总是一片欺诳到底。目中无本部院犹可，方今圣天子英武天纵，国法岂容得你？"

说罢，崇焕向西叩头请皇命，剥下文龙衣服，数了他十二大罪，最后和大众说："毛文龙这十二大罪，你们说该杀不该杀？若本部院屈杀了他，你们就上来杀我。"

文龙部下相顾失色，只有叩头哀告。

毛文龙魂魄俱丧，不能复言，只说："文龙自知死罪，只求老爷开恩。"

崇焕说："你不知法久了，若不杀你，这一块土便非皇上所有。"

他向西叩头毕，请尚方剑，令水营都司赵可教监斩，由旗牌官张国柄执尚方剑把文龙斩了，付他亲人备好棺木安葬。

崇焕把东江军队二万八千人，分为四协，将带来银十万两分发众人。

次日，他备具祭礼祭奠，他对着文龙的棺木说："昨天杀你，是朝廷的法令；今天祭你是本部院的情分。"初七日，登山试演。初九日，开船前往旅顺，十一日抵宁远大营。

袁崇焕是一位胆大手狠的大将，毛文龙的部下一些抵抗也没有。

这一次确实是一件"毒蛇螫手、壮士断腕"的大事。毛文龙在皮岛不是没有一些牵掣的作用，但是他一边勾结魏忠贤的余党，一边侵吞大量的军饷，不得不杀。可是杀他以后，他的一些旧部竟向建州投降，反叛祖国，终于也使国家和崇焕都受其害，这是后话。

崇祯二年的大事就是定"逆案"。这是和《三朝要典》对立的一件重大的事件。《要典》是魏忠贤打击东林的根据；《逆案》便是在弘光时代复社力扼阮大铖的把柄。

事情是由明思宗发动的。正月的后期，思宗召大学士韩爌、钱龙锡等商量。他说起："我想定附逆人的罪名，必先正魏忠贤、崔呈秀和客氏的首逆，这件事已经做过。其次必须确定附逆人的姓名，要有根有据。如今发下建祠、称颂诸疏，你们可以和吏部尚书王永光、左都御史曹于汴在内阁里仔细讨论一下。倘使事本为公而势非得已，或素有才力而随人点缀，也须谅其初心，责以后效。"

这是一件大事，韩爌是一位端重厚道的人物，龙锡也是一向谦和，众所共知的。他们不愿广搜结怨，经过数天，开列四五十人的一个名单，向皇帝呈上了。

思宗一看只有疏疏落落的几个名字，很感到失望。他吩咐再搜。大臣们搜讨以后，又补上了几十个姓名。

这一下可激动了思宗。他指出逆案中人要分出三大项：称颂、赞导、速化。他又说："忠贤一人在内，倘若不是外廷逢迎，何至于此。宫内也有和忠贤同恶相济的，也应当列入。"

大臣们说："关于内廷的事，臣等不知道。"

"哪有不知道的道理，只是你们怕任怨罢了。"

第二天上朝的时候，大臣们看到一大堆黄包袱堆在那里。

思宗指着黄包袱说："这里都是那时上奏的红本，是魏忠贤谋逆的实迹。"

大臣们看到这里没有再推辞的。韩爌和钱龙锡等说："臣等的责任只是票拟，至于按罪定案，其实不知道。"

"那么你呢？"思宗对吏部尚书王永光说。

"臣部主管的是考成，对于法律刑名，实在生疏得很。"永光答。

思宗这才吩咐刑部尚书乔允升按律定罪，及时上奏。

二月下旬，思宗看到定案的初稿，召集阁臣和刑部尚书，都察院左都御史等于平台。他问："为什么张瑞图、曹宗道不在逆案？"

内阁大臣回答说："因为没有逆迹可指。"

"张瑞图的书法，"思宗说，"一向为魏忠贤所爱。曹宗道在崔呈秀的母亲死后，祭文称'在天之灵'。什么'在天之灵'？这就是逆迹！还有贾继春为什么没有列入？"

大臣们说："贾继春请优待李选侍，不失为厚道，其议论亦多可取。"

"什么可取？这是反复。唯其反复，所以确定是小人。"

思宗把原奏和红本未入各官共六十九人，一并交给大臣们，由他们重行审定。最后确定除魏忠贤、客氏外，有首逆同谋六人，结交近侍十九人、结交近侍次等十一人，逆孽军犯三十五人，谄附拥戴军犯十五人，结交近侍又次等百二十八人，祠颂照不谨例冠带闲住四十四人。这一笔大账，连带魏忠贤、客氏在内，称为逆案。我们必须看到在这个逆案之中的阮大铖，后来在弘光时代又搞了一个大反复。最后把南京的一些以东晋、南宋自比的计划完全推翻，为清朝的控制全国创造了条件，这是清人自称为后金的时代完全不能预见的。

是不是满洲王朝最初准备夺取全中国呢？这不可能，因为他们仅以后金自命，金人始终没有拿下全中国，长期停留在淮水以北。他们也曾打过长江，占领杭州，甚至前锋直到浙东的海边，但是他们不能向南前进了。建州的实力不及金人，即使他们以金人自比，但是在他们冲过了长城，主要的目的只是向中原掠夺，他们没有预料到明王朝的上层统治阶级竟是这样的腐化无能，以致给他们以一个夺取全面胜利、据有全中国的机会。

这里我们也得提一下明代在东北方面的布置。在明成祖还没有夺取帝位以前，他只是燕王，他的北面还有宁王，封地在后来的热河和辽宁省的西部；及至他决心要和当时的中央、在南京的建文帝作战。他首先花言巧语地把宁王的兵权骗到手，但是他并未能掌握宁王的地盘。在蒙古族夺回自己的疆土以后，他只能放弃三卫——大宁、朵颜、福余三卫，所以在明人筑长城的时候，他们缺了东北一角，而以山海关为通向辽沈的通道。

是不是蒙古族或建州的军队入关必须通过山海关或其他关口，如张家口、居庸关呢？这样的想法就太天真了，他们可以从任何一个山坡里冲出来，拆毁边墙，进入内地，所以那一种倚靠长城，信赖长城的想法是不现实的。他们的力量集中了，从一个隐蔽的山谷里冲出来，要想把这个缺口附近的军队收集，进行有效的抵抗是来不及的，主要应当把力量放在侦察方面，一有消息，立即发动大军，给以有效的反击。可是在整个的明代，除了少数几位将领以外，这样的事是办不到的。这就给建州军队以一个进攻的机会。

袁崇焕正在山海关外着手布置，他和思宗说清楚，要在五年之内收复辽、沈，这是一个非常艰巨的工作。崇焕进一步了解到思宗急于求成的心理，工作是非常艰苦的，特别是由于从努尔哈赤到皇太极，在满洲方面发生一些重大的变化。努尔哈赤对于辽东的居民是两手政策：他对汉人中的劳动人民是把他们作为奴隶使用，而把其中的官吏、儒生及其他知识分子，一律屠杀。对付努尔哈赤是不难的，因为没有人愿意受到屠杀或奴役，所以只要能领导要生存和自由的人民，就可以反击建州的进攻，这个情况袁崇焕是了解的；在五年之内收复辽沈的计划，是根据这个情况订立的。但是努尔哈赤死了，把建州的领导权交给四大贝勒执政。四大贝勒包括他的儿子代善、莽古尔泰、皇太极和他的侄儿阿敏，这又是一个弱点，因为权力不集中，不易于统一力量对明人作战。现在皇太极正在逐步集中权力到自己的手里；同时对于汉人的应付办法也有所改变——对于奴隶们不说是奴隶而说是给他们生活，当然是没有多大自由的；对于汉人中的聪明强干之士，则说是要量才使用。这便更容易获得汉人的拥护。袁崇焕以督师的身份再出山海关，首先是要了解情况。

袁崇焕是一位英雄，但是当时人和后代对他是了解不多的。英雄是任何时代都有的，但是不少被埋没了，甚至被屠戮了。历史上的问题，有时真是难于说清。即如袁崇焕派李喇嘛赴辽沈吊祭之事，有人认为这是崇焕收复失地的计划受挫，因此准备求和，其实这是一种错觉。建州和明朝中间因为争夺辽沈，这里已经没有调和的可能，李喇嘛这一次的东行，其实是要借此了解情况。建州是要向中原发展的，而思宗的急于收复失地，也是一望而知的。袁崇焕虽然不会急于保全自己的性命，但是他决不会一边在思宗面前许下五年平辽的诺言，一边又要仓促求和。即使和议可成，建州的军队也不可能自动地退出辽沈。崇焕有什么理由要轻易以自己的性命为儿戏？

果然，崇祯二年的十月，皇太极发动大军，以蒙古的喀喇沁部为向导，十余万的大队人马由喜峰口拆毁长城，冲进关内。思宗命蓟辽总督控扼石门，但是建州的大兵已经进入北京的四围。督师袁崇焕听到这个消息，立即率同祖大寿、何可纲自山海关兼程入援。思宗命崇焕尽统诸军。这时建州兵的大营在南海子，袁崇焕的大营在沙河门外，两方鏖战，互有杀伤。

在这个人心惶惶的当中，思宗命孙承宗以大学士督理兵马，控御东陲，驻兵通州；宣大、保定、河南、山西、山东等巡抚皆率兵入援，同时又命应天、凤阳、陕西、浙江巡抚陆续发兵。形势确实危急，但是畿辅空虚，要求这些地方的大队人马从千里之外匆匆远来，实在也是迫于形势的仓皇。为什么形成这样形势呢？主要因为外边谣传袁崇焕已经勾结建州内犯，不能不作必要的布置。

建州兵到了北京城外，恰巧遇到明皇宫的太监二人，就把他们捕获了，交给副将高鸿中，参将鲍承先、宁完我，榜式达海监管。鲍承先和宁完我这时是建州的兵官了。他们正在密谈：

"你看为什么我们又要退兵？"

"这是皇上的圣旨。在皇上单骑出帐的时候，看到对方两骑人马，和皇上谈了好久。想来袁督师有密约，这次战争快要结束了。"

他们的话很低很沉着，可是太监们更沉着，把话都暗暗地记在心里。第二天没有经过审问，由他们逃走了。

太监们回到宫中，当然会把机密的信息奏知思宗。思宗得到消息，可是很沉着，没有什么表示。次日赐袁崇焕玉带、彩币，大将祖大寿也是玉带、彩币，其他的将领各赐彩币。

十一月二十二日召袁崇焕及其所部大将祖大寿、满桂、黑云龙于平台。崇焕请求率兵入城。不许。二十四日崇焕请求和满桂一样，率兵暂驻外城，仍不许。二十六日崇焕攻建州兵于南海子，建州兵稍退。十二月一日召袁崇焕和祖大寿、满桂、黑云龙于平台。崇焕正在发兵追击建州兵，听到召见，立刻入宫。

在这个专制王朝统治的年代里，无论袁崇焕平时怎样激昂慷慨，现在也感到天威森严，不禁有些战栗。

思宗问起:"上次袁崇焕没有请旨,擅自把毛文龙杀去,现在建州鞑子来了,又没有狠狠地打一仗,只顾逗留,这是什么意思?"

这不是一句问话,而是一句申斥,是一阵炸雷前面的暴雨。袁崇焕是经得起风浪的,他在大军撤退时,不曾死守孤城,终于为收回锦州巩固了前进的基础吗?现在建州的武士冲破边墙,直逼北京,他不曾布置军队,星夜入援,遏制了凶悍的前锋吗?开仗虽然一时还谈不上,稳住了北京外围,便是一种胜利,但是皇上还不足二十岁,他能明白自己的赤胆忠心吗?崇焕不敢置答。

思宗的暴怒,不但给袁崇焕一个迅雷不及掩耳的震惊,一旁的大臣都不敢置喙,唯有大学士成基命一再请求思宗慎重考虑。

什么力量能阻止思宗的暴怒呢?他疯狂了。明代的皇帝,除了个别的以外,不是白痴就是疯狂,思宗的暴怒不是成基命所能阻止的。他下令把袁崇焕拿了,解除他的兵权,把他的军队交给满桂和祖大寿。他们都是崇焕的部下,本来互不相安,可是由于崇焕的威慑,他们只能勉强共事,现在崇焕的兵权褫夺了,满桂提升为武经略,大寿出宫以后,不顾一切,带同所部拼命狂奔,从通州直趋张家湾。不久崇焕以通敌的罪名被杀了。

崇焕的被杀,当时一般的舆论是半信半疑。可是在思宗的暴怒之下,谁也不敢置议。甚至在后来谈迁著《国榷》的时候,还是不能认定这里有多大的委屈,而说出:"苟矢志励众,剪其零骑,俾敛寇不敢散掠,遏其锋于通州,决一死战,无鸣镝都门之下,庶免于戾,而崇焕智不出此,岂刃在其颈,不觉冥踏之耶?至谓召敌胁款,此无心胸者为之,崇焕当不其然。但敌锋方锐,冀盟城下,如唐渭桥之事,稍逭目前,则崇焕微意有在,然亦愚矣。"

事实是不是这样呢?在建州大军冲破长城的时候,崇焕原不及知,待到敌人进逼北京以后,崇焕才星夜赶到。城下作战,不是崇焕所能预料的,但是遏止敌人的进攻,逐步逼近,以崇焕的报国热忱和他的干练,不是没有把握的。可是思宗却上了一个大当,任这位尽忠报国的大将,背着通敌的罪名,死于北京城下。是谁造成了这个惨案呢?是思宗。他听了太监传来的消息,终于中了皇太极的暗算,坏了自己的擎天柱。这件事直到根据《清实录》写定《明史》,才把这个冤案搞清楚了。

袁崇焕被杀以后，明王朝的大军也自各方赶到了，皇太极看到情势逐渐转变，对于自己不利，率同代善、莽古尔泰退出长城，北京形势稳定下来，大家松了一口气。可是当时的建州体制是四大贝勒共同执政。三位由长城退出后，还有二贝勒阿敏连同部下在滦州、永平、遵化一带迂回作战。崇祯三年正月破永平府，乡绅白养粹、崔及第和当地的官员都降了。白养粹本来做过布政使的，现在升为永平巡抚、都察院右都御史，崔及第授永平兵备道副使，卢龙知县张养初授永平府知府兼知县事，大家都升了官。可能是阿敏罢，吩咐搜括城中财帛，诸生廖师周所献的物事不够格，吃了一顿棍棒，还抄了家；同知杨尔俊奉命剪发，因为辫子不合程式，索性把头也割去了。建州兵的威力是不难想象的。

接下便是贝勒要女人。贝勒究竟是个什么？连巡抚白大人也不很清楚。事实上贝勒的地位也经历发展、巩固和下降的过程。在努尔哈赤的时代，贝勒是建州的最高统治者，可是那个国还在初步形成，地方并不够大。努尔哈赤死了以后，他的儿子，连同兄弟的儿子都是贝勒，个别的称为贝子。在这一群人中有四大贝勒执政，白巡抚是投降二贝勒的。待到清王朝的威望不断上升，贝勒又不是最高级的了，最高称汗、称皇帝。皇帝之下有亲王、郡王，郡王之下才是贝勒，所以贝勒是第四级了。一般汉人不了解这个升降关系，因之称为贝勒王、贝子王，后来曾经清朝明令禁止的。

永平府人民还在惊惶恐怖，盛传贝勒要选王妃了。有的人还害怕，可是白大人有阅历，有见识，究竟和一般人民不同。人民中间又传出白大人把自己的女儿送进大营，据说是最美的。可是贝勒还要人，这就找到迁安县的一位乡绅兵部侍郎郭巩。郭巩一听不妙，拔脚就跑。来人没法，索性把郭夫人带到大营，下文就不得而知了。

建州兵已经退出了一大半，可是阿敏这支人马还盘踞在永平、滦州、遵化、乐平、昌黎这一带。满桂在战争中牺牲了，祖大寿因为袁崇焕无辜被杀，连夜出关，正在徘徊歧途之中，由于孙承宗的劝导，也参加了这一次的收复失地的战争。这是一次大规模的包围战，终于在五月二十九日由督理军务大学士孙承宗宣布了收复四路。他在露布中说：

……卢河驼岭，顿还孤竹清风；鹿角龟湾，复见窿山明月。夹碣石而标汉帜，挽天河以洗胡尘。万马骄嘶，一战奏合围之势；六骡宵遁，三方成孤竹之形……

这是一次重大的胜利，皇太极的一幅胜利的蓝图，完全扫荡了。但是重大的胜利正意味着崩溃的开始。这是明思宗和孙承宗所没有预见的。在皇太极进逼北京时，思宗看到北京的孤立，京营大兵的不足用，曾经召集各方军队的勤王，这不能不算是理所当然的。勤王的军队来了，后方的供应不能及时到达，这就造成军队的大崩溃。思宗没有看到北京的孤立，因此也就没有考虑到如何巩固国家，特别是北京的措施。这是谁的责任呢？在人民没有掌握政权的时候，这个责任不能不落到思宗和他的政府身上，尤其是思宗，因为他是一位领导者，大臣们的行动都要由他指使。但是思宗还很年轻，他没有经过锻炼，没有机会学习；而当时的大臣们中间，还没有培育出高拱、张居正这样的人才。不用说周延儒和温体仁这些贻误国家的人物，即使是成基命、钱龙锡，他们也不是拨乱的人才，那么国家的前途又由谁来担当呢！

六月间，子龙和夏允彝一同到南京去。因为这年是乡试的年份，考试是在八月举行的，他们早一些到南京，便可以有所准备，省得临场忙乱。到达以后，他们在谢公墩住下，读书之暇，他们游遍了南京各处名胜。到了这里，朋友多了，当然也有各色各样的娱乐。挟妓的、打牌的都有，子龙的夜晚却大半花费在刻韵赋诗上面。

"卧子，"大家说，"为什么不玩一下？只顾在诗文方面花功夫，有什么用处？"

子龙回答："你们认为时间可以等待吗？在我读到终军、贾谊两传的时候，总感到时间不能再来。不趁现在写一些诗文留下来，我们要等待到哪一年！曹操说过：'壮盛智慧，不可复得。'为什么把时间错过了？"

这一年试官是姜曰广和陈演，诗房房官是京山郑友玄。出榜以后，子龙以第七十五名录取，允彝也同榜录取。

明代中举是一件大事，这是进入仕途的第一步。明代初期，入仕有三条路：吏员、举人、进士，以进士为最贵。到了后期，吏员入仕这一条路是堵塞了，主要的通途是进士，但是进士必须由举人出身，所以中举还是件大事。录取举人，便得进京投考。陈子龙、夏允彝是同乡又是同科举人，所以崇祯三年（1630），他们一同进京，参加进士的考试。

第五章
从进士到推官

子龙看到时局的艰危和人民的疾苦。这样的认识把他提高到一般文人以上，但是这还不能保证他能超出自古以来忧国忧民的志士。真正使他有所提高，有所拔出的，应当从他和黄道周的认识开始。

崇祯四年的春天，子龙到北京应进士考试了。他考的依然是《诗经》。这一次主考官是周延儒、何如宠。《诗经》卷子分诗一房、诗二房。考试完毕，各房分卷阅读。延儒看到这一年卷子多，唯恐房官看得不够仔细，临时由闱中上书，请求准予稍缓时日，由各房交换考卷，审慎阅读。这是为了慎重起见，没有不会批准的。得到上谕以后，各房正在交换之中，文安之、倪元璐这两位房官看到子龙的试卷，很高兴，他们同向主考官推荐。延儒也特别欣赏。

延儒看着手中的试卷，很满意，他一再地欣赏，可是他下不了决心。因为卷子被本房房官涂抹得太多，他沉吟着。那时内阁大学士中，延儒是一位有名的才子。二十年前，他考中会试第一名，经过殿试，还是第一名，他是封建社会里人人羡慕的状元宰相。可是内阁里还有他的对手温体仁。这两位来自宜兴与乌程，虽然分隶南京、浙江，其实可以说是邻县，但是体系不同，感情也不一致。延儒聪明，也比较宽厚，可是在操守方面，不免有些放手；体仁刻核，对人也挑剔，操守倒是好的；因此两人在思想和作风方面有很大的距离。延儒欣赏子龙的试卷，可是不能没有顾忌，特别由于他的外甥吴昌时也是复社中人，和子龙有一定的关系。现在对着手中的试卷，他很欣赏作者的才华，但是不能不考虑卷面上被房官涂抹的笔迹。怎么办呢？放弃吧，这实在太可惜；录取吧，万一有人给皇上揭出，说是主考官和应试举人都来自南京，甚至还会提出什么关系的问题，难保皇上不会相信，那时圣旨一下，要懊悔就来不及了。周延儒是爱才，可是他不能不考虑自己的前途，犯不着为了一位后进，冒着不可估计的危险。最后他还是把这一份试卷搁下了。

子龙对于自己的试卷很得意,没想到竟被搁下来。这一次夏允彝在试场也失败了。他们结伴回到松江。子龙年龄还轻,倒也没有什么,回到家以后,依然过他的书生生活。不过现在和以前有些不同。虽然他没有挣到一名进士,但是到过北京,对于当时的国事有一些切实的认识。他埋头写作,成了数万言的极论时政的文章。那时松江的老名士陈继儒,号眉公,是他一向推崇的。一次他和继儒谈起准备上书的事情。继儒阅历多了,只和他说"在下位不获乎上,不应当多去过问国家大事"的道理。子龙只好作罢了。

这一年他写了许多文章:《东郊赋》《江南父老难中原子弟》《中州灾异对》《拟汉有司核张京兆对》《求自试表》等。从这些文章里我们看到子龙已经不是一名普通的文人,而逐步走向具有才识的志士。他说:

……昔夏后氏之敷土也,维我扬州,厥田下下。三代之时,国贫而僻,自比蛮夷,不与中国之盟会。夫中国有井川沟遂之制,纲纪乎郊原,乐业赡足,厚利洋溢,故其诗曰:"于疆于理,南东其亩。"又曰:"彼有不获稚,此有不敛穧。"言川原朊沃,精岁多遗也。当此之时,曷尝重江以南哉!我吴人披荆斩秽以有兹土也,凿渠制枯,高堤澹灾,植佳水禾,巧立囷器,芬芳粪土,湛乐劳苦。自春徂冬,日臣其力,以发土之华而成上腴。方此之勤,手足龟坼,面目黎黔,长老困于前而妇子疲于后,故岁鲜凶荒之患,民有生聚之业也。夫用力之多若此而成功之艰若彼,岂以自康其身哉?贡赋繁重,十钟析五,籯金者连络,挽漕者邪许,殚竭奉主,无有逸志。且夫人之为欲也,岂不愿身安逸乐而心蔑困苦哉?人情,己之所为孰不欲以自养,然而不可者,尽力以过天道,抑私以急公上也。今夫西北、耕人也,中原之地非僻瘠也,河济非小水也,放弃沟洫,四野旷旷。不耕不耔,俟我天覆。方其为力也,优游安舒,坐望盈室,不亦康乎?及臻厥灾,流离涣如,惰逸存于前而罄倾著于后也。今国家困急,大农不饶,天下芜其田而寇盗日滋,下不足以资身而上无以佐县官之急,非忠臣之志也。且民之力田也,岂特广收丰盈,因相腐败，积仓困，规货财以资饱食云尔哉，必将输家委边，削己益上，为天下先，所谓贤者宜死节，有财者输助也，然犹未有通显之赏，为吏所恃。今吾子于国家无毫毛之分，已惰失食而阻兵不恭，不已甚乎？然非独为盗之罪也，田畴之制不修而艰苦之事不习，计虑浅小而俗不重农也，微乎斯之为勤而饰说浮慕，又安往而可哉！

于是北方之民投戈塞语，惝乎若解而谢曰："乃今而知我土之不恶也。天子一旦修农事，我且以吴人师而从事焉，勿怠。"[1]

从这篇文章里，我们看到子龙这一次进京考试，虽然没有成功，但是他的认识已经大大地提高，对于当前的问题有了深刻的理解，对于解决的办法，也提出切实的意见。

扬州当然指《禹贡》的扬州。这是长江的下游，略当明代的南直隶地区，现代江苏、安徽和上海二省一市。西北在这里指西方和北方，因为他提到济水流域，不过他侧重陕西山西，特别是陕西，在甘肃没有分省的明代，陕西包括陕、甘二省和宁夏，是《禹贡》的雍州。时代变了，地利也随着变了。《禹贡》里的雍州，是"厥田惟上上，厥赋中下"；扬州是"厥田惟下下，厥赋下上错"。《禹贡》不知道是哪一年写定的，一般的认识大约是在春秋、战国之间。在那个时代，西北的植被还没有经过破坏，所以西北一直是富庶的。西晋以后，西北方面先后建立了三秦、五凉和夏、仇池十个政权，没有一定的经济基础，这是办不到的。唐代的秦川地区更是以富饶著名，柳宗元《闻黄鹂》诗说起：

......
目极千里无山河，麦芒际天摇音波。
王畿优本少赋税，务闲酒熟饶经过。
......

---

[1]　《陈忠裕集》卷二十四《江南父老难中原子弟》。

从唐代后期起,这里遭到破坏,生产力向下,到明代末年,又经过了几度的破坏,生产力迅速下降,待得人民到了无法生活的边缘,这便成为动乱的温床,是一些也不奇怪的。可奇怪的倒是明朝的建立,主要由于赤贫的朱元璋发动大规模的人民革命,终于推翻元朝的统治;不幸他的后代竟是不断地脱离人民,终于成为反动地主的头头,领导了反动的地主阶级剥削人民、危害人民,最后竟是逼迫贫苦人民,用民间的武器,来推翻明朝的统治。这实在是一幕悲剧,是明朝统治者苦心经营的大悲剧。历史是无情的,我们必须从无情的历史演变中汲取深刻的教训。

陈子龙是怎样解决这个问题的呢?他提出北方之民"投戈塞语","以吴人师而从事焉"。但是这是"与虎谋皮",一切还得等待"天子修农事"。可是这时的明朝不是修农事而是"修武事"。这样就必然要在极端困苦的人民的身上再行剥削。崇祯前期御史郝晋提出:

……万历末年,合九边饷止二百八十万。今加派辽饷至九百万。剿饷三百三十万,业已停罢,旋加练饷七百三十余万。自古有一年而括二千万以输京师,又括京师二千万以输边者乎![1]

"停罢"是一句空话。明思宗在加派辽饷、剿饷、练饷的时候曾经说起:"且苦吾民一年",只是空话,以后直至北京改朝换代,始终没有停过。人民到了求生无路,求死不能的时候,就只剩农民起义这一条出路了。

崇祯三年,把建州击退以后,这时正同从高楼投石一样,剥削、混乱、战争、死亡,只有加速进行,没有一次极大的变革,是不可能起其他变化的。从万历、天启到崇祯初年,明朝面对着一个敌人,这是建州;可是崇祯三年以后,它要面对两个敌人,建州和起义的人民。建州是反明的,建州的领导者不仅依靠自己的建州部族,还依靠支援建州的蒙古人民和接受建州编制的

---

[1] 《明史》卷七十八。

汉族散兵游勇。这时的建州领导者动辄自称"满、汉、蒙古",其主要的目标是反明。至于人民起义的队伍呢,他们是在山西和陕西一带,包括现代的山西、陕西、甘肃、宁夏三省一区。明末的起义是和中国历代人民起义一样的,最初是各地蜂起,以后逐渐形成集团,也产生了人民起义的领导结构。在崇祯三四年这段时候,还没有产生主要的领导结构,因此在战争中,一遇有组织的镇压力量,经常遭到击溃的命运。最初镇压人民起义的人物有陈奇瑜、孙传庭、卢象昇,最后还有洪承畴。他们是由科举出身的,但是尽管他们受到八股文的折磨,他们还是才力横发,为朝廷做出了一定的成就,可是结局都不够理想,有的死在刑场,有的死在战场,有的自杀,有的甚至投敌。历史是无情的,和人民为敌,究竟不是一条平坦的道路。

子龙家在松江,上面有祖母高安人。母韩宜人在子龙五岁的时候去世,所以子龙早年是由祖母抚养的。继母唐宜人多病,家庭的一切都由祖母主持。崇祯元年的冬天,子龙娶张孺人,家务都由她接过来,辛苦是辛苦的,可是陈家的家境本来宽裕,因此家庭之间还是和谐的。在这个情况之下,子龙可以把自己的精力更集中到诗、文方面。他和同郡夏允彝、周立勋、宋存标、宋徵璧等人,共同选古文辞,当时称为《壬申文选》。王法《春藻堂宴集序》曾说:"我郡之有古文辞也,自崇祯壬申昉也。……上溯三百,下迄六朝,靡不扬抠,至壬申而集成,天下所称《畿社壬申文选》是也。"除了选文以外,他和李雯唱和的时间特别多。子龙自己说:"文史之暇,流连声酒,多与舒章(即李雯)唱和,今《陈李唱和集》是也。"

崇祯四年,子龙在会试失败以后,回到松江,现在眼看不久又要举行会试了,所以他索性提前,在崇祯六年九月里再次进京,同行的是宋徵璧。这时大学士周延儒在六月间已经罢免了,当权的是温体仁,这是《明史·奸臣传》所称"外曲谨而内猛鸷,机深刺骨"的人物。吴甡、许誉卿、文湛持这些人都在北京,和子龙也有来往,他们对于时局都是一肚皮的牢骚,可是没有办法。

崇祯七年的会试,给子龙又一次打击,他失败了。乘着出京的骡车,他再回到松江。两次的打击,即使是气度轩昂的陈子龙也会感到太严重了。怎么办?他杜门谢客,把自己深深地埋进故纸堆中。他把人生的艰辛,世路的坎坷，都埋藏到他写的一些古乐府里去了。在他集中还保留了不少的篇幅。这些作品给人的印象是拟古有迹，这是明代李梦阳、李攀龙等共同的疵病。尽管当时博得同辈的赞赏，可是后人会有不同看法的。

科举是摧残人民意气的制度，明代如此，清代亦复如此。无数人的精神才智，都被这科举摧残了。但是意志坚强的人是终究不会压垮的。到了崇祯八年，子龙又重行振作起来。这一年李雯有一篇会课序，描绘了他们这一群文士的生活：

> 今年春，闇公[1]、卧子读书南园，余与勒卣[2]、文孙[3]辈或间日一至，或连日羁留，乐其修竹长林、荒池废榭，登高冈以望平旷，后见城堞，前见丘垄，春风发荣，芳草乱动，虽僻居陋壤，无凭临吊古之思，而览草木之变化，感良辰之飙驰，慨然而不乐矣。兼以春多霖雨，此乡有恶鸟，雉尾而赤背，声若瓮中出者，绕篱大鸣，鸣又辄雨，卧子思弯弓射之，竟不可得。又有啄木鸟，巢古藤中，数十为伍，月出夜飞，肃肃有声。猕猱白日捕鱼塘中，盱睢而徐行，见人了无怖色。卧子顾而言曰："此固昔贤笑歌游乐之场也。此事旷绝既数十年，而后恶鸟、啄木、猕猱之群，相与聚族而居之，飞走饮食其中又数十年，而此虫鸟者又何知。若夫志动日月，气厉风云者，固不堪都都坐对此耳。"予笑而言曰："今流人之乱也，大江以北，大河以南，有介而登者乎？"曰："有。""有负而走者乎？"曰："有。""僵而胔者乎？"曰："是不可胜数也。""则我徒之聚于荒郊，优游诗书，是不可谓非天子之福，南人之幸。且我等今日六七布衣书生，偶得偃仰而追随也，使他日或在朝廷，或在方国，或在蛮瘴，或在乡里，千里相思，十年不见，则又安知南国之啄木、恶鸟、猕猱之群不又为赏心乐事，不可复遇者耶？"卧

---

[1] 夏允彝。
[2] 周立勋。
[3] 陆□。

子以为然，曰："是不可以无所志。"文孙曰："即我南园之中，我数人之所习为制科业者，集而广之，是亦可以志一时相聚之盛矣。虽然，今天下徒以我等为饮酒赋诗，扩落而无所羁，方与古之放言之士鄙章句，废畦町，岸然为跃冶者以自异于世，而不知其局促淹困，相守一方，是区区者盖亦有所不免也。"

从这篇会课序，我们看到子龙和当时松江的一般文士们对于时局已有切实的认识。介而登的是战士，负而走的是难民，僵而骴的是死者。黄河以南、长江以北，到处是由他们密集着，可是大江以南，苏松一带还是安然无事；但是他们不能不预感到将来的江南也可能成为战场，成为丘墟，成为啄木、恶鸟、猿獭群居之地，这就是说，成为战祸蔓延的场所。

由于西北天灾的蔓延，特别是陕西方面接连四年的大荒，广大的人民群众，已经到了无法生存的边缘，因此爆发了大批的农民暴动，这是很自然的。每一个人都有争取生存的权利，在他们无法生存下去的时候，当然他们有造反的权利。开明的统治者，在他理解到他的统治权完全建筑在人民拥戴的基础上，他就应当理解到为了维持自己的生存起见，他必须首先保障人民生存的权利。必须知道没有人民，就没有统治者。特别是明代，因为明代的统治者本来是从人民当中产生的。但是经过二百六十多年的腐蚀，到了思宗时期，他已不再理解他自己只是人民当中的一员。他的唯一的对策就是调遣军队对人民进行无情的镇压，甚至在无法镇压农民暴动的时候，他的军队竟可以杀良冒功。在农民暴动初起的时候，崇祯四年九月副总兵赵大胤在韩城，离农民军二十五里不敢出战，待到当地的统治者勉强他去的时候，打一仗回来，报功五十个人头，一经检查，一半是女人和孩子。中部县唐河堡的一战，报功百二十个人头，检查的结果，三十五颗是当地的村民。这样的情况，必然会迫使大批的农民跟着起义的军队，追求自己的生存和解放。

当然，朝廷还是掌握着大量军队的，他们虽然不是什么纪律森严的队伍，但是他们究竟是有组织、有给养的军事机构。政权在统治者的手里，凭着政权他们可以纠集一部分军队，对于起义的农民进行残酷的镇压，特别在农民起义的最初几年里，因为他们还没有经验，没有掌握政权，因此也就必然地比较涣散——这一切都造成农民起义军的劣势。

从崇祯初年起，在起义以后的几年里，农民的队伍分散活动，正因为他们是从陕西各地自发而起的，因此必然以分散的形式而出现，向东、向西、向南各个地区活动。到崇祯七八年间，他们才结集起来，终于成为几万人以上的队伍，活动在陕西西安以南的山区。

明朝中央方面正在考虑把西北地区的军队统一指挥。一般人都主张由洪承畴来领导，可是又不能不考虑建州军队的进犯。建州的军事行动，久已不限于山海关以东的区域了，皇太极是一个策略家，他夺获了建州的领导全权以后，和蒙古的领导者取得联系，早已把河北、山西的沿边放在他的势力范围以内，不但张家口受到他的威胁，大同、宣化也是他的侵略目标，眼光更远远到达西北三边——陕西、固原、甘肃。因此不得不腾出洪承畴来作为三边总督，应付建州军队向西北的侵略。那么应当用谁呢？最后经过统一认识，由延绥巡抚陈奇瑜统一指挥，他的职衔是兵部右侍郎兼右佥都御史，总督陕西、山西、河南、湖广、四川军务。这一项任务是专门对付农民起义军队的。

奇瑜看到起义军队正由四川、甘肃、湖广各地向陕南集合，这一点正和他的战略思想完全符合。他把自己的军队布置在陕南的周围：一支军队扼守略阳、沔县，阻击起义军的西行，一支军队扼守褒城，阻击起义军队的北进，一支军队扼守洋县，阻击起义军的东行；同时又派卢象昇、练国事等人各守要害，以防起义军的分散。

起义军的领导者张献忠、李自成看到陈奇瑜的各方布置，这就调动全部人马向兴安县（现代的安康县）的车箱峡集中。尽管献忠、自成是陕西人，可是他们出生在陕西的北边，对于陕南的形势不够熟悉。大队开入了车箱峡，才发现这是一条峡道，四面山岩壁立，中间是一条窄道，绵亘四十里。起义大军一经入峡，东西峡口立即截断。进来是进来了，要想退出就完全没有办法。山上的地主武装，只管把石块扔下，有时还投下了集束火炬。粮食没有了，草束也没有了，农民军有些是饿死了，马也倒下了。天上的雨和山涧的水奔腾直下。在这个情况下，起义的军队眼见是没有办法了。

马匹不断地倒下去，死伤的人数也不断地增加。要打击敌人是不可能的，自己的部队却在这二十日中受到不断的打击。看看是没有办法了，自成和顾君恩商量要找出路。

"出路是有一条的，不知道闯将是不是走这条路。"君恩说。

自成沉吟了一下，他说："是怎样一条出路呢？"

"那就是向陈总督投降。"

"那我是宁死不降的。"自成毅然决然地说。

君恩看到自成的决心很坚定，又说："谁说是真投降来？如今我们已经面临绝境。地主老财们在崭岩绝壁上，我们只能眼看着他们拉强弓、放硬箭，更无还手之力。弟兄们死了，马匹倒了，再过十天，什么也没有了。不如趁此设法渡过难关，待到出峡以后，我们还是我们。各敲各的锣鼓，各唱各的戏，那时陈奇瑜管得了我们哪一件！"

为了争取摆脱车箱峡的困境，这就定下了假投降的策略。他们连夜收拾金珠宝贝，这是完全必要的。没有这一项先行的准备，凭什么去和陈奇瑜说话呢？不但陈奇瑜那里要准备，他的左右和部下将领都得好好地喂一喂，把嘴巴堵住就没有意外的破坏。

陈奇瑜是精明的。尽管他是从科举出身，做过几十年的八股文，但是他不是乡村里的塾师，只知道"诗云子曰"，不了解他的时代的。事实上这样的人在明代并不普遍，只是到了清代以后，经过统治者多种形式的压迫，才培养出这类特别的人才。明代固然也做八股，但是除了八股以外，读书人也懂得弯弓跃马，行军用兵。所以把陈奇瑜看成是一个糊涂虫是不对的，他凭什么和农民起义军作战呢？

但是在这一次和李自成打交道时，他却失败了。主要的原因是他急于结束这次内战。当然，他的部下和幕僚官接受了金珠宝贝以后，会把起义军求和的意图过分强调了一些，这样就把虚情假意说成真情实意。金珠宝贝是会说话的，他们把起义军的沮丧夸大了，说他们只是被裹胁的劳苦大众，每个人都有自己的家园，当然会想到解甲归田。可不是吗？陕北的贫苦大众因为四年大旱，颗粒无收，这才想起这一条死里求生的道路。谁不知道"十亩三间热炕头"呢？现在接连二十天的大雨，正是一个新时代的开始，所以他们才决定放下武器，归还乡里，那就全看总督是不是可以网开一面了。

陈奇瑜手上掌握着决定性胜利的策略，但是他不能大意。他要求清点人数，这个不难。一共三万六千多人。其次是在每一支军队里，只要是五百人以上的，他要安排一位安抚官，一共安排了五十几位安抚官。在这一切安排就绪以后，车箱峡的通路打开了。李自成、张献忠和各营各寨的起义军将士安安稳稳地出了峡谷。陈总督正在高高兴兴地看着自己的大功告成。

事实上，这不能不算是大功。从崇祯二年起义算起，到现在已经是第六年了，起义的劳苦大众，就这时现存的和在战争中死亡的，饥寒劳累而死的，少说也不在十万以内，现在全部安定了。皇上也可以腾出手来对付自称满洲国其实只是反叛的建州卫的军事行动。奇瑜想到这里，不由得感觉到完成了一项重大的使命，为朝廷树立了不朽的功勋。

但是他高兴得稍许早了一些。李自成、张献忠和他们的部下抱着一肚皮的委屈，一路还得争取安抚官的好感。不容易啊，安抚官是奉着总督的指示给这些亡命之徒打交道的，他们的气焰在不知不觉中提高了三尺。什么闯王，什么八大王！客气一点算是头头，不客气的时候，还不是大大小小的反叛。因此在安抚官和起义军的将领中间存在着一定的界线。

马在长嘶，人喘着大气，待到出了车箱峡，再过去十来里，一声令下，起义军的将领和部队把脸一抹，他们把这批安抚官一个个地拖出来，问他们还要不要再来作威作福。"咔嚓"一刀，每个安抚官都结束了生命中的最后一程。

这一出招安的把戏结束了。起义的西北贫苦农民随着李自成、张献忠的大纛又一次纵横中原。崇祯八年正月，马守应、罗汝才、贺一龙、贺锦、许可变、李万庆、马进忠、惠登相、横天王、九条龙、顺天王和高迎祥、张献忠十三家七十二营决定分兵进攻。高迎祥、张献忠和李自成的任务是向东推进。他们一直打到凤阳，把明朝的祖墓都烧毁了。

李雯的这篇《会课序》，说起流人之乱在大江以北，大河以南，基本上是正确的。实际上起义的军队，在山西也做出一定的成绩，不过李雯没有提起。

还有一件更重大的事件，是山东登莱一带孔有德、尚可喜、耿仲明的叛变。他们是毛文龙的旧部，文龙在世的时候，他们是毛永诗、毛永喜、毛有杰，正如毛文龙所说的是文龙的子孙。待到文龙被杀以后，他们恢复了原来的姓名，可是他们的心灵被毛文龙染污了，他们不但埋怨袁崇焕，同样地也埋怨明代的朝廷。崇祯五年，有德、仲明在登州造反了，一炮打死了山东巡抚徐从治，一刀杀死了登莱巡抚谢琏。有德自号为都元帅，仲明为总兵官。崇祯六年，他们向建州统治者投降。六月间，他们到达沈阳，皇太极出德胜门十里迎接，这一次接待的礼节是非常隆重的。当时的满洲国的大臣们都主张行跪拜礼，跪拜礼是下对上的敬礼。皇太极主张行抱见礼，抱见礼是平等的敬礼。最后，折中了一下，先由有德、仲明行跪拜礼，礼毕，二人进前一步，叩头以后，再行抱见礼。这就是说孔有德和耿仲明都是皇太极最亲信、最崇高的部下了。孔有德依然称为元帅，保持了一定的尊严。其实他们都被皇太极的糖衣炮弹击中了，从此死心塌地地为建州卖命，直到他们最后的一日。不久以后，尚可喜也来了，同样成为建州的帮凶。

建州的努尔哈赤是一位开创的武士，他以十三副兵甲起家，最后创建了建州的基础，但是他不是政治家，不懂得怎样安定这一个草创中的事业。皇太极应当说是政治家、阴谋家，凭他的卓越才能，第一步是把努尔哈赤留下来那四大贝勒执政的制度推翻，建立了以自己为中心的独裁制度，这是安定国家的第一步。他知道建州地狭人稀，努尔哈赤的那一套屠杀汉人的政策，不但激起汉人的反抗精神，同时也削弱了建州的人力资源。他又发明了豢养的政策，削弱汉人的抵抗，同时也扩大了人力的资源，为应付明朝找到了合理的对策。什么叫"养"？这只是奴役的代称。是不是他手下的那些懂得汉文的文士们从《孟子》里什么"西伯善养人"里学来的，我们不很清楚，但是《论语》也说过："至于犬马，皆能有养"，"养"不一定是什么尊重的意思。皇太极还想出另一条办法，汉人投敌的大官，即使他在家里有妻有妾，可是在他投奔建州以后，可以把左右亲贵的女儿嫁给他，这是他的一条美人计，在历史里也留下了可信的记载。

和金世宗一样，皇太极还有他的两手政策，他一面要汉人、蒙古人为他卖命，同时又要为建州人民保存自己的特色，用坦率的语言说，就是要他们永远成为高出一切的特等民族。天聪八年（1634）他的一道命令说起：

> 朕闻国家承天创业，未有弃其国语反习他国之语者；弃国语而效他国，其国亦未有长久者也。蒙古之臣子自弃蒙古之语，名号俱学喇嘛，卒致国运衰微。今我国官兵，俱因汉文从其旧号。夫知其善而不能从，知其非而不能省，俱未为得也。朕虽未成大业，亦不听命他国。凡我国官名及城邑名，俱新译以满语，勿仍袭总兵、副将、参将、游击、备御等旧名……

当然，他的意图并没有什么不可理解，但是他忘记了在一种文明和另一种文明接触以后，无论他的意图怎样，要想用文明程度较低的文化去压倒文明程度较高的文化，其结果是没有不失败的。无论皇太极的意图怎样，经过将近三百年的演变，历史已经做出了结论。

建州和明朝的关系，始终处在不即不离的地位。明朝的皇帝认为建州只是明朝的一个属国，这里的地面是明朝的建州卫，建州的领导人在服从明朝统率的时候只是龙虎将军这个官制以外的一种官号。及至努尔哈赤兴兵以后，明朝认为这是造反，杨镐四路出兵的时候，实际上是一种镇压，结果只是一场大败，以后失沈阳，失辽阳，甚至失广宁，失锦州，明朝只剩得山海关以东的一道关东走廊，这已经是非常艰危了，但是朝廷中还有一些恬不知耻的官吏，甚至认为成祖时候失去大宁三卫，不失其为强大；现在即使退守山海关，对于堂堂的大国，算不了什么损失。思宗更是全凭虚骄之气，还认为面对的只是建州卫的属夷，是不能和天朝抗衡的。在国家已经濒临危亡的前夕，这是一种非常危险的态度。皇太极就用一种毒辣的语言，把这股虚骄之气更加煽动起来。他给思宗的信中说：

> 满洲国皇帝致书于明国皇帝：昨见皇帝书云，"满洲原系属国"。此不唯皇帝言之，即予亦未尝以为非也。止因辽东之官，欺陵不堪，

屡次抒情往告,又蔽之不通。我思此种情形,仇怨已深,唯动干戈,可冀来询其由。孰意皇帝乃惑于各官欺诳,十数年竟无一言问及,以致战争不已。若皇帝早遣一信使来,详询事因,予岂乐寻干戈耶?尔国臣僚一味欺罔,每当我兵入境,自戮剃发汉人,虚报斩级千百。我国若果伤折百千兵,势岂能常振耶?以皇帝之聪明一忖度之,而欺罔自见矣。斩级之真假,与我愿和之诚伪,问黑云龙,自得其情,但黑云龙唯恐结怨于文武大臣,是以不肯尽告于皇帝也。

满洲国的前身是建州卫,那只是关东三百八十四个卫所之中的一个卫。是不是完完全全属于明朝呢?从明人的立场看,是属于明朝的;可是从建州卫的立场看,在他们力量不足的时候,他们承认是明朝的一部分,可是力量强大以后,他们同样地也不妨称王称帝。现在是充实自己,对外扩大的时候了,自称满洲原系属国,其实只是要把思宗那份虚骄之气,加以煽惑,让他更骄妄,更急躁,待他虚火上升到顶,那时只要轻轻一脚,就可以把他踢翻。同时皇太极还要结好蒙古,向西扩张,他的兵力已经到达河套,自东徂西,随时可以拆毁边墙,长驱直入,明朝慢慢地陷入无力抵抗的困境。可是他还自称"满洲原系属国",以此来煽动思宗的虚火。这些恭顺的语言,实际上是杀人不见血的刀子。

不仅如此,皇太极还写信给总督张忠衡:

昨到大同,获曹总兵遣人塘报军情,见满纸皆是虚诞。予素谓明国大邦,自有忠臣义士,实心为国,何期一旦至此。前此得宣府张总兵塘报,其虚诞亦然。由此以观,明国之衰已极矣。朕入境几两月,蹂躏禾稼,攻克城池,曾无一人出而对垒,敢发一矢者。今朕尚在尔地,可令曹、张二总兵,集各路兵会战,尔等高坐城楼以观。若尔出兵一万,朕以千人应之;出兵一千,朕止以百人应之。如敢直前应战,犹可自掩其罪;不然,徒以虚言诳君,亦可耻之甚。尔皇帝不知,以为既能取胜,速宜进战。尔等又畏惧逃遁,缩颈城中。如此则生民涂炭，何日休息耶！尔等皆代皇帝抚字亿兆者，自宜乘朕愿和，凡有军情，据实出奏，力赞和好；乃欺君误国，贻害民生，宁不畏生受显戮，死遭冥祸哉。朕欲决战之言，非自矜夸，止因尔等虚诳已极，故欲一决胜负耳。尔等若以予言为是，速约战期，朕当勒兵以俟。

这里就完全是嬉笑怒骂了，但是明朝的守将们是不敢应战的。真应当感谢明代中叶北方的将军们，他们辛辛苦苦，留下了北方这道墙，保障了后人的衣食饭碗。可惋惜的是他们只筑一道砖石墙，没有留下铁墙。倘使那样，敌人就不能拆毁边墙了。

崇祯九年，眼看不久就要举行会试了。无论子龙怎样高视一切，但是他总不能不去应试，因为唯有通过考试，才能找到为国家出力的机会。这次出行，同行的有彭宾、郑元勋。彭宾是他的老友了，郑元勋是扬州人，下文还会谈到。大家都是复社的人，因此一路不会寂寞。到了邵伯，盛冬严寒，路也快断了，总算靠着王永吉的帮助，他派了私有的马匹，进行支援，崇祯九年除夕，他们到达费县。新年初五日，上泰山看日出，到北京那一天，正是元宵，正月十五日。可能夏允彝早已入京了。他们一同会试，这次他们都通过了。会试以后，还得进行殿试。子龙是三甲十七名，允彝是三甲一百十八名。他们是进士了，可是由于只是三甲，因此不能算是翰林，眼看只能分发各部，还得从主事、员外郎这条路一级一级地爬上去，再不然，就得到外省当一位知县官或是知府衙门的属员。子龙这一房房官是黄道周，是当时的一位敢于直言的官员，曾经因此受到不止一次的贬斥，最后在隆武帝的时候出任首辅，终于死在建州官吏的手中。子龙对于道周是非常爱戴的，直到临死的时候，没有忘记这一位恩师。

科举时代，一位新进对于主考官或是本房官的爱戴，有时竟是终身不忘。这种感情，在我们今天是不能理解的。我们今天对于统考的阅卷教师不但没有什么感情，实际上连姓名也不知道，更谈不上有什么感情。这很简单，也是很能理解的。因为我们不把统考阅卷教师的姓名通知考生，而且考生的成绩,有目共睹,也并不凭借阅卷教师的好恶。可是科举时代是完全不同的。在考试中,录取的名额,有时只占应考者的十分之一,甚至不足十分之一,这里就有一个去取的关键。一位考生的黜陟,主要凭借考官的识别,这就不能不使考生对于试官产生一种感激的心情,何况考官在学术上的成就和德业上的资望,更能树立一种惊心的威信呢。子龙在没有接触到道周以前,只是江南的才子,一待接触以后,他对自己的要求提高了,他不仅在诗文方面要求提高自己,而且无形之中更期望自己成为一位不屈不挠,以国事为己任的人才。当然,子龙并没有完成自己提出的使命,我们不妨问一下,从历史的长河看,有几位能完成这个使命呢?我们有责任提高对于自己的要求,而对于历史人物必须更多地了解他的时代。

事实上,一切都在发展变化之中,不仅在明代,在任何时代都是这样的。有的是在向好的方面转化,有的也在向坏的方面转化。当然有的是显见向坏的方向转化而其实是向好的方面;有的是显然向好的方面转化而其实是向坏的方面。在当时可能还不觉得,但是正在不断地转化。这一切都需要我们不断地观察、认识,和在文字中叙述和提出。

思宗是身见宦官之祸的,所以即位之初,随即召回派出京外的宦官,他指出要把政权、军权交给负责的官吏。这是好事。但是即位以后,不到四五年的时间,他看到文武大臣,很少能把自己的责任切实负担起来,甚至贿赂公行,贻害国家。贿赂公行不是没有起因的,首先是待遇的微薄。物质刺激对于人类有一定的市场,尽管有人是经得起考验的,但是这只是个别的,从大多数人看问题,物质刺激还有它的意义。此外,我们也得看到明政权的统治已经二百六十多年了。在中国历史里,这是一个相当长的时代,一切因袭的不良因素都因时代的漫长而增加了消极作用,终于为甲申之变埋下了必然的种子。

崇祯四年九月,思宗又来一次变革。这一次是大踏步向右转。他看到廷臣各立门户,兵败饷绌,不能赞一策,乃思复用宦官,这就决定派王应朝监视关、宁(山海关和宁远),又遣王坤往宣府,刘文忠往大同,刘允中往山西监视军马。他派遣张彝宪钩校户、工二部出入,特别为他建立衙署,称为户工总理。不仅如此，他因为群臣有结党营私、弄权纳贿的行为，更加强了侦察、揭发的行动，因此在不知不觉中，建立了特务的机构，皇帝自己也就成为特务的头头。这样的行动，一直演变到北京的陷落。

思宗对于内阁大臣，一向是重视的，对于他们都称为"先生"。先生是应当重视的，但是时代正在激变，内阁大臣掌握着大权，因此为广大官员所瞩目，无形地成为糖衣炮弹的活靶子。首相周延儒是状元宰相，拉拢温体仁入阁，倚体仁为心腹，可是体仁也正在伺候他的罪状，准备取而代之。崇祯六年刑科给事中陈赞化劾大学士周延儒，大旨说："前中书舍人吴之瑞条议盐政，奸商徐一清贿之瑞三千金，延儒万金，游客李元功亦五千金。元功系书役，结纳延儒，纳略招权。臣乡湖广副使张凤翼前于崇祯四年夏述延儒语：'去辅李标，上先允放，余封还原疏，上遂改留。余有回天之力，看来今上是羲皇上人。'此语岂徒小人之轻泄乎！"

这一来狠狠地触动了思宗。"什么是羲皇上人？"思宗责问延儒，延儒也不敢说。这就造成崇祯六年延儒解除首辅职务的张本；同样地也激成了温体仁和复社中人的对立，因为延儒通过他的外甥吴昌时是和复社有渊源的。

"羲皇上人"语出于陶渊明的自称，可是周延儒用以直指思宗，当然赋予了另一种意义。用现代的语言讲，就是"老天真"。我们考虑到思宗的行动，可以理解这个名词的确切。正因为思宗是"老天真"，因此他表现得一边是忧国忧民，可是他又是急躁、简单，不考虑到自己语言、行动的后果，终于结束了明代的统治。尽管他自称"朕非亡国之君，诸臣皆亡国之臣"；其实当时大小群臣，其中有贤有不肖，不尽是亡国之臣；而思宗的操切，确实是亡国之君。

从另外一边看，我们也会见到陈子龙在他早年只是一位才子。才子总有他那放荡不羁的一面。《华亭县志》记载他的轶事：

> 陈卧子负海内重名，柳如是欲委身焉，从盛泽至松，屡以刺谒，自称女弟。陈严正不易近，因转属于虞山钱蒙叟。

这样的叙述把子龙写成一位当时的柳下惠,其实不是,也不必讳。因为青年时代的陈子龙只是一位才子,才子当然有才子的行径。在他集中留下两首律诗:

秋夕沈雨偕燕友让木集杨姬馆中,是夜姬自言愁病殊甚,而余三人者皆有微病不能饮也(二首)

一夜凄风到绮疏,孤灯滟滟帐还虚。
冷蛮啼雨停声后,寒蕊浮香见影初。
有药未能仙弄玉,无情何得病相如。
人间愁绪知多少,偏入秋来遣示余。

两处伤心一种怜,满城风雨妒婵娟。
已惊妖梦疑鹦鹉,莫遣离魂近杜鹃。
琥珀佩寒秋楚楚,芙蓉枕泪玉田田。
无愁情尽陈王赋,曾到西陵泣翠钿。

杨姬就是柳如是,所谓"从盛泽至松",其实是她的行踪,所谓馆中,实际上是妓院,子龙和她的往来是密切的,携友群集,正见到子龙和如是关系之深。这里很可能因为子龙虽是官宦世家,其实家境不够宽绰,最后如是竟委身于钱谦益。当然这种情况在那个时代只是一件寻常的事情,无庸讳,也不必讳。不同的时代有不同的行为标准,这是我们应当知道的。

自从子龙中了进士,接受黄道周的熏陶和认识时代的艰危以后,他变了,成为以国家兴亡为己任的人物。人和一般的动物不同,就在于他能接受环境给他的启示。子龙在应试进士的当中,几次经过江南到北京的交通要道,他看到民生的疾苦。

小车行

小车班班黄尘晚,夫为推,妻为挽。出门茫然何所之,青青者榆疗我饥，愿得乐土共哺糜。风吹黄蒿，望见垣堵，中有主人当饲汝。叩门无人室无釜，踯躅空巷泪如雨。

这不是江南的才子诗，而是汉乐府留下的沉痛伤心的呼号。子龙看到时局的艰危和人民的疾苦。这样的认识把他提高到一般文人以上，但是这还不能保证他能超出自古以来忧国忧民的志士。真正使他有所提高，有所拔出的，应当从他和黄道周的认识开始。

明代在学识和事功方面卓有成就的人，虽然很多被人家遗忘了，但是卓有成就的人是不亚于任何一个时代的。17世纪前期，这些人物之中，特别突出的是二周，刘宗周和黄道周。在子龙的一生中，他和宗周的接触比较略少，可是在这次会试以后，他和道周的师生关系突出了。这不一定是由于考试，因为上面还有主考和两位副主考，他们的社会地位比道周高得多，但是在子龙的记载里很少提到他们，所以他和道周的契合，主要是由于精神上的感召。当时的子龙在江南一带已经是有名的才子，要是道周在道义方面没有具体的成就是不可能使他折服的。

道周字幼平，漳浦人，天启二年进士，为经筵展书官。经筵的次数，本来是不多的，熹宗的时候，尽管名义上有这样的一件事，其实皇帝御座之前，照例垂下帷幕，皇帝并不一定在场，可是经筵侍立的官吏们照例分列两旁，恭陪御座。展书官更苦了，按照旧例，他得跪在殿上，向前挪动，然后再把书籍展开。这是故事。可是道周感到这样太委屈了。他侍立在那里，待到展书的时候，从容步进，完成展书的任务。那位有名的"厂臣"魏忠贤瞪着两眼，可是道周依然从容地退立，一些也不感到不安。不久以后，他因为母亲去世，回籍丁忧。崇祯二年起用，官至右中允。崇祯五年，因病请求回籍养病，临行上疏，他说：

……臣入都以来，所见诸大臣，皆无远猷，动寻苛细。治朝宁者以督责为要谈，治边疆者以姑息为上策。序仁义道德，则以为迂昧而不经；奉刀笔簿书，则以为通达而知务。一切磨勘，则葛藤终年；一意不调，而株连四起。陛下欲整顿纪纲，斥攘外患，诸臣用之以滋章法令，摧折搢绅；陛下欲剔弊防奸，惩一警百，诸臣用之以借题修隙，敛怨市权。且外廷诸臣敢诳陛下者，必不在拘挛守文之士，而在权力谬巧之人；内廷诸臣敢诳陛下者，必不在锥刀泉布之微，而在阿柄神丛之大。唯陛下超然省览，旁稽载籍，自古迄今，决无数米量薪，可成远大之猷；吹毛数睫，可奏三五之治者。彼小人见事，智每短于事前，言每多于事后。不救凌围，而谓浚城必不可筑；不理岛民，而谓岛众必不可用。兵逃于久顿，而谓乱生于无兵；饷縻于漏卮，而谓功销于无饷。乱视荧听，浸淫相欺，驯至极坏，不可复挽，臣窃危之。自二年以来，以察去弊而弊愈多；以威创顽而威滋殚。是亦反申商以归周孔，捐苛细以崇淳大之时矣。

这里所说的"凌城"，指大凌河、小凌河筑城之事，所说的"岛众"，指皮岛毛文龙余部的安插，在崇祯初年是两件众说纷纭的大事。思宗不愿看到的是他的"葛藤终年""株连四起"两句，因此责令道周明白回奏。道周再一次上疏：

　　……迩来诸臣所目营心计，无一实为朝廷者，其用人行事，不过推求报复而已。自前岁春月以后，盛谈边疆，实非为陛下边疆，乃为逆珰而翻边疆也。去岁春月以后，盛言科场，实非为陛下科场，乃为仇隙而翻科场也。此非所谓"葛藤""株连"乎？自古外患未弭，则大臣一心以忧外患；小人未退，则大臣一心以忧小人。今独以遗君父，而大臣自处于催科比较之末。行事而事失，则曰事不可为；用人而人失，则曰人不足用。此臣所谓舛也。三十年来酿成门户之祸，今又取搢绅稍有器识者，举网投阱，即缓急安得一士之用乎！
　　凡绝饵而去者必非鲰鱼，恋栈而来者必非骏马。以利禄豢士，则所豢者必嗜利之臣，以棰楚驱人，则就驱者必驽骀之骨。今诸臣之才具心术，陛下其知之矣。知其为小人而又以小人矫之，则小人之焰益张；知其为君子而更以小人参之，则君子之功不立。天下总此人才，不在廊庙则在林薮。臣所知识者有马如蛟、毛羽健、任赞化，所闻习者有惠世扬、李邦华，在仕籍者有徐良彦、曾樱、朱大典、陆梦龙、邹嘉生，皆卓荦骏伟，使当一面，必有可观。

道周这一道奏折，矛头所向是当时的内阁大臣周延儒、温体仁。他认为他们"目营心计，无一实为朝廷者，其用人行事，不过推求报复而已"。这样的批评，实在是最恰当的。在这两人之中，又有一些区别。周延儒的用心比较宽厚，但是贪污狼藉，无可讳言；体仁的为人，操守上没有问题，但是对人则打击报复，无所不至。因为他们同样不是为的国家前途，凭着这一点共同之处，所以最初可以合作；而由于他们的主张不能一致，所以最后必然要分道扬镳，这是他们的人生态度所决定的。

他们都是内阁大臣，都担任过首辅，但是都没有把国家的重任完全担负起来。这件事能责怪他们吗？不能，因为这是明朝的政治制度所决定的。明太祖开国，是有左、右丞相的，其后杀的杀了，逼死的逼死了，他没有丞相，自称把行政大权分给六部，其实用人行政的大权，不是六部掌握得了的，一切都在皇帝自己的手里，他是自己的首相。这样的作风，由成祖继承着。那时已经出现了学士和大学士，他们的职责，主要是为皇帝撰拟诏旨，是皇帝的秘书，没有实权。后来的皇帝不一定都能切实地担负起掌握政权的工作，因此在不知不觉中，政权就旁落到首辅大学士手里。是不是大学士确实能掌握大权呢？也不一定。大学士只能拟旨，在这道拟定的上谕呈上以后，是否恰当，还得由皇上批红。当然，皇帝不一定都亲自批示，于是政权就落到太监手里。这种情况到熹宗时特别严重。如今是思宗了，他是一位切实负责的皇帝，可他还很年轻，又受到他的阶级意识的限制，他负责不了。在他下面的内阁大臣，谁也负责不了。"羲皇上人"确实是一位羲皇上人，在他手下的大臣固然不肯负责，要负也负不了。周延儒只知弄权纳贿，温体仁只知结党营私，至于国家大事当然由皇帝自己负责了。

崇祯十年，道周进右谕德，掌司经局。他上疏力辞，自称有七不如。所谓七不如者是：

> 品行高峻，卓绝伦表，不如刘宗周；至性奇情，无愧纯孝，不如倪元璐；湛深大虑，远见深计，不如魏呈润；犯言敢谏，清裁绝俗，不如詹尔选、吴执御；志尚高雅，博学多通，不如华亭布衣陈继儒、龙溪举人张燮；至圜土累系之臣，朴心纯行，不如李汝璨、傅朝佑；文章意气，坎坷磊落，不如钱谦益、郑鄤。

这时道周的声望，已经很高。明代的大学士，本来是皇帝秘书厅的秘书，所以东宫的官员，例如侍读、侍讲、中允、詹事之流，都可以通过会推进入大学士的行列。道周虽然没有入相，已经具有入相的资望。所以在体仁乞休、张至发为首辅的时候，他们极力阻挠道周，不让他成为东宫讲官。这件事引起项煜、杨廷麟的不平。至发说："郑鄤杖母，见于皇上的明旨，道周自称不如郑鄤，那怎样可以辅导东宫呢？"

"郑鄤杖母"，是崇祯十年轰动北京的事件。郑鄤，武进人，父郑振先是相信扶乩的，因此家中供有乩仙。扶乩的时候，有时转、转、转，沙盘里发现字迹，这当然是乩仙的指示了。在今天我们是不会相信的，但是明代、清代，直至抗战后期还是有人相信的。明代严嵩当国的时候，专权纳贿，祸国殃民，倘使搏击严嵩的官员，没有乩盘的支援，是不会轻易取得胜利的。这位郑振先也就假借乩盘，在家中主持一切，掌握乩盘的就是郑鄤。一次，郑振先和他的老妻吵架，这时郑鄤掌着乩盘。一阵响动，沙、沙、沙，乩盘里沙粒在那里飞转，以后发现了字迹，要给振先的老妻一顿杖责。无可奈何，这位老太太只有受杖了。杖不一定是郑鄤执行的，但是操纵乩盘的是郑鄤，所以"郑鄤杖母"成为崇祯十年特大的新闻。

黄道周自称是"不如郑鄤"。郑鄤已经是"国人皆曰可杀"，那么不如郑鄤又当是怎样呢？可是道周还在那里自称"不如郑鄤"。重申一句，他说是"文章不如郑鄤"。

这一宗案件没有结束，崇祯十一年又发生了用兵部尚书杨嗣昌为大学士的事件。这次廷推的当中，杨嗣昌和黄道周都预名，这是说他们都是初当选了，可是在思宗做出决定的时候，嗣昌为大学士，道周落选。那时嗣昌的母亲初死，嗣昌尚在服中。道周上疏：

> ……天下无无父之子，亦无不臣之子。卫开方不省其亲，管仲至比之豭狗；李定不丧继母，宋世共指为人枭。今遂有不持两服，坐司马堂如杨嗣昌者。宣大督臣卢象昇以父殡在途，捶心饮血，请就近推补，乃忽有并推在籍守制之旨。夫守制者可推，则闻丧者可不去；闻丧者可不去，则为子者可不父，为臣者可不子。即使人才甚乏，奈何使不忠不孝者连苞引蘖，种其不祥以秽天下乎？嗣昌在事二年，张网溢地之谈，款市乐天之说，才智亦可睹矣，更起一不祥之人，与之表里。陛下孝治天下，搢绅家庭小小勃磎，犹以法治之，而冒丧致伦，独谓无禁，臣窃以为不可也。

道周这一道奏疏，持论是和当时的伦理要求完全符合；但是由道周上疏，是非常不合策略的。因为道周和嗣昌同时被推，用了嗣昌不用道周，这一道奏疏必然引起思宗的猜疑，认为是由于没有进用，因此对于嗣昌肆行攻击。当然这不是道周的本意，但是道周有责任慎重思考，以免引起思宗的猜疑。

七月五日思宗召集内阁及各部大臣于平台，道周也参与了。思宗和大臣们谈了一些事务以后，停了一下，问道周道："凡无所为而为者谓之天理，有所为而为者谓之人欲。你连上三疏都在廷对不用之时，果无所为吗？"

道周说："臣三疏都为国家纲常，自信无所为。"

"那为什么不早说？"思宗说。

"先时犹可不说，至简用后不说，更无可说之日。"道周说。

"清固然是美德，"思宗说，"但不可傲物遂非。唯有伯夷才可以称为圣之清，至于小廉曲谨，那只是廉，不是清。"

这个时候，思宗和道周，进行不止一次的辩驳。道周更激动了，他说："唯有孝悌之人才能经纶天下，发育万物。不孝不悌者既然没有根本，更谈不上枝叶。"

一切议论都落到兵部尚书杨嗣昌身上。嗣昌身丁母忧，不但不解职奔丧，反而进用为大学士，因此成为当时朝廷公论的目标。这一次他也与会，实在按捺不住了。

"臣不生于空桑，岂不知有父母，"他说，"但是君为臣纲，父为子纲。君臣的关系是超越父子关系的。何况在东周列国的时代，可以去此适彼。现在是一统的时代，君臣的关系无所逃于天地之间。但是仁不遗亲，义不后君，在君臣、父子之间，实在也无法偏重。臣已经四次上疏，力辞大学士之命；原希望群臣之中，有刘定之、罗伦这一辈，为臣代请，使臣得遂奔丧守制之请。可是一到京师，只听到黄道周人品学问，为一代宗师，没有想到他竟自称不如郑鄤。"

"是啊，"思宗说，"我正要问。"他再一次和道周说："古人心无所为，今则各有所主。故孟子欲正人心，息邪说。古之邪说，别为一教，今则直附于圣经贤说中，关系世道人心更大。还有你说不如郑鄤，这是什么意思？"

道周说："匡章见弃通国，孟子不失礼貌。臣说的是文章不如郑鄤。"

在这中间，思宗和道周辩论的地方更多、更烦碎。平台接见，几乎成了他们二人交锋的阵地。

思宗非常愠怒，暴风雨就要来了，但是由于道周是一位深负众望的名臣，他还是控制着，最后说出："少正卯当时也是闻人，可是由于他心逆而险，行僻而坚，言伪而辨，顺非而泽，记丑而博，不免圣人之诛。现在这样的人正有。"

道周看到这是对于自己的威胁，但是他毅然地说："少正卯心术不正，臣心正，没有一毫的私念。"

这样的顶撞，激起了思宗的愤怒，但是他还是极力地克制自己。过了一阵，他说："出去候旨。"

"臣今日不尽言，臣负陛下。陛下今日杀臣，陛下负臣。"道周说。

道周毅然地退出，等待思宗的谴责。

这是一场暴风雨，道周准备接受皇帝的处分，可是思宗也知道他是一名不怕死的侍臣。经过郑重考虑，最后决定把他连贬六级，降为江西按察司照磨。思宗在史家的评论中，是以操切著名的，但是他对于黄道周的处理，不能称为操切。

道周已经获得连降六级的处分，但是他总觉得郑鄤的处分太严重了，也还想为他申辩。这个主张他提出来和陈子龙商量。

子龙对于郑鄤理解得更深刻。他知道郑鄤的文章虽好，可是人品很差，一般人对他也不谅解。当日和他的交往本来是一件错误，目前只有把他抛弃以免造成更大的损失。经过这一场申说，道周也就不再追问了。

狱中的郑鄤对于子龙这一番的议论是知道的。原来他把一线希望寄托在道周的申救方面。他知道这个希望是渺茫的，但是希望究竟是希望，可是由于子龙的进言，道周撒手不问了。希望的破灭，完全出于子龙的对策。郑鄤由绝望转变为愤恨，再由愤恨转变为仇视。他下定决心，要把子龙拖下水。他的阴险的策略正好证明了子龙认识的正确。

明末的北京是一个特务横行的城市。总机关是东厂，东厂的侦骑布满在这个城市里，最后都归结到当时的皇帝。皇帝是一位多面性的领导者，他处理国家大事，同时他也掌握当时的特务。这是思宗中期以后人所共知的现实。郑鄤知道这个现实，因此他就决定沿着这条线索进行对于子龙的陷害。他的主要策略是自己既然要死，他决不让陈子龙独活。他有的是文采，因此他写成文章，特别提到平生交游之中，唯有子龙是一位能救人急难的义士，对于任何陷入困境的人才，无不急予营救。即如他郑鄤这样一个身犯不测之罪的人，子龙也是竭力相助。写了文章还不算，他把这一篇得意之作，刻了板，在北京市区广泛流传。当然郑鄤自己也并不望生还，他所希望的是子龙也会以殉葬的资格和他同归于尽。事实上，这篇文章要是落到思宗手里，子龙的前途是可以预料的。

北京侦缉的机构是东厂，可是还有逮捕的机构锦衣卫。所幸锦衣卫的负责人吴梦明和子龙是朋友，他看到了这个文件，立即吩咐部下把全部材料急予销毁，子龙才算幸免于难。至于郑鄤，他还得在监狱里蹲着，直到崇祯十二年八月由思宗下令在北京磔成一百多块。据说当时的药铺工作人员都在那里伺候着，准备收取郑鄤的残骸作为药物。这是一个什么样的时代？

子龙在殿试中，只考得一个三等。三等的人才，照例是分配各部或各省的。子龙先到刑部实习三个月，重行分配，指定到广东惠州担任审判工作。离开北京，到达瀛洲以后，他得到继母唐宜人的讣闻，立即请假回家治丧。

回到松江以后，子龙和朋友们把南园这一座达官贵人的别墅转变成一座出版的机构。他和他的朋友宋徵璧、徐孚远、李雯等一道工作，首先出版了一部五百卷的《皇明经世文编》。从这部书的目录，我们看到三十一岁的青年，要完成这样一部著作，要花费多大的精力。

子龙在序中自言：

> 明兴二百七十年，海内治平，驾周漂汉，贤才辈生，勋在竹帛，而遗文绪论，未有统汇，散于江海。盖有三患焉，一曰朝无良史，二曰国无世家，三曰士无实学。
>
> 夫金匮之藏，非远臣所知，然有大纂修，莫不载在方策。永乐中命阁臣士奇等辑《名臣奏议》，盖前代綦备矣。昭代之文至今阙焉。章奏贮诸省中以待纂集，幸无蠹败，率割裂其义，不足观。又古者大臣没，或求其遗书，副在太史，今无有也。汉之武、宣，及隋、唐之盛，遣使四出，悬金购书，今无有也。欲不散佚，安可得哉。故曰朝无良史。
>
> 六季以前无论矣，唐宋以科举取士，而世家鼎族相望于朝，家集宗功，藏之祖庙。今者贵仕多寒酸，公卿鲜贤胤，至有给简策于爨婢，易缃素于市儿者，即欲搜讨文献，微矣。故曰国无世家。
>
> 俗儒是古而非今，文士撷华而舍实，夫抱残守缺，则训诂之文，充栋不厌。寻声设色，则雕绘之作，永日以思。至于时王所尚，世务所急，是非得失之际，未之用心，苟能访求其书者盖寡，宜天下才智日以绌，故曰士无实学。
>
> 积此三患，故成书也难。
>
> 夫孔子观于周，萧相收于秦，大率皆天下要书，足以资世用者。

嘉谟令典，通今者之龟鉴，谋国者之兵卫也。失今不采集，更数十年，亡散益甚，后死者之责，其曷逭焉。予自幼读书，不好章句，喜论当世之故，时从父老谈名公伟人之迹，至于忘寝。及长而北之燕赵之郊，游京师，凡诸司之所长，辖轩之所及，见其人未尝不问，读其书未尝不藏，虽苦塞陋，多所忘，然布诸载籍者概可见。庐居之暇，因相简辑。徐子、宋子皆海内英俊，予所禀则以幸厥成者也。虽挂漏缺失，不敢当托言之义，使权家尚其谋，儒家守其典，史家广其事，或有取焉尔。

或曰：昔汉东平王求太史公书，而大臣以为汉兴之初，谋臣奇策，地形阨塞在焉，不宜赐诸侯王。今此书多议兵食，论形势，国之大计，何以示人？余曰，不然。祖宗立国，规模宏远，先朝大臣，学术醇正，非有纵横奇诡之论也。夫王业之深浅，观于人才之盛衰，我明既代有翊运辅世之臣，而主上傍求俊乂，用人如江湖，则是编也，岂唯益智，其以教忠哉。

这是一部五百〇四卷、一万多页的大书，搜集明代五百家的作品。全书范围包括兵饷、马政、边防、边情、火器、贡市、番舶、灾荒、农事、治河、水利、海运、漕运、财政、盐法、刑法、钱法、钞法、税法、役法、科举等各个方面。这里很清楚地看到，子龙已经不是一位寻常的文士，他那些文必秦汉、诗必盛唐的议论早已不再提及了。他的期望只是如何能为那个动乱的时代服务。那么，他早年推崇前后七子的主张是不是事实呢？是事实，但是现在他变了。在他三十岁的时候，他更了解他的时代，因此他不再是一位普通的文士，而是认识时代，决心为时代出力的志士了。什么秦汉派、唐宋派的理论，多半是文学史家的呓语，他们只理解分类归档，并没有理解那个时代的呼声。

次年是崇祯十二年己卯，子龙仍在松江南园，进行读书编辑的工作。《皇明经世文编》是一部浩繁的著作，那时虽然活字排印的办法已经发明了好几个世纪了，但是出版事业依然是用板刻，《经世文编》总共一万多页，单就储藏木版计算，要多到一座房子，可是子龙认定人民的生活主要还得依靠农业，这就使他想起了徐光启。

徐光启是明末的第一位思想家，在介绍西方学术思想方面，做出了卓越的贡献。他通天文、历算、火器、兵械、盐策、水利、农政，崇祯五年入相，那时正是周延儒、温体仁当权的时候，可是光启已经老了，不能有所建白，次年十月，年六十九岁卒。《皇明经世文编》录存《徐文定公集》六卷，是全书中特别受重视的著作。他的《农政全书》，当时没有定稿。子龙看到这部著作的重要性，他说："故相徐文定公负经世之学，首欲明农，哀古今田里沟洫之制，黍稷桑麻之宜，下至于蔬果渔牧之利，以荒政终焉。有草稿数十卷藏于家，未成书也。予从其孙得之，慨然以富国化民之本在是，遂删其繁芜，补其阙略，粲然备矣。"从这些言论里，我们看得很清楚，子龙的目光，主要在于怎样对国家做出一定的贡献。当然，他为阶级意识所限制，实际上还是落眼于为这个时期的统治阶级服务。他所重视的是怎样安定人民的生活，从而维持这个国家的机构，他不可能理解这个王朝已经面临了崩溃的局势。

早在崇祯十一年，建州的侵略者已经闯入了青山口，这一次的来势很猛，建州的兵士和蒙古的兵士一齐来了，经过三日的急行军到达密云。蓟辽总督吴阿衡是负责这一带防务的，可是由于他早一天正在监视太监邓希诏那里祝寿，没有准备，醉梦糊涂地和敌人作战，在战争中牺牲了。侵略者的大军，继续不断地南下。

北京又一次准备防御战了。宣大总督卢象昇，率领总兵杨国柱、虎大威的军队进入易县，自己直进北京陛见。

思宗召集文武大臣到武英殿商讨对策。

"你的方略是怎样的？"思宗问。

"皇上命臣象昇督师，"象昇说，"臣象昇的主张是和敌人作战。"

当时北京城里已经透出消息，皇上是不主张开战的。事实也是这样。李自成、张献忠的农民军的大部分在黄河以南纵横扫荡，朝廷的军队正在抵挡他们。现在建州的大队人马又冲破长城，扑向北京了。事实上，这里存在着一个安内攘外问题。是先安内，还是先攘外？三百年以后的问题，在思宗的头脑里正在提出。明代统治者和起义的农民军,是没有调和余地的,可是他们双方和建州统治者同样也没有调和的余地。起义军和建州是不可能有任何联系的,但是在作战方面,意外地起了遥遥相应的作用。朝廷军队调到河南、陕西,镇压起义军的时候,建州即乘虚而入,同样地在朝廷军队调到河北抵抗建州侵略军的时候,农民起义军也大力发展。摆在思宗面前的正是这个问题。内阁大学士同时负责兵部工作的杨嗣昌正在隐隐地考虑是不是可以先行安内而后攘外,这就是说和建州统治者先来一个妥协,以全力对付农民起义的军队。他的这个主张也正在对思宗起了潜移默化的作用。

在武英殿开始讨论的时候,卢象昇直接提出对建州作战,这就使得思宗很震动,只是支吾着说:"朝廷从来没有谈到招抚的计划,这只是外边的谣传。"

象昇继续着说下去:"敌人进攻的策略,必须着着防备。他们可以直趋昌平,惊动祖宗的陵寝,摇惑人心,这是可虑的第一点。他们也可以直扑北京,动摇国家的根本,这是第二点。即使不能直趋京都,也可猛扑畿南,分攻各府,断我粮道,这是第三点。我军集中抵抗,作战只能限于一点,势必不能兼顾;分兵四应,那时兵力既经分散,胜利没有把握。兵少则不备,食少则生乱,这些都不能不有所准备。"

思宗听到象昇的陈述,觉得很满意,吩咐他和管理兵部的杨嗣昌讨论。

在象昇和嗣昌讨论的中间,象昇一力主战,嗣昌无从置议,只有吩咐他切勿浪战。象昇和他道别以后,自己骤马回到昌平。

象昇部下三万人扼守昌平,这时建州部队不断地南下,要进行阻击,已经很困难了。象昇下令部下诸将,各选精兵,在十月十五夜兵分四路,直袭敌营。这是一次决死的战争,约定刀必见血,人必带伤,马必喘汗。违令者斩。

军令由总督下了。但是总督之外还有总监,这时高起潜正以内监的身份,在前敌监军,他的地位实际在总督之上。起潜给象昇去信说:"只听到裴度以雪夜破蔡州,没有听说月夜出兵。还有,既然说是袭击,这只要用部分军队,没有调遣大军进行袭击的道理。"

象昇的主张,由起潜给以全面的驳回。一次又一次的阻挠,象昇竟无法进行作战,最后只能仍请嗣昌决定。象昇提出分兵的方案。这就决定以山海关、宁远的军队,由高起潜指挥,山西、宣化、大同的军队由象昇指挥。象昇在名义上是总督全部兵马,实际上不足两万人。

杨嗣昌正在暗中摸索一条和建州媾和的道路。事情是由瞎子辽东人周元忠暗中进行的。元忠能算命,能卜卦,在建州部队中有一些熟识的人物,嗣昌正利用这条不易为人注意的线索,进行摸底的任务,事情由兵部尚书陈新甲暗中进行,但在当时的北京,已经成为公开的秘密。

杨嗣昌来到象昇大营。象昇提起他的表字,和他说:"文弱,城下之盟,春秋耻之,这句话,想必你也是知道的。北京城中,口舌如锋,稍有不慎,袁崇焕之祸,是不会幸免的。"

这一说,嗣昌脸都涨红了,他说:"你这一讲,简直是要我吃尚方宝剑了。"

"不,"象昇说,"我既不奔丧,又不能作战,吃尚方宝剑的是我,不是你。"

这一次会议是没有结果的。建州大军不断南下。象昇由涿州进据保定,命令诸将分道出师。嗣昌认为象昇破坏了他向建州求和的计划,提出革去了象昇的兵部尚书虚衔,改为侍郎。不仅如此,他又借口云中、山西的边防紧急,由王朴把山西兵调出,象昇的两万军队,经过又一度的削弱,只能再向河北的南三府:大名、广平、顺德靠拢。这是象昇早年担任过地方官的所在,他的人缘极好。当地的父老到大营和他说起:"天下汹汹已经十年,总督出兵,万死不顾一生,可是奸臣在内,孤忠见嫉,不如退兵广平、顺德,号召义兵,一呼而起,十万可得。比孤军作战,要好得多了。"

人民爱戴的热忱,更激动了象昇,他的热泪从眼睛里流出,他说:"父老们的热情,我是非常感激的。自从我出兵以来,大小数十百战,从来没有败阵。可是现在手下的军队,经过一再分兵,只剩得五千人,事由中制,食尽力穷,我的死日就在旦夕之间,更不需要再累父老兄弟了。"人民只有把自己带来的粮食留下,没有粮食的留下了一升红枣。他们说:"红枣煮了,同样也能充饥。"

崇祯十一年十二月十一日,象昇的军队到达钜鹿贾庄。高起潜的关宁兵在鸡泽,相距不足五十里。象昇遣参赞杨廷麟乞援,起潜不应。象昇至蒿水桥,遇建州兵。象昇居中，虎大威将左，杨国柱将右。第二天的早晨，战争开始，直至下午。象昇这一仗，呼声动天，炮尽矢穷，象昇身中三刀四箭，他终于倒下了。大威、国柱突围出走。

这一场的血战是崇祯年间畿南的一次大仗。在这里我们看到象昇的孤忠、杨嗣昌的首鼠两端和高起潜的拥兵不战。卢象昇是死了，他的死是死于敌人，同样地也是死于举棋不定的思宗、心怀两端的杨嗣昌和拥兵自卫的高起潜。但是从我们今天的认识看，卢象昇所考虑的主要还是与其以引兵撤退的罪名，受到斩首的处分，不如一战而死，流芳千古。我们以唐代的封常清和卢象昇相比，总觉得封常清是不可多得的。

象昇的败没，在北京城内引起极大的震动，同样地也影响松江城南的陈子龙。他那首《吊卢司马》是崇祯十二年的作品：

> 司马磊落姿，少小尚奇节。劲翮思风云，潜心访英杰。天性能挽强，奔腾骇超忽。初镇大河北，千里静车辙。秦盗走荆襄，南征气勇决。倚剑开烟尘，弯弓殚饕餮。每率百死士，当阵自排抉。跳荡贼垒穿，弗使锋刃缺。游魂阻蒙茸，逆徒诚驰突。天子顾北门，五原新秉钺。雄风振云沙，愤气视辽碣。三年汉月高，两载胡尘歇。檿枪缠蓟丘，公又在缧绁。强起护诸军，赫赫专九伐。岂无推毂仪，恐有当肘掣。令多不易遵，将骄谁能罚。仓卒重围间，矢尽弦亦绝。当免文吏议，难为世人说。吁嗟钜鹿下，千秋转呜咽。生平有十骥（自注：上所赐及公自购马共十，名千里雪、五明骥、玉顶赤、桃花骢、豹花骢、紫骝、银青、燕色驹、赭白、菊花青。公有《十骥咏》），安忍事胡羯。尚思战场利，谁留春草龁？部曲既飘零，参佐半摧折。惆怅李蔡封，隐忍刘琨没。萧条烈士希，成败安可设。

从这首诗里，我们看到明朝末年两面作战的艰苦，同样地也看到卢象昇在战争中受到的牵掣。"岂无推毂仪，恐有当肘掣"，这就把象昇左支右绌的情况，婉转透出。这是从杜甫《八哀》诗脱胎的。

崇祯十二年正月，建州兵破济南，执德王，把在济南的许多郡王杀了。事前山东巡抚颜继祖奉命移德州，可是巡按和布政使、大小官吏，除个别以外，全部被杀。思宗下决心和建州作战，调洪承畴为兵部尚书兼右副都御史，总督蓟辽军务，孙传庭仍兵部右侍郎兼右佥都御史，总督漕运、山东、河北军务。在建州和农民军双方压迫下，由于卢象昇败没，明王朝下定决心把重点移向对建州的作战，把对农民军的战争移到第二位。八月，洪承畴出山海关，至中前所，举吴三桂训练军队。十一月，以吴三桂为辽东总兵官，团练宁远军马。战争的空气又紧张起来。建州的部署是准备进攻锦州。崇祯十三年三月，洪承畴调祖大寿、吴三桂、刘肇基控扼锦州。两方的军队围绕着锦州布置起来。

对于张献忠的作战，这时在左良玉的进攻下，也获得一次胜利，这就是所谓的玛瑙山之捷。献忠精锐俱尽，只剩得一千多人，直走兴山、归州山中，以后再进入兴安、房县一带，正是深山老林，朝廷的军队，不敢深入，献忠就在这里重行集合起来。

在北京城里，围绕着黄道周的问题，又发生了一次骚动。道周降到江西布政司都事。这本是安置闲散人员的一种虚衔，因此道周竟没有到任，问题本来不大。可是江西巡抚解学龙把道周着实表扬了一番，向思宗提名推荐。这正是在创疤上撒盐，给思宗以非常强烈的刺激。上谕下来了："道周党邪乱政，学龙抗觊，着除名廷杖，下刑部狱。"这是崇祯十三年四月的事。八月间，他们解到北京。户部主事叶廷秀请求宽道周狱，忤旨，廷杖一百，除名。思宗的作风，一直都是雷厉风行的。

这一年道周被逮道过淮南时，子龙母丧已除，正准备进京呈请起复，听到道周被逮的消息，到达北京寓所以后，他立即请求当局，为国家惜此人才，可是到处碰钉子。大家皱着眉头，认为朝廷意图，无法猜测，冒昧进言，可能反而对于道周不利。

子龙也知道大官们阅历多了，维护着头上的一顶乌纱帽，未必愿意多话，正如唐代诗人韩愈在《石鼓歌》里所说的"中朝大官老于事，讵肯感激徒媕婀"。那怎么办呢？他想起思宗最近在新科进士之中提拔一些人做了翰林、御史。他想这些人是皇上信任得过的，认为他们没有偏党，只要他们提出意见，道周一定可以从宽处分的。他和他们讲了，可是他们只是笑笑，没有做出什么具体的答复。

黄道周的得罪，主要由于他反对杨嗣昌的起复。这是在遭父母丧之后，奉旨不奔丧守制的一种特例。杨嗣昌起复了，论他不当起复的人得到处分，在当时的社会里，都认为这是很不正常的。道周这次提到北京后，子龙做出了极大的努力，可是于事无补，那他只有上疏，请求准予终养。他提出母丧虽然已除，但是祖母还在，现在父亲、母亲都去世了，只有请求准予回籍，奉养祖母。当然，这是疏中的语言，他的本意是讽刺杨嗣昌的不能奔丧守制。这道奏疏上去以后，通政司的负责人说：既要奉养，那就不用进京；既经进京，也就谈不到奉养。通政司是负责把这些奏疏上呈皇上的，既然他们拒绝上呈，子龙只有就选了。这一次的分配是浙江省绍兴府的推官，这是说到那里去当司法官了。浙江距松江不远，在分配的时候，多少还有一些照顾的意思。

子龙南归了，在他到达邵伯驿的时候，遇到道周。他们正在谈论京中的情况，可是京中的校尉正在催促上道，子龙无法，只有向道周道别。后来他有《寄献石斋先生五首》，其中一首，叙述这次的会见。

> 烈风萧条吹百羽，朱凤葳蕤适南土。罗毕如云不见天，秦人高歌楚人舞。出门不向妻子辞，八尺银珰五色组。虎须校尉红锦裘，峨舸大艑下江州。蛟龙娟娟碧沙静，日月冥冥青枫秋。赭衣墨帻安鱼服，予亦相逢淮水曲。京华时事不足论，惨淡相看日弥促。镰刀谁留门外兰，庖厨肯恕山中鹿。可怜举世学浮沉，烛龙回照杳难寻。苍茫不解时人意，慰藉还凭明主心。我有短札置怀袖，安能一矢千黄金。平生风义惭师友，陈蔡相从但鼓琴。（自注：庚辰秋师被逮至淮南，予遇之。）

子龙匆匆间回到松江，遇到张溥。他们谈到道周这一次进京，很可能受到廷杖。

子龙说:"石斋先生本来很清瘦,道途跋涉,再受到一次处分,情况真是不堪设想。"

"是这样的,"张溥说,"可是还有办法可想。大不了我破家输资,总还能为石斋留下一条性命。"

张溥怎样为道周处分这件事的,没有留下记载来。我们只知道孙承泽曾和锦衣卫指挥骆养性谈起。养性说:"执行廷杖的时候,总是有办法的。要是黄先生在廷杖中死了,我算什么人呢!"廷杖也和当时一般的笞刑一样,在执行当中,有一定的窍门。有些人打得皮开肉绽,其实并没有损伤内部组织,经过一定的调养以后,受杖的依然可以恢复原状;有些人即使表皮上看不到伤痕,可是损伤肌理,影响内脏,甚至可以当场殒命。这一切都和执行者的内心活动有一定的关系。

这五首诗中的另外一首又说:

阊阖门开翡翠城,凤凰十二相和鸣。碧血一洒玉阶裂,惊雷急电何时平。门生往往自引匿,故吏不复来通名。贾彪奔走何侧促,曹鸾上书翻桎梏(自注:**谓叶、涂诸公也**)。钩连几作甘陵部,相将同入黄门狱。绯衣狱吏行生风,黄封小匣排当中。更番榜掠不知数,但称汝罪如山崇。小臣万死不足惜,圣德如天辉简策。带血晨兴写《孝经》,和柳夜卧编《周易》。爱书一旦出风尘,薄谴由来湘水滨。万里同声颂明主,海内相看似古人。(自注:辛巳师自诏狱得论戍)

道周下狱时,不仅连累了江西巡抚解学龙,一同下狱,同时也连累了其他申救的官员。最后户部主事叶廷秀、监生涂仲吉提请申救,他们也一同下狱了。注中所言叶、涂诸公者指此。刑部尚书李觉斯拟定两人罪状,发烟瘴地区充军。思宗认为处分太轻,把觉斯的官也罢免了,由新任刑部尚书刘泽深判罪。泽深提出的处分意见,依然是发烟瘴地区充军。

思宗很愕然地问道:"为什么?"

泽深说:"学龙和道周的罪名,到烟瘴地区充军,足够了。再重一些便得处死。可是本朝从来没有因为建言处死的前例。道周没有封疆、贪酷的大罪,而有建言被杀的美名。从道周说这不是坏事,可是从皇上说,不是宽大的盛德。皇上所不愿的是百官的结党营私,可是道周的所作所为,只是托诸空言,即有一二知交,先后已经罢斥,没有什么需要从重处分的。皇上对于道周,并没有任何大恨,万一圣意转圜,恐怕悔之无及了。"

经过这一番讨论,最后决定由道周永戍广西。当他在狱中的时候,他每天在那里诵读《周易》,抄写《孝经》,一切都很正常,正如诗中所说的。

是什么使得思宗这样地深恨道周呢?主要还是由于道周和杨嗣昌的对立。嗣昌在那里考虑如何解决朝廷和建州、农民军的三角斗争的问题,他的后台是思宗皇帝。

第六章
绍兴府推官

从崇祯十三年（1640）秋后到十七年（1644）之初，这不足四年的时间里，子龙在绍兴推官任内。关于这段时间，子龙留下了比较详细的记载。

从崇祯十三年（1640）秋后到十七年（1644）之初，这不足四年的时间里，子龙在绍兴推官任内。关于这段时间，子龙留下了比较详细的记载，同时他的晚辈王沄也留下一篇《越游记》，因此我们对于这时期内他的生活，可以了解得更多一些。

子龙的官职是绍兴府推官。绍兴府治在现在的绍兴市，推官是司法官，是绍兴府专管审判、检察的官，可是因为职务的关系，他还得经常到杭州去。杭州是浙江的省会，除了一般官吏以外，还有专管盐务的内监崔璘。地方官吏到杭州的都得到他那里晋见，事实上他的地位是在巡抚或是巡按御史之上的。思宗时代内监的地位，经过几次的升降。思宗接位的时候，由于他了解到太监魏忠贤的作威作福，曾经把驻在京外的内监全部撤除，这是深得人心的，但是不久以后，他感到京城内外的大小官吏不尽可靠，不能把京外的内监全部撤除，在他的思想意识中，不断跃出这样的呼声：官吏都得为自己的子孙考虑，为了要挣下一份可观的遗产，贪赃枉法，在所难免，可是内监们是用不到为子孙考虑的，因此不可能贪赃枉法，而且随时可以调京考察，这就成为比较可靠的客观条件。思宗一朝，内监的地位，经过几次的大起大落，但是还是以重用的时期为多。由于内监们对于皇帝可以经常见面，直接进言，因此他们在当时的内外行政机构中，树立了一种坚定的威信。当然，这只是一种错误的判断，不一定可以信赖，可是形象一经完成，必然会在大小官员中产生作用。

在杭州城内，崔璘竟成为州县官膜拜的对象。晋见的时候，他们都得献礼、下跪，有的甚至转而请求崔磷的推荐。那时的词汇，称内监为内相，就是说他们在宫中的地位是当时的丞相。这也不完全违反事实，魏忠贤当权的时候，魏藻德不曾仰承他的鼻息吗？那是说，内监的地位，有时竟会远远超过当时的大学士。

可是尽管子龙经常因公到杭州，他从不去谒见崔磷。有人和他说："还是去一下好，我们真为你担心！"

子龙只说："要是去给内监屈膝，那倒不如回家好，多少还有一些活路。"他始终没有去，崔璘不久也离开了杭州。

推官只是一名佐贰官，随时可以由长官另行派遣的。不久诸暨县的知县官出缺了，布政司指名要子龙去署理。诸暨县在山区，接连遭到五年的水灾，因此人民的生活困难，打家劫舍的事也就层出不穷。子龙知道当地的土豪，有许多犯了罪，正蹲在监狱里。他把他们找出来，提醒他们自己所犯的赃罪，要他们检举盗贼，立功赎罪。在这里他举行保甲法，要求人民连环互保；实行连坐法，在捕获真盗以后，即行依法处理，地方逐步安定下来。

那时诸暨地方，流行着捏造罪名，进行诬陷的风气，待到官府代为申理，受害的已经家破人亡，无可挽回了。

在子龙到任的初期，一次乡间人击鼓鸣冤。他痛哭流涕地说起儿子被邻居杀了。

杀人是一件重大案件，子龙当然要立刻处理。他问是哪一天谋杀的。

"是昨天。"

"怎样杀死的？"

"用铁锥打碎脑袋的。"乡间人说。

"你家里离县城多远？"

"四十里。"

子龙立即吩咐备马，前往验尸，奇怪的是苦主再三提出，道路艰险，不敢劳驾，这就益发引起子龙的怀疑。可是他坚持要去。衙役们打着灯笼火把，子龙跨马，连夜前进，果然是一具男尸，他是苦主的儿子，但是因痨瘵病死的，已经好几天了。经过审讯，这才理解到两方本来是冤家，恰好这家的孩子死了，因此把杀人的罪名嫁祸给对方，那时重则监禁，可以趁此报复；轻则和解，也可以得到赔偿。不料子龙连夜赶到现场，做出适当的处理。

诸暨是有银矿的，矿场就有好几十处。万历年间，曾有内监到此开山，后来封闭了。矿场的周围，便成为游民麇集的所在，这时已经聚集到数千人。子龙为了预防变乱，一边对于头头进行法办，一边却对群众进行疏散。正在推进的当中，一位武官手持巡抚熊奋渭的指令，大意说是饥民无所得食，只能由他们进行淘沙，一边解决衣食的问题，一边也可为国库增加一定的收入。他最后指明"事或可行，仰该县条陈利害，即日上报"。子龙仔细一看，指令是确实的，关防也符合，可是事件还不尽可信，因此一边吩咐属员热忱款待，一边具文上报，探询是否属实。及至巡抚衙门正式公文下达，这才知道指令是捏造的，什么"救济饥民，增加收入"也是虚伪的。这才把那位冒官诈骗的犯人，依法处理。

崇祯十四年的正月，子龙到杭州贺节，回诸暨的时候，正值大雪封途，山路皆断。子龙驰车直前，一路看到饥民千百为群，肩上背着米袋，手执长刀。

子龙停下车，问道："你们准备怎样？"

百姓认识是陈知县，可是他们并不害怕，只说："粮食没有了，店铺也不开市，只有到大户家里分粮。"

子龙对他们进行劝解。他和他们说这样做是犯法的，可是生活正在威胁着他们。死亡就在眼前的时候，人民是不考虑犯法不犯法的问题的。在这个情况之下，子龙赶快到诸暨县，一边把为首的乱民处分，一边下令把四郊的义仓全部打开，按照米价七折出售。

那时还是17世纪的前期，子龙和人民的认识水平，都受到时代的限制。土地是私有的，土地上产生的粮食也是私有的。减价出粜是按照什么价格呢？按照生产成本减折吧，那时对于粮食的生产成本还没有估计的依据；按照当时的出售价格减折吧，那么在奸商哄抬价格以后，即使按照七折出卖，还是于囤积粮食的地主有利。从我们今日的认识看，无论子龙有怎样的好心肠，他还是站在地主立场上考虑问题。作为地主，他必然也拥护地主的利益。处分乱民，固然意味着血腥镇压；七折出售，依然维护着地主的固定利益。当然，这是从今天的认识考虑问题，子龙的认识不可能超越他的时代。要拿我们此时此地的认识衡量子龙的言行，那很可能走上时代错误的道路。

子龙初到诸暨的时候，他估计到丰收以后，必然会出现灾荒。他和当地人民讨论，认为藏在公家容易发生损失，不如藏在民间。最后确定由地主们量力储备，待到粮价暴涨以后，减价出卖。万一遇到天幸，没有缺粮的现象，那时由地主们自行出售，县官不加限制。经过这次的商谈，各乡储备的粮食，总共一万多石。崇祯十四年的正月，子龙亲自到地主家商量，其结果是有些富户把粮价压低十分之三，开仓出售；有些捐出粮食十分之三，开设粥厂，进行施粥，这些都由县内的举人、秀才们出面主持。子龙又提出几千两的公款由商人到外县购粮出售，所得利益，一半给予商人，一半举办人民的公益。

诸暨的情况安定下来，但是灾荒正向诸暨的邻县发展。浙江省的长官因此把诸暨的经验，再向邻县推广，子龙也就由诸暨调向四围，主持救灾的工作。子龙这就著了草鞋，手持竹杖，踏遍浙东的各县。人民由于生活的艰苦，由灾情的蔓延转变成为病情的蔓延，子龙创办病坊，由名医对人民进行治疗，这就是现代的公立医院。人民生活艰苦，因此孩子们更苦了，子龙创办了育婴堂，待孩子们成长以后，由其父母或他人领回抚养。据子龙的估计，在这一年的灾荒中，用米七万五千石，活人十余万；病坊施药一万余剂，救活一千余人；育婴堂救活弃婴三百余名。

子龙的本职工作是绍兴府推官。这是现代司法官的工作，现代分为审判和检察，处理民事和刑事审讯的工作，旧时代是不分的。既然是官，当然就有官的身份，经常是威灵显赫，舆从森严，老百姓看到，都感到毛骨悚然。子龙是官，但是他还没有忘去自己是从人民中出身的。可能他还记得江南的一位老名士归有光做官时的态度吧。有光在处理诉讼案件的时候，有时竟把原告、被告喊到面前，和颜悦色地和他们叙述家常。他是昆山人，在长兴做官，这两地都属于吴语区域，在方言上本来没有太大的区别，可是由于他反复唠叨，因此他的絮语出了名，成为一时的话柄。子龙也曾经叙述自己的经过：

……越李历数人，大约欲以风裁见，不无稍自倨重。舆从多光丽，掾史舆台因以耀小民，见者恒惴惴。予性既坦易，少威仪，不立章程，小民可以不时见，讼狱以数言决，每以善言解谕之，使各悔过以去。苟非大过，鞭扑之声，竟月不闻也。又不轻拘摄，虎冠者眈眈无所事，终日假寐，或荷锄去耳。出则禁呵殿，前导不过五人。时游山泽，与诸生高论清言，人不知为官长也。唯奸吏、刁奴之戕民者，逆子、傲弟、妒妇之败伦捍化者，虽豪户大家，必破柱求之，穷治乃已；朔望集耆夫、三老，讲圣谕六言，则令其人跪听，必宗党邻里保其改过始释。吴越邻壤，饔飧之需半给于家，官厨萧然，门多鸟雀，民颇信之，故时行度外事，开隙权势，卒不能夺众论也。

在绍兴推官任内，子龙虽然署理过诸暨县知县，不过这是偶然的，他的大部分时间，还是在绍兴度过。旧时代的官衙，一般都是比较宽大的，除了审案的大堂以外，有书房（清代称为签押房），有内宅。行政官还有幕友（清代称为师爷）办公和自己寄宿的住房。推官只是知府的属官，可是同样也有内宅和书房。崇祯十六年，子龙的学生王沄曾经到过绍兴，在子龙衙内住过数月，留下一篇《越游记》，因此我们对于子龙当时的生活，可以了解一些。

绍兴知府的公署在城内卧龙山之下，推官的衙门在其西，称为宛委斋。子龙到任以后，在斋前建立清音堂，堂额是黄道周用八分书题的。抱柱是一副对联，上联"爱物若驺虞"，下联"指佞如屈轶"，也是道周写的。清音堂一排五间，子龙住在上首，王沄到了，在下首住下。满屋都是书籍，由于推官的公事不多，因此子龙清早起身，很快就把公事处理完毕，这就回到清音堂，开卷读书，依然是书生本色。在他读到高兴的时候，他就把王沄喊过来，两人共读。有时需要检书的时候，他经常吩咐王沄去检。子龙说是某书某卷，很少有错误的。

子龙有时也要著作诗文，他经常是端坐凝神，一些声音也没有。间或徘徊一下，随即下笔疾书。那时他就得高喊一声，王沄随即过来，他们同时朗诵，总得把这一篇作品仔细玩味一下。有时子龙对王沄说：

"来呀，这一次你代我拟一篇。"

王沄当然不敢轻易接受，可是子龙还得让他下笔。在诗文定稿以后，他对王沄着实称道一下。

这时，绍兴府的一位刘宗周罢官家居，他是当时的大臣，和黄道周齐名的。崇祯十四年建州的军队对于明朝发动又一次的进攻，思宗临朝而叹，当时宗周任左都御史，他提出几项主张：一、表扬死守畿南的总督卢象昇；二、追戮误国的大臣杨嗣昌；三、逮捕不服调遣的悍将左良玉。其次他请思宗要做几件事：一、防守山海关以备反攻；二、防守潞州以备李自成的偷渡；三、防守通州、天津、临清、德州以备南下。特别是最后一条，因为当时从长远利益考虑问题的人，认为北方已经成为国外、国内双重进攻的目标，附近的山东、山西、河南随时受到威慑，京城既然无形地成为孤岛，不如向南京撤退，以江南、闽浙、湖广等比较完善的区域，作为后方，形成负隅之势，可以随时出击，保证中央的安全。

宗周毅然地说："十五年来，皇上处分未当，造成今日的败局。不追求祸根，改弦易辙，要以一切苟且的政策，补救现今的缺漏，不是长治久安之道。"

思宗的脸色变了，可还是忍耐着。他问道："以往的无从追悔了，现在要考虑善后之道。"

"善后之道，"宗周继续说，"要请求皇上开诚布公，以好恶公诸天下，以人才问诸国人，进贤才，开言路，次第与天下更始。"

"目下烽火直逼北京，国家败坏已极，那应当怎样办？"

宗周说："武备必先练兵，练兵必先选将，选将必先择总督和巡抚，择督、抚必先择吏、兵二部尚书侍郎。宋人说过：'文官不要钱，武官不惜死，则天下太平。'这两句话在今天还有深刻的意义。一般的言论，只论才望，不问操守，可是没有操守不谨而遇事敢前、军士畏威者。若徒以议论便捷，举动恢张，称曰才望，取爵位则有余，论事功则不足，于成败没有什么作用。"

思宗又说："事变之中，先才后守。"

"前人败坏皆由贪纵使然,所以从济变言,更应当先守后才。"

"大将别有才局,不是仅凭操守可以成功的。"思宗说。

宗周接下又说:"他不具论,即如范志完从辽东总督进为督师,担负着对建州作战的重任,可是操守不谨,大帅偏将,无不以贿进,所以三军解体。由此看来,还是操守为主。"

说到这里,思宗的颜色转得平和了,只是说:"知道了。"

宗周因为给事中姜埰、行人熊开元以建言下锦衣卫狱,他提出"二臣以建言获罪。本朝没有言官下狱的,有之自二人始。皇上度量卓越,狂妄如臣宗周,赣直如臣黄道周,蒙皇上之恩,不加贬斥;可是二人不幸,不蒙法外之恩"。

思宗说:"道周有学有守,非二人可比。"

"是的,二臣诚不及道周,但是朝廷待言官有体,言可用用之,不可用当置之。即有应得之罪,亦当付法司。今遽下诏狱,终于国体有伤。"

宗周的言论,直接触犯了思宗。思宗怒声道:"法司、锦衣卫,同样是刑官,何公何私?还有,对于一二言官,加以处分,何至遽伤国体。有如贪赃枉法,欺君罔上,都可以不问吗?"

"锦衣卫都是膏粱子弟,"宗周说,"听内监们指使,懂得什么礼义?皇上对于贪赃枉法,欺君罔上,同样也应当交给法司处分的。"

思宗蓄怒已久,现在再也忍耐不下去了,大声说:"刘宗周这样偏执,怎么当得起左都御史之职?着即革职拿办。"

皇上的震怒是无法挽回的,可是宗周的声望,在当时是众心所归,怎么办呢?内阁大臣在思宗面前再三解救,最后给予革职为民的处分。

崇祯十六年,宗周回到山阴,进行讲学。明代是一个讲学盛行的时代。所谓讲学,都是讲的立身处世之道,和我们这个时代所说的讲学是不一样的。刘宗周回到山阴故乡,由于乡里故旧的进见,他和他们讲了些做人的道理,以后在大戢山立证人书院。称为戢山书院。黄宗羲《明儒学案》卷六十二有《戢山学案》,这里录取宗周语录一条:

古人济大事，全靠脚跟定，只是不从身家名位起念，便是。凡可夺处皆是此等作祟也。诚极则精，精极则变，一切作用皆从此出。诚中之识见是大识见，诚中之担当是大担当。故君子非有才之难而诚之难。

这实在是有见之言。明代末年，黄道周、刘宗周确实已经做到有胆有识、忧国如家的地步。他们为了国家的前途，献出了自己的生命，这是道学家的两面光辉的旗帜。子龙受教于黄道周；到了山阴，又从宗周讲学的当中，亲受教益，这就必然把他的思想意识极大地推进了一步。

第七章
许都的起义及其失败

子龙在山阴,前后五年,他是推官,绍兴府的一名属员,可是他为国家做了不少的工作。小官做出无论什么成绩,在国家大局上,这只算是沧海一粟、微不足道的。可是子龙也做了一件于心有愧的事,使他不断自疚,这就是关于许都起义的事件。

子龙在山阴，前后五年，他是推官，绍兴府的一名属员，可是他为国家做了不少的工作。小官做出无论什么成绩，在国家大局上，这只算是沧海一粟、微不足道的。可是子龙也做了一件于心有愧的事，使他不断自疚，这就是关于许都起义的事件。

　　许都，东阳人，浙东山区的居民，祖父许达道曾为兵备副使，因此许都应当算是宦家子弟，家道豪富，为众望所归，在山区有一定的号召能力，他便隐隐地把宾客部署起来，成为山区的一股势力。崇祯十六年的冬天，张献忠率同所部开向江西，东南一带都考虑到自保的方案。子龙和许都是认识的，也知道他的才略，因此向上官推荐，认为在动乱中，许都可以为朝廷贡献一部分力量。当然，上官们正在忙着自己的升官发财，对于怎样使用人才，为朝廷出力，他们是不会考虑的。

　　东阳县的知县姚孙棐，桐城人，听到张献忠打进江西，认定这是自己的一个发家致富的好机会。他提出要练兵保卫山城，这原是应当办的。练兵必须筹饷，饷在哪里？机会来了，孙棐便向各乡绅富募捐。在这些人之中，孙棐看中了许都，要他捐款白银一万两。

　　是不是有这一万两？我们不知道。即使有这么多银子，难道就不生活了，能把这一万两送给知县官压箱底？矛盾激化了，孙棐正在等待机会，要整许都。不整许都，行吗？许都的一万两，姚知县是花了多大的心力才筹划到的，如若让他吹了，那么姚知县难道就不吃饭，知县的子孙难道就让他们白白地活着，不给他们一个发家致富的机会？姚知县瞧着自己的孩子们，感到一阵内疚，他发心要为他们建立一个终身吃着不尽的家底。

签押房里姚知县的脚步声，一阵紧一阵慢，四围的墙壁都发出回音，灰尘扑扑地下落，可是姚知县还得考虑，要找一个现实的计划，要沉着，要妥帖，不让自己的图谋有任何的暴露。一万两白花花的银子，怎能不令人左思右想要把这笔财富抓到手，为自己的子孙建立一个万世不拔的基业？橐、橐、橐，姚知县不断地在签押房里打圈圈。

我们知道，明代和以往的年代有一个大大的不同。唐代的地方官好比是一位封建时代的诸侯，他的一切都建立在这个地方人民的身上，真的"予取予求"，百姓是没有说话余地的。宋代就不然，可是地方官是有优厚待遇的，他用不到贪赃枉法，单凭他在官时的官俸和罢免以后的祠禄，就可以发家致富。元代的地方官是没有工资的，他的生活来源全凭敲诈进行诉讼的人民，元杂剧所写的知县官有时要向诉讼的人民下跪，在遇到诘问的时候，他说这是他的衣食父母，怎能不下跪？当然这是作家的艺术加工，但是如果没有类似的具体情况，作家是无从下笔的。明代好多了，但是官俸之薄，是不易想象的，这就把当时的官吏，除了非常少有的洁身自好的人物以外，完全驱向贪污腐化的道路。姚孙棐只是那个时代中一个显见的例子。

这时许都的母亲死了，亲戚、朋友和亲戚的亲戚、朋友的朋友都来会葬，搭了好大的敞棚，杀猪宰羊，招待来客，人数几百、几千，甚至一万。姚知县赶急向上峰申报，说是许都造反了。这是一件大事，张献忠的部下打进江西，事情还没有结束，经不起浙东再来一次动乱。本来只是一件聚亲会友的事件，因为规模扩大化，姚孙棐再着实给他一番渲染，便成为惊天动地的大事。这时浙江巡抚董臣棐被逮，新任巡抚黄鸣俊还没有到任。新任巡按御史任天成在南京。恰巧陈子龙因公也在那里，他请任巡按提前到浙，自己也赶急回杭。他到达南京的日期是十二月二十二日。这时左光斗回任浙江巡按的消息已经公布了。

左光斗看到陈子龙很高兴，他把浙东山区的工作交给子龙，并且说明准其便宜行事。子龙和许都是旧交，他知道许都是不会造反的，但是他也唯恐许都会受到牵连，山区地形复杂，民风犷悍，不是可以轻易动摇的，因此他也急于西行。二十五日发兵千人，二十六日进抵诸暨。这时抚标的一千人也到齐了，当即誓师。二十八日进至龙潭。许都的部下据山扎寨，前面就是溪水，奔腾不息，地形非常险要。许都本来是和子龙认识的，眼下一边代表朝廷，一边代表民众，战事已经迫在眉睫了。

这一年是崇祯十六年，十二月小建，二十九日就是除夕。子龙发兵进逼，许都部下也退到紫薇山，依险据守，矢石交下。子龙一边率众进攻，杀了一名退缩不前的士兵；一边又派部队从山后包抄。他们放火烧山，许都的部下溃退了三十里。在这一次接触里，杀五百余人，活捉一百多人。这是一次重大的胜利。

第二天是崇祯十七年元旦。正月二日子龙率部收复义乌，三日进至双林寺。游击蒋若来也把许都包围金华的部下打散了。许都手下还有三千人，一边保守南岩，一边向陈子龙请求投降。当然子龙在没有上级许可的情况下，是不能同意的。

各路的部队集中了，兵备道王雄（或作镛）因为巡按御史正在要他呈报许都激变的具体情况，急于平息这一次叛乱，和子龙商议一个解决的办法。他说："许都的精锐都在这里，以必死之寇保险峻之地。山路艰阻，我兵不能仰攻。许都是当地人，地形熟悉，既有积谷，后面直通台州、处州各地，有相当大的后方。非旷日持久，不能取胜。我们的部队，从各方陆续调来的，已达万人，粮草只剩了五天。情况已经很紧迫了，可是巡按御史的命令雪片地飞来，你看怎么办？看来要是许都愿意投降，我们也就接受。戢兵救民，这是当今的上策。"

子龙说："许都和我也有一面之交，昨天曾经派人投诚，我因事大不敢接受，目前只有进攻这一着。"

正在准备拔营前进的当中，许都的几名使者又来了。他们提出许都愿意反绑请降的主张。王雄和子龙又谈开了。

"你看应当怎样办？"

"受降如受敌，我愿意自己前去看一下。"

子龙决定单骑前往，可是部下准备随同前去。

"那是不必的。"子龙说。

这就派定许都来人牵马，子龙乘马，另外派人前导。他们走了四十多里，直至山麓。这里都是许都的部下守着。子龙准备上山，可是来人说是许都吩咐过，一经到山，许都自己会下来的。

子龙准备上山是要看山上的形势；许都准备下山，当然是怕子龙看破山中的情况。这些都在子龙的意料之中，因此他也就不再坚持了。

太阳已经落山，天色昏暗。在暮霭苍茫之中，许都来了。本来是朋友，想不到经过一番激战之后，两个人又会面了。

在灯光摇曳之中，他们寒暄了一番。许都一边开宴，一边也叙述过去的友谊，待到宴罢人散以后，他们开始深谈。

子龙责怪许都道："你一向以豪杰自许，当为国家出力，为什么要造反？目下官兵把你四面包围，你身栖穷山，旦暮就完了。"

许都的眼泪掉下了，他呜咽地叙述东阳县知县姚孙棐对他的压迫，他只是在无可奈何的情形下，才走上了这条绝路。最后他和子龙说："卧子，我自知罪重，现在唯有束身归命，一切都拜托。"

"你的罪已经没有生路。目前唯一的办法，只有自缚，请见王道台。侥幸不死，那时就得带同你的部下，渡江作战，为国家出力，这才能自赎。但是就得在今晚前往，迟了是没用的。"子龙说。

许都慷慨地说："只要能说清楚我许都是被迫造反，同时还给我一个和敌人作战的机会，我许都是万死不辞的。大丈夫一言为定，我今晚就走。"

这时他的部下都知道了，刀枪一齐都亮出来。他们认为唯一的出路是决战，把性命交给当官的。他们认定要是许都下山，唯一的结果只有受缚，白白地送去一条性命。因此他们准备把陈子龙杀了。

子龙只有仔细地把事情说清楚。

许都也说："事情走到这一步，是错了。陈推官这一来，为我指出一条路，这是唯一的生路。我的道路是看清楚了，不同意的不妨走自己的路，好来好散。"

大众不再作声。许都带着三名部下，跨着马和子龙一道上路。

子龙默默地考虑：许都这一伙人马，除许都外，谁都不愿服从官家的命令；同时包围山区的军队，没有统一的指挥。万一他们知道来的是许都，出其不意，来一次争夺，大事没有办妥，整个山区又得重新沸腾起来，那时怎样结束这一个局面就无法考虑了。因此他和许都说起："各部将士，在战争中都有伤亡，倘使知道你就是许都，那时拔刀相向，事情就不可收拾。因此一路只能说是许都的部下，才不致发生误会。"许都也考虑到这一着，因此同意了。一路安全，没有发生意外。半夜以后，人马全到了大营。

子龙把许都和他的随从安顿好了，自己先进大营，看到兵备道王雄，把经过说清楚。王雄把许都传进，和他说起：

"你是许都部下吗？"

"是。"许都没有说明自己的身份。

"那么，"王道台说，"你赶回去，和许都说，明天一早就得烧毁营垒，交出武器，散遣徒众，带同二百人自缚来降，当待以不死之恩。"

许都完全承认，这才知道子龙所说的都是事实。

新春的夜半，子龙、许都和他们的随从，六匹马又是蹄声得得地赶回山区。到达的时候，东方就要发亮，山寨的部下，人人上马，正准备厮杀。原来他们认定许都这一去性命难保，没料到竟安全回来了。大家都很高兴。

子龙、许都正在考虑怎样安排部下的问题。一部分人愿意还家务农，子龙很慷慨，开了路条，同时注明是"守分良民，不得无故干扰"。他们高高兴兴地散去了。还有一半愿随同许都，一同投军。子龙考虑人数多了，不容易安排，最后和许都商妥，带同部下二百人，投降大营，其余的一律遣散。

在这次动乱中，带兵的军官们都认为许都部下只是一批没有作战能力的乡农，要打一次胜仗，不费吹灰之力。他们摩拳擦掌，都准备趁此立功，想不到大功竟落到一名书生手里，因此造谣诋毁，把陈子龙说得一无是处。待到他们自己进入山区，看到浙东真是群山错综，层岩绝壁，竟是不易飞渡。他们这才理解到事情的艰险。对着子龙，他们只说："幸亏陈推官帮了大忙，不然的话，我们还得在沟沟洼洼里和他们拼命。"

话是说得好听，可是三四百年前的部队，本来谈不上什么纪律。他们在搜山的口号下，把民间搞得鸡犬不宁。他们看到许都在起义的当中，本来是从人民中间来的，平时对于人民，可算是秋毫无犯，因此要向他的旧部，无论如何逼榨是搞不到什么油水的。这就转过来要打人民的主意，可是早些时候遇到天灾，人民也是衣破履穿，还能搞到什么？没办法，这些部队索性四下里放火，搞得到处是残灰余烬，墙倒壁歪。子龙早已受到这些部队的攻击，不便作声，只有把自己的部队调到远处，没有参与这个放火烧山的行径。

许都这一次的动乱，虽然由于子龙的斡旋，很快地结束了，但是他在浙东山区闯的祸太大了，特别是由于他唤醒了劳苦大众，这便得罪了当地的富室巨绅，要是劳苦大众都和许都一样，随时可以发动叛乱，那么这些富室巨绅凭什么过活呢？还有，当官的也不能白白地放弃一次升官的机会。许都和这二百名部下都得用自己的鲜血为他们洗清道路。

子龙只是17世纪的书生，他出身的阶级和他所受的教养、所走的道路，都没有对他提出更高的要求。是他在寒威森峭的夜晚把许都和他的部下引上投降的道路，他给他们提出的是生路，但是他给予的是死路。这是耻辱，是人格上的创伤。二百名的劳苦大众，杀去了六十多名，这六十多人连同许都，会在血泊中向着蔚蓝的天空控诉这次的屠杀。

北京陷落以后，明代的统治者还在南京挣扎的时候，有人想起许都是有才干的，在家乡还有一定的号召能力，因此提出只要起用许都，一定能为这摇摇欲坠的王朝，尽力支撑东南的半壁，但是许都已经一瞑不视了。

早在崇祯十七年的春天，北京政府就考虑到对于陈子龙的安排。子龙是一名人才，这是当时的公论，在许都的问题解决以后，论功酬劳，推升南京吏部文选司主事。在官阶上是升了一级，但是明代虽然南京和北京平列，照样有六部，各部也分司，实际上南京只是一个官僚养望的地方，很少具体的工作，何况子龙还很年轻，又有一定的劳绩，南京的司官对他是不合适的。在他还没有到任的时候，四明人左副都御史施邦曜提出"浙东虽暂定，后虑宜周，必得威信素著者，为之弹压绸缪，莫若擢陈子龙以科员巡视两浙，安辑遗民"。思宗把这一道奏疏交给吏部议覆。吏部同意，随即授子龙为兵科给事中，巡视两浙兵马城池。

第八章
甲申的前夕

　　子龙在绍兴推官任内，先后不足四年，在这短短不足四年的期间，北京方面发生了惊天动地的变化，但是子龙并不清楚。从我们现代看，这是不应有，也是不可能的，但是在17世纪之初，这是现实的生活。

子龙在绍兴推官任内，先后不足四年，在这短短不足四年的期间，北京方面发生了惊天动地的变化，但是子龙并不清楚。从我们现代看，这是不应有，也是不可能的，但是在17世纪之初，这是现实的生活。时代正在迅速地转变，现在认为应当知道的，有许多在旧时代只认为是不可能。就以20世纪初八国联军进攻北京这件事来说吧，这是何等重大的事件？但是那时候在江浙一带，有多少人能具体了解呢？明代末年的国家大事，人民不了解，州县官不了解，那么无论陈子龙怎样地关心国事，愿意为国家献出他的一切，但是对于当前国事的演变，他怎样能理解呢？可是无论他能否理解，国事的演变，对他必然要起重大的影响，在生活方面，在思想意识方面，在文学创作方面，都留下不可磨灭的业绩。为了要对他有更进一步的理解，我们不能不提供一些必要的叙述。

明思宗是一个想为国家做一些贡献的君主，但是他竟无法完成他对自己提出的任务。他看不到公忠体国的大臣，看不到独当一面的大将。即使有了，由于他的焦躁和独断，也不理解怎样去使用他们，这样他就在这三五年内把这个朝代送上无可挽回的命运。

崇祯十三年，明代的统治者面临着两面的威胁。山海关以外是建州的军队，这是外患。河南、陕西是农民军的军队，这是内乱。这两种形势都在发展。建州的军队不仅威胁山海关以外，而且蔓延到宣化、大同，随时都有进入关内的可能，但是一直到这个时候，他们还没有并吞中原的野心，也没有并吞中原的可能。他们冲破了长城，集中兵力威胁北京，以后再向南掳掠，向南到畿南,到山东济南、临清、德州这一带,待到饱掠以后,仍由长城口回去。这种情况,实际上和汉初的匈奴,唐初的突厥一样,他们还没有想到夺取北京,作为中原的主人。从另外一方面讲,当时的农民军,最初只是由于自然灾害的流行,和贪官污吏的压迫,这才铤而走险,最初是由山西、陕西一带的贫苦农民自发组织的,到了崇祯十二三年以后,他们已经演变成为有组织的农民军。当然,在这些不同组织的当中,也经过了不同形式的分化和演变。有些被当时的政府吸收了,成为国家的军队,而留在农民队伍当中的则出现了两个强大的领袖,这就和元末的朱元璋、陈友谅一样。

明朝统治者的困难,就在于既要应付匈奴、突厥,又要应付当时的"朱元璋""陈友谅"。

崇祯十三年的冬天,决定由洪承畴统率八总兵东征。本来的计划是调兵十五万。这个数字是不小了。承畴奏称"行间兵数,多多益善,敢曰不善?但兵行粮从,所费浩大,必先算粮刍,足支一年,然后会兵,各镇庶无饥饿"。最后决定发兵十万,马四万,骡一万。连骡、马计算,也可称为十五万。

这是对付外患的。对付农民军,早些时候由杨嗣昌负责。嗣昌以内阁大学士的名义南下,他本来看到安内和攘外不能同时并行,因此主张安内必先和外,但是这个政策不能公开提出,所以尽管他由陈新甲背地进行,但在表面上还是主张攘外。卢象昇就吃了这个亏,因此他在畿南对外作战中,嗣昌把他的兵力拆散,军队削弱了,象昇还得应付向南推进的建州军士,终于葬送了自己的性命。象昇战死了,建州的军队也在饱掠以后逐步北撤。

在建州北撤以后,嗣昌的任务是和张献忠的部下作战。嗣昌并不是一无所长,由于他得到思宗的支持,他提出十面埋伏的作战方略,终于把献忠的部队逼向四川。献忠在玛瑙山吃过一次败仗,把精锐都丧失了,但是他在川、鄂边界上,收拾散亡,重新打开局面。到崇祯十二年,嗣昌、献忠二人就在四川境内展开了战斗。献忠的作战是向自己负责的,打了胜仗就前进;打了败仗,不妨收拾残余,重新斗争。可是嗣昌是要对思宗负责的:打了胜仗固然好,打了败仗就得拿性命偿还这一笔血债。在他和献忠作战中,把献忠逼入四川,这应当算是一份成绩,可是把张献忠逼入四川,在他这里固然舒了一口气,在四川便感到切肤之痛。这还不会激怒思宗。可是献忠在出川途中,杀了襄王朱翊铭,这便成为失陷藩王的罪名。这件事献忠也很清楚,所以在他俘获翊铭的时候,给翊铭酒宴,他说:"你没有罪,可是我得借你的头颅给杨嗣昌一个失陷藩王的死罪。"翊铭喝了酒,献出了自己的头颅。嗣昌追踪献忠,进入四川,打一些胜仗,可是献忠的军队并没有垮,现在又出川进入湖北、江西,嗣昌却背上了一个失陷藩王的罪名。这时候,他又听到洛阳的陷落,福王被杀。崇祯十四年三月一日嗣昌死。《明史》卷二百五十二说他不食死,《国榷》卷九十七说他自经。总之他是自杀了。

明朝的两面受敌,是一个无可挽回的命运,但是即在这最后的关头,还得和死亡斗争。承畴的出师,正是在四川紧急时。承畴至松山,建州的大军也自义州大举反攻。兵部尚书陈新甲主张兵出击。承畴估计自己的军队,虽然号称八镇,只有白广恩、马科、吴三桂三镇军队敢于进攻,其余的五镇只能配合作战,因此不主张分兵。特别提出可守而后可战的主张,略谓:

……久恃松、杏以资转运,且锦守颇坚,未易撼动。若敌得逾今秋,不但敌穷,即朝鲜亦穷矣。此可守而后可战之策也。今本兵[1]议战,安敢迁延,但恐转输为艰,鞭长莫及,国体攸关;不若稍待,使彼自困之为得也。

这一个主张,是得到思宗同意的。但是兵部尚书陈新甲还是主战。特别是职方郎中(职方司是兵部主持作战计划的,郎中是司的长官)张若麒躁率喜事,见小胜即谓围可立解。新甲立即通知承畴,他说:

……近接三协之报,云敌又欲入寇,果尔则内外交困,势莫可支。台臺出关,用师年余,费饷数十万,而锦围未解,内地又困。斯时台臺不进山海,则三协虚单;若往辽西则宝山空返,何以谢圣

---

[1] 即兵部。

明而副中朝文武诸人之望乎？主忧臣辱，台臺谅亦清夜有所不安者。

承畴同时又奉密敕，敦促克期进兵。这时新甲推荐马绍愉为兵部职方主事，出关赞襄。承畴是大帅，但是在若麒、绍愉两人的敦促之下，这就完全打破了持久战的策略。七月二十八日承畴进兵，二十九日抵松山。他看到建州部队驻扎在乳峰山之东，下令部下驻扎乳峰山之西，和建州对峙着。乳峰山距锦州五六里，俯视锦州，如在几席，炮火相应。这里还有东、西石门，承畴进兵以分敌势，使其腹背受攻。承畴又立车营，外边再加一道木城，建州部队更受到威胁。在这次战争的前夕，自建州营逃出的俘虏，曾经说起，建州部队因为粮食紧张，骑兵每天还吃到两顿，步兵只能吃到一顿，正因为紧张，因此声言进犯三协，故意夸大进兵的局势。承畴原想再坚持一段时间，可是兵部陈新甲听从张若麒、马绍愉的主张，仍在不断地催促进兵。

现在的问题是切断供应的问题。从锦州到松山，中间隔了乳峰。建州的策略是切断明人的饷道。敌人在松山进行包围战，这就必然要影响明兵的士气。

承畴召集部下进行会议，和他们讨论撤回宁远就饷的策略。他说："敌人正在调动新旧兵力，对于我军交替进攻。我军既然出兵，也利在速战。各人应当率领所部，并力一战，本人亦当身临前敌，胜败在此一举。"

明军诸将主张撤回宁远就饷，意见不很一致。

晚间，张若麒给承畴捎来一信，提出："我兵再胜，今日再鼓，亦不为难，但松山之粮不足三日，且敌不但困锦，又复困松山。各帅既有回宁远再战之议，似属可允。"

若麒在前方所起的作用，是什么呢？不当进战的时候，他在促进；应当固守的时候，他又促退。承畴在作战中度过了不少的年月，现在确实感到为难，只有再一次和部下会议。

洪部的几位总兵，各人提出自己的意见。有的主张当晚开仗，有的主张明日开仗，有的主张先行退兵，以备日后再战。

承畴看到不同的意见全部摊出来，他激昂慷慨地说："诸位都曾提出要报效国家，今天就是报效的一天。即使粮尽被围，也应当和部下说起：战亦死，不战亦死。只有努力作战，才有侥幸万一的希望。我已经决定孤注一掷，希望诸位好好努力。"

会议散了，承畴正在送到会的几位总兵出帐，总兵王朴赶上一步，带领部下先逃。这一下大众都溃退了，马兵步兵，你踩着我，我踩着你，弓、甲等武器，扔得满地。远远看到火光，认为那里就是敌人，他们走不向前，只有向后退，可是退下的时候，恰恰为建州兵队所乘，于是来了一个大崩溃。

这一晚曹变蛟、王廷臣突入松山，辽东巡抚邱民仰发誓要和承畴同守。当晚承畴决定用三分之一的兵力守城，三分之二的兵力突围。第二天突围的兵力冲出去了，到了尖山石灰窑被建州部队阻击。明兵奋力死斗，建州兵暂时退却；可是不久就进行了大包围，明兵决计退回松山，可是路截断了，要回也回不成，只能向海边靠拢。一阵大潮来了，大部分的残部被浊浪吞噬了，只剩余了二百余人。白广恩回松山了。张若麒、马绍愉搞到一条渔船，逃回宁远，这两位负责作战计划的正在计划着怎样把一切责任都推给洪承畴。承畴呢，他和白广恩计议，如何走小凌河，进袭建州老营。这个计划又失败了，承畴和部下只能死守松山待援。

洪承畴是有作战经验的，他知道怎样组织进攻，怎样组织守城，现在他在松山死守，准备在增援的军队到达以后，重新反攻。但是从秋后待到冬天，崇祯十四年过去了，他还得等待，直到崇祯十五年二月，松山终于陷落，他的部下副将夏成德把他缚了献给建州。巡抚邱民仰、总兵曹变蛟都被执不屈，终于被杀。总兵祖大寿守锦州年余，三月城亦陷。松山、锦州陷落以后，建州向杏山进兵，杏山亦陷。

松山、杏山、锦州的陷落是明朝和建州的最后一次决战。在这次战争以前，建州的力量虽在不断地壮大，但是明朝还能组织几次强大的力量予以有力的回击。洪承畴的进攻，应当说是明思宗在起义军队不断进攻，中原广大地区已经拖得筋疲力尽的时候，做出的最后一次努力。洪承畴即使在投降建州以后受到全国人民的唾骂，但是他在出兵的时候，确实是一名不可多得的人才。思宗一边重用洪承畴，给他以反攻建州的重任，可也听信陈新甲冒昧进攻的主张，以至纵容张若麒、马绍愉的盲目督战，终于造成不可弥补的损失。洪承畴后来的屈膝求生，固然是无可解释的罪行，但是对于这最后一次重大的失败，责任主要还在思宗。

在洪承畴死守松山时，周延儒在崇祯十四年九月进京，奉命仍直文渊阁。延儒的复出，据杜登春《社事本末》，完全出于复社首领张溥的密谋。在温体仁罢免以后，杨嗣昌、薛国观相继主持国政，复社中人松了一口气，但是还不能放心，最后由张溥和钱谦益、项煜等人共同策划，派干仆王成贻带了七封书信直向北京吏部文选司郎中吴昌时投递。文选司是专管人事工作的，郎中是主要负责人员。当时的制度，是人事调动，主要必须通过文选司，因此吴昌时的地位特别重要。为什么要带去七封信呢？这七封信很可能是同样的字句，分别藏在各式各样的衣服行李当中。带去的时候，都扯碎了，这样即使在进京的当中遇到搜检，也不会发生意外。到京以后，再把碎片掏出来，重行装裱，这在当时称为蘘衣裱。吴昌时看到蘘衣裱的来信，当然也看到一份重重的厚礼，这是《社事本末》没有提到，我们可以从周延儒、吴昌时、钱谦益的为人推测的。崇祯十四年二月去信到京，四月召用周延儒，九月入朝，仍直文渊阁。不幸的是张溥就在四月逝世，因此对于这次密谋的结果，他是无从知道了。

从这段记载里，我们看到复社和东林不完全一样，东林只是一些比较保守的士大夫讲学的机构，并不具备政党的条件。复社是一个有组织、有领导的政治组织，人品很不一样，他们的力量，可以从弯弯曲曲的线索直达最高的领导阶层，对于政治起极大的作用。其次，复社的领导的人物，无论他们怎样打扮自己，有些简直不堪设想，后代把复社看成是一个纯洁的组织，就脱离了现实。最后，我们也可以看到，思宗的后期，盲目地发展锦衣卫等这一类的特务组织，正和他的曾祖父世宗一样，当时的中央成为双重性的领导。世宗在前朝是皇帝；在后朝是道士的领袖，最后受到道士们的愚弄。思宗在前朝是皇帝，在后朝是特务组织的领导，最后受到特务们的愚弄，终于亡国自杀，把自己的生命偿还了这一生的血债。不幸的是当时千千万万的人民，包括陈子龙在内，都成为这一种畸形发展的牺牲品。

崇祯十五年元旦，无论松山前线是怎样的浴血抗战，北京城里的文武大臣照例举行庆贺大典，文武大臣都在殿前肃立称贺，思宗召大学士周延儒、贺逢圣、谢陞上殿。他们东向肃立，思宗从御座下来对他们一恭到地。皇帝说："自古圣帝明王，尊师重道，诸位都是我的老师，请受我一揖。自今而后，如何调和燮理，奠安国家都要倚靠诸位老师。"当时的思宗，确确实实希望他们能够做出一番事业。

当前最吃紧的事业，还是松山前线。洪承畴和他的部下死守战线已经好几个月了，他们正在日夜盼望内地的支援。是不是还有支援的能力呢？到前线去的十万大军，是在中原战火连天的当中，挤出来的一点最后的力量。当然建州也是把所有的兵力投到战线。可是现在建州是取的攻势，而洪承畴在几次失败以后，前线的兵力垮了，只能组织最后的力量，拼命死守。怎么办呢？宁前道副使石凤台听说建州有意讲和，就派人去联系，回来的报告，说是建州首领皇太极也是愿意讲和。石凤台得到这个消息，立即向北京报告。思宗认为他没有得到朝廷指示，擅自派人接洽，立即把凤台监禁起来。

但是当前的问题并没有解决。思宗和这三位大学士讨论一下。

周延儒是状元宰相，正和宋末的文天祥一样，但是人品全然不同。天祥写得一手的好文章，平时经常自称状元宰相，不无一些矜张，但是他把国家的一切艰苦工作，双肩挑起，从来没有喊过一声辛苦，最后在北京的刑场，用自己的头颅，给后人以做人的最好榜样。周延儒不同了。他的作品我没有读过，想来既是状元，文章一定会作的，可是他爱的是金银财宝，后来他也带过兵，可没有打仗，只把建州入侵的部队连同他们掳获的胜利果实，一路送出长城，最后的结果是建州部队在长城边写上四个大字"不劳远送"，而思宗却赏他一根绳索，由他自尽。状元宰相和状元宰相是不一样的，正如常人和常人也是不一样的。

贺逢圣是一位忠厚老实的长者，他没有什么主张提得出，正和周延儒没有提出一样。但是也有不同之处，周延儒是不敢提，贺逢圣是不知道怎样提。

谢陞在石凤台下狱的时候，就和同僚说起松山前线的事，他认为我们的力量消耗已尽，凤台的主张暂时松一口气是对的。内阁的共同主张是松山前线久困，兵不足援，非用间不可。

在这一天思宗问起他们的主张，他们共同主张用间。

思宗说："松山被围，已经半年，一些消息也不通，还谈什么用间？可和则和，不妨便宜行事。你们看怎么样？"

谢陞的答复很简练，他说："彼果许款，款亦可恃。"款就是和的别称。

求和的策略既经决定，由思宗吩咐兵部尚书陈新甲秘密行事。新甲推荐兵部赞画主事马绍愉可遣，思宗立即升绍愉为职方郎中，赐二品服，赴建州前线，探求讲和的线索。一切都在秘密进行中。

前线还是很紧张，洪承畴在苦斗中支撑，朝廷可能忘却他们，但是朝廷已经到了无力支援的境地。承畴唯有苦撑。

延儒并没有忘却他的主要任务。无论复社和黄道周的关系怎样，但是复社为了收拾人望，必然要支持黄道周，他们策划周延儒的起用，主要目的是这样。延儒上台以后，就为道周说话，道周在狱中的生活，开始得到改善。

八月的中旬，思宗和延儒谈到南宋的情况，慨叹了一声，说起："现在怎样能有岳飞这样的将才！"

"是啊，"延儒说，"岳飞确实是一位名将，但是史册叙述岳飞的为人，说他如何打败女真，可能也有一些夸大。即如黄道周的为人，日后史册记载，也难免说这样的人才，没有得到重用，天下都感到可惜。"

思宗没有作声，时间在静默中度过了。

待到思宗回宫以后，立即传旨，释放黄道周，仍以东宫少詹事录用。

陈新甲通过马绍愉，正在秘密进行议和的工作。这是一件非常艰苦的任务。在松山、锦州节节失败以后，建州是战胜者，明朝是战败者，因此明朝受到建州的侮慢是必然的，条件也提得很苛刻。双方商定陆地以宁远东双树堡为界，海上以长山岛为界。每年建州输人参五千两、貂皮五千张；明朝给以黄金一万两、白银十万两。当然这只是初步的计划，仍待双方最高当局的批准。

这一切都由新甲暗中进行，但是消息已经透露出去了。御史们正在商量提出反对议和的主张，有人和谢陞说起。谢陞说："皇上有意主和，诸位不必多说了。"这是一个霹雳，于是御史们就对他提弹劾。经不起言官的攻击，谢陞罢免了，但是问题还没有澄清。

兵部尚书陈新甲是奉了密诏进行和议的，他不时有密奏直达思宗，思宗也不止一次给他手诏，中间往来已经数十次。思宗吩咐要绝对保密，新甲当然也是遵命照办。

一天，马绍愉来信，密报交涉情况，新甲看过以后，因为有事，把密报放在案上，恰巧那时邸报（当时北京的报纸，由官方支持）的记者到了，陈家的仆人认为这只是塘报（当时的地方公报）的消息，没有什么不可以发表的，把马绍愉的来件交给他。不久以后，马绍愉的来往信札全部公布，北京城内都震动了。给事中方士亮首先提出弹劾。思宗看到这一道奏疏，愤恨极了，立即责令新甲自陈。偏偏新甲认为这是奉过上谕的事，不但不自己引罪，反而自称有功。思宗更激动了。七月中马嘉植再行提出弹劾。思宗立即把陈新甲监禁起来。这一次陈新甲慌了，上疏认罪，请求宽恕，思宗仍然不许。新甲在惊慌中，到处进行贿赂，请求斡旋。有两名亲近的言官为他请求刑部侍郎徐石麒进行缓颊，石麒不允。有人请大学士周延儒、陈演讲话，他们都在思宗方面进言了。

他们提出国法的规定，敌军不包围北京，不杀兵部尚书。

思宗说："其他姑且不论，在陈新甲兵部尚书任内，宗藩先后被敌人戮辱者七人，那不比包围北京的情况更严重？"

新甲的进行和谈，是奉了思宗之命行事的，这条密旨不能提出，最后只能以他的颈血，来清洗他的罪过。

就在这一年的十一月建州再行进兵。他们丢开山海关，仍由墙子岭、界岭、青山，一直向南面猛扑过来。进入长城以内，他们陷落迁安、三河，进犯平谷，受到一些挫折以后，再行分兵，一支直趋通州，一支由柳树涧直趋天津。北京情况吃紧了，立即戒严，下令勋臣分守九门，同时号召各省军队开向北京，当时称为"勤王"。建州兵向真定、河间、香河进兵。不久以后，再分向临清、霸州、长芦、文安、景州、东昌、莘县、馆陶、高唐。十二月进陷兖州，执鲁王以派，以派自经。建州兵再进入蒙阴、泗水、滕县，围赣榆，陷峄县。

十六年再攻滑县，趋东昌，攻德州，陷顺德。到四月间折回，经宝坻，至琉璃河。这一次建州兵在北京、山东，南到现在的江苏境内，兜了一个圈子，他们把可以掳掠的掳掠了，可以破坏的破坏了。最后才做出退回东北的计划。

周延儒对于建州饱掠欲归的情况是了解的，四月初他自请督师抵抗敌人。襄城伯李国桢这一位勋臣也是了解的，他请求选取勋旧子弟率同精锐兵士出击。这是报国的举动，是应当鼓励的。思宗一概批准。皇帝还在武英殿赐宴大学士周延儒。状元、宰相，现在又是督师，一切的光荣都给周延儒占有了。

五月，周延儒报称打了一个胜仗，杀死敌人一百有余，虽然不是太多，但确实是一个胜仗。把敌人打垮了，还不算是胜仗吗？事实上，当时的边墙到处被建州兵拆毁了，子女玉帛，可以带走的都被建州兵带走了。沿边的出入大道，日日夜夜正被这种不同寻常的运输物资占有着。

就在这个月里，周延儒因为追逐敌军有功，赐金币。延儒奏称中夜自顺义直抵密云，促各督抚追逐敌寇，现在完全肃清。思宗吩咐内阁特拟温旨，加以慰勉。不久以后延儒入见，升太师、中极殿大学士，荫一子中书舍人。光荣到了极顶。可是接下就是言官提出延儒蒙蔽欺君。思宗还为延儒留下一条出路，诏书说："首辅周延儒朕所敬礼，不谓蒙蔽推诿，朕不忍，尔等从公实奏。"四天以后思宗勒令周延儒致仕。有旨："周延儒佐理多年，朕不能尽其谋猷，体谅志向，皆朕之过，仍赐赆驰驿。"延儒临去的时候，还推荐蒋德璟、吴甡可任内阁大臣。这一切都是五月里的事。六月里兵科给事中郝絅劾吏部文选郎中吴昌时，礼部祠祭郎中周仲琏。他在疏中举出：

>……二人窃权附势，纳贿行私，为周延儒干子。内阁票拟，事关机密，事事先知。初推选部，昌时语人曰："允矣，三日当下。"及引疾待旨，语人曰："已准回籍调理。"昌时何豫知如此？总之，延儒多欲则不刚，有用而无体，智足以掩过而忠不足以谋国，思窃附于君子而不决去乎小人，见忠直虽援护而实远之，见邪佞虽亵慢而实昵之，是以辜负知遇，耽误封疆，则延儒天下之罪人，而昌时、仲琏又延儒之罪人也。

崇祯十六年十二月，周延儒赐死。

在周延儒赐死以前的两个月，崇祯朝的又一员大将孙传庭死于潼关。传庭代州人，万历四十七年进士，崇祯八年官至陕西巡抚，十一年十月，建州兵入关，北京戒严，召孙传庭、洪承畴入卫，以传庭代卢象昇为总督。当时兵部尚书杨嗣昌的主张，是把陕西来京的军队全部留下守蓟州和山海关。

杨嗣昌的主张是不是对的呢？很难得一个结论，因为当时的朝廷处于两面作战的地位，既要防起义的人民，又要防入侵的建州。顾了这一头便顾不得那一头。究竟顾哪一头呢？当然尽急的一头先顾。杨嗣昌主管兵部，他只能这样做。但是传庭是陕西总督，他不能不考虑陕西的问题。

传庭说："陕西的大军一经出关，是留不得的，留了以后，陕西没有军队，实际是为了李自成撤兵，对于蓟东没有好处。可是留在蓟东，其势不是哗变就是逃亡，不为我用，势必反为敌人所用。这是大局安危所关，不能不考虑的。"这一番主张，嗣昌听不得，传庭叹了一口气，耳朵也聋了。

崇祯十二年，思宗命孙传庭总督保定、山东、河南军务。传庭上疏请求陛见。嗣昌大惊，认为传庭陛见的时候，势必揭穿自己的阴谋，立即上疏，指出孙传庭的耳聋只是托病，不是真聋。思宗发怒了，命巡抚杨一儁当面验看。一儁说传庭的聋是真的，不是假的。思宗激怒极了，这就把传庭和一儁同时监禁起来。

在这个国事危急的当中，监狱倒是比较安静的，传庭就在这里休养了三年。好在当时的大臣，下狱的不仅是三两个，传庭也乐得安闲，倒真的把耳聋的问题解决了。崇祯十四年，李自成的大军破南阳，杀唐王，再陷许州，攻开封。周王恭枵、巡抚高名衡守开封。崇祯十五年正月，思宗释传庭，命为兵部侍郎，督京军救开封。各方的军队都来了，开封解围。这时陕西总督汪乔年被杀，思宗派传庭为陕西总督。传庭认为总兵贺人龙遇敌先溃，连丧总督汪乔年、傅宗龙二人，因此在这年五月初一日召人龙议事，随即把人龙杀了。经过这一次的决策，传庭的威名大震，他募集新军，准备大战。可是李自成已经再一次把开封包围了。思宗命传庭东征。传庭上奏，军队没有经过训练，没有作战的经验和把握，可是思宗调哪一支军队救开封呢？他只有敦促传庭进兵，传庭也只有带兵出关。没有训练的军队凭什么打仗呢？思宗顾不得，只是不断地敦促。传庭也顾不得，上边有不顾一切的皇帝，他只要传庭带兵支援开封；下边有不少的陕西在京的京官，他们只要把大兵调出潼关，减轻陕西的负担。传庭呢，他在北京狱中的三年生活，使他不再愿意重行回味。他不顾一切地去了，临行的时候，传庭对着张夫人，顿足叹了一口气，他说："这一仗未必就能打胜，可是大丈夫哪能再行入狱，和狱吏见面呢？夫人，你自己斟酌吧！"

"用不着担心，"夫人说，"大丈夫只要考虑国家的大事，用不着担心家中的事故，这一切不用放在心上。"

八月，传庭的大军出了潼关，旌旗兵甲一连数十里。打开汝州，破宝丰，直捣唐县。再进陕县。这时大雨倾盆，泥泞深达数尺，粮车日夜催促，行不足三十里，远远落在军队的后面。人马都饿乏了。抬头一看，迎面就是陕县。

军士们看得清楚，打破陕县就是粮食。他们很快地把陕县打下了，可是城里没有粮食，好在有的是马和骡子。他们把这些都吃光。雨还是哗哗地下着，七天七夜没有停。粮食吃光了，马和骡子作为军粮也吃光了，雨下得再没有停。九月十七日，汝州兵变的消息传来了。孙传庭看看粮草已断，没办法，下令撤回迎接粮食。陈永福督后队，后队乱了。李自成的军队从后面打过来，孙总督下令开仗，这一下打得硬，把起义的军队打破了三阵，可是对方的马队拼命地冲过来，孙传庭的阵脚站不住了。这整整的一天一夜，官兵在前面跑，起义的军队在后面追，一共跑了三四百里。兵器、辎重，一切可以抛弃的东西都抛弃了，满山满谷，都是败兵和给养、武器和车辆。

这一次的大败是铸定了。四万的士兵，全部伤亡。李自成赶过了潼关、华阴，最后追到渭南。十月初六日，两军接触了。孙传庭和监军副使乔迁高看到胜利的阴影已经很渺茫了，屈服当然是谈不到，他们带同自己的随从，大喊一声，冲入包围的队伍，他们战死了。孙传庭是当时统治阶级的一员，但是他的死是一个英雄的死，是面向死亡而不甘屈服的死。

当时有名的诗人、陈子龙的朋友、复社成员吴伟业有一篇《雁门尚书行》，写到孙传庭的一生，他在篇首就说：

　　雁门尚书受专征，登坛顾盼三军惊。
　　身长八尺左右射，坐上咄吒风云生。
　　家居绝塞爱死士，一日费尽千黄金。
　　读书致身取将相，关西鼠子方纵横。
　　……

以下叙述到北京使者的督战：

　　……
　　忽传使者上都来，夜半星驰马流汗。
　　覆辙宁堪似往年，催军还用松山箭！
　　尚书得诏初沈吟，蹶起横刀忽长叹：
　　"我今不死非英雄，古来得失谁由算？"
　　……

什么是松山箭？洪承畴进军关东时，由于张若麒、马绍愉的督战，最后落得松山失败的，就是这一支传令箭。伟业这首长诗，沉痛悲歌，到将近结束时，忽然掉笔一转，写出孙传庭的悲痛：

　　……
　　回首潼关废垒高，知公于此葬蓬蒿。
　　沙沉白骨魂应在，雨洗金疮恨未销。
　　……

这是一首动人心弦的哀歌，虽然伟业的晚节是有问题的，但是这首诗确是好诗，把孙传庭的心事和当时的具体情况都提出了。松山箭一句更指出急于求成以致造成不可弥补的失败,思宗的心思正和张若麒、马绍愉一样。失败和亡国的责任,究竟落在谁的身上,不是一清二楚吗?

子龙在明末军事节节失败以后,有一篇《文将、武将》的作品,大旨以为临阵陷坚固然需要武将,但是运筹帷幄,主要还得倚靠文将。文将这个名词,是比较少用的,但是确实有它的重要意义。明代末年的武将,真正担负得起方面重任的,非常少有,因此方面之才,不得不倚重文人。清康熙帝曾经说起,思宗之后,常用文人担负方面大员,他们只会作几篇八股文章,怎样担负得起战争的重任?这当然说得很具体,但是也不尽然。思宗以后,所用的方面大员,如汪乔年、蔡懋德,甚至如熊文灿、陈奇瑜之流,他们固然有负国家的委任,但是八股文的作家,不是没有人才的。这里我们必须理解以八股培养人才和以八股求人才是两种不同的概念。以八股培养人才,这是错误的,因为八股不能培养人才,因此在这个概念之下,正和缘木求鱼一样。以八股求人才,这就完全不同了,因为人才的培养是多种途径的,求人才只是一种片面的追求,因此,求得的可能完全不是人才,也可能同时是会做八股的人才。明代有名的大臣,如于谦、王守仁、高拱、张居正,哪一个不是由八股出身?即以谙练军事、有才有守的重臣而论,如项忠、杨博、谭纶、朱燮元又哪一个不是由八股出身?我们应当知道八股不是培养人才的方法,但是熟谙八股的人士之中,同样也会有折冲御侮的人才。子龙所说的文将,乍看是有些意外,实际是确有所见的。

从思宗这个时代看,我们见得确实可以称为大将之才的能够举出四人:孙承宗、卢象昇、洪承畴、孙传庭,其他如负气傲物的熊廷弼、操切从事的袁崇焕,尚不在内。

孙承宗确实是一位大将之才,在建州崛起之初,他即以内阁大臣之重任,出关督师,击退外侮。及至建州拆毁边墙,大举入侵,永平、遵化全部沦陷以后,他奉命收复失地,终于手提冀东全区,归还建置。他不辞劳苦,不居功,崇祯四年十一月解职家居,及至十一年建州大举内犯,他率同全家,死守高阳,终于自杀。在崇祯年代,这是一位功高德劭的完人。

其次是卢象昇,奉命率兵抵抗建州部队的入侵。在杨嗣昌、高起潜的阴谋下，他的部队被一再削弱了，最后只能以区区数千的军队，和新起的建州大军作战。当然，他可以率部退入广顺的区域，结合当地的广大人民共同作战，但是当时的思宗是不会由他相机做出有利国家的行动的，因此他只能面对死亡的威慑，作孤注一掷的决死战。死亡就在眼前，他跃马横枪向命运挑战，终于赢得了光荣的死亡。

最可哀痛的是洪承畴，他是当年的一位能臣，在松山作战失败以后，投降建州，以后随同大军入关，平定江南、湖广以至滇黔。最后正如《清史稿》卷二百三十七所说的："桂王既入缅甸，不欲穷追，以是罢兵柄。"他在《清史列传》本来是在《贰臣传》的，《清史稿》取消了"贰臣"的名义，这是"宽大"。是不是将来还有其他的看法呢？我不知道，也没有为他辩白的道理。但是在他和李自成作战的时候，他的能力是不可否认的；及至调到关东作战，他主张持重，不急于求战，也决不主张放弃，他的策略是不可否定的。松山战役的失败，负直接责任的是职方郎中张若麒，承畴没有把若麒的冒进策略加以否定，他也是有责任的，但是若麒的红旗督战秉承中朝的意图，读史者都可看到，所以失败的主要责任，不在承畴。无论他后来的生活历程如何，在崇祯时代，他不能不算是一位大将。我们在读到江淹《恨赋》这几句："至如李君降北，名辱身冤，拔剑击柱，吊影惭魂，情往上郡，心留雁门，裂帛系书，誓还汉恩。"不能不为李陵感到委屈，但是对于承畴，由于他后来的平定江南、湖广以及滇黔，那是另当别论了。

对于孙传庭，我们不可能不承认他是一位大将，可惜的有两件：第一，他是一位封建时代的将军，他知道如何效忠于当时的统治者，但是他不知道他的对方只是一群受到官僚地主阶级的压迫，铤而走险的人民，对于人民作战，无疑是错误的；第二，在出关作战的时候，明知道这是一群没有受过必要训练的队伍，但是他没有进行抗拒，由于经受不了在朝的陕西籍官吏的起哄和思宗的督责，面临着失败的必然到来，而仓促应战，终于一败涂地。"回首潼关废垒高，知公于此葬蓬蒿"，诗人的哀歌，正传达了千古的辛酸。

思宗的时代确实是有大将之才的，然而都被思宗一手葬送了。一年以后，思宗最后留下的两句："朕非亡国之君，诸臣皆亡国之臣。"倘使我们认清当时的时代，我们对于上一句不能不慎重考虑，对于下半句，也无法做出全部的肯定。

经历了崇祯十六年的年底，我们可以看到思宗已经到了无路可走的时候，他有国内的和国外的敌人。这两种敌人之间有不可调和的矛盾，他们也没有考虑到如何调和，可是无意之中却得到最密切的配合。建州的侵略来了，思宗集中兵力应付建州，李自成、张献忠就得到扩大的机会；李、张的形势紧张了，思宗集中兵力应付李、张，建州便有时间稳定获得的新区，作为下次作战的基地。是不是可以对于一个方面争取妥协，以便集中兵力打击另一方呢？思宗是这样想过，杨嗣昌、陈新甲，乃至谢陛、袁崇焕都这样想过，但是走不通，因为建州的统治者经过一次有利的战役，他的要求便提高一次，苏洵《六国论》说过："六国破灭，非兵不利，战不善，弊在赂秦。赂秦而力亏，破灭之道也。"这一点大家都明白，思宗也明白。崇祯十六年底这个情况大家都明白，但是谁也不愿意提出。那么是不是可以和李自成、张献忠取得一个协商的办法呢？当然谈不到，思宗对于建州，固然谈不上什么君臣之义，因为建州本来只是一个边外的部落，明人一向把这个作为朝贡国来看。"朝贡"只是一种阿Q式的官话。当然，建州的首领曾经作为龙虎将军，由明朝颁赐，但是那也算不得数，因为他们来了，称为将军，去了还是做他的贝勒，并不受朝廷的节制。所以对于建州，若是取和解的形势，思宗还可以咽得下，可是对于李自成、张献忠，那就完全两样了，他认为这些人只是叛逆，是不可调和的。怎么办呢？从崇祯十六年的冬天，周延儒死了以后，思宗对于当前的形势不能不明白了。在他头脑里不断地摇晃着这个大大的问号。

崇祯十七年二月二十八日，思宗命令五府六部大臣分别条陈战守事宜，自己在文华殿守候着。这一次是在召见之后，给大众一个从容考虑的机会。过了一段时候，条陈收齐了，主要是两条：第一条是南迁，第二条是由东宫太子先到南京。

思宗看到这两个条陈，没有一条谈到怎样保卫北京的策略，实在令人愤怒，但是到这时期，再要保卫北京，没有足够的兵力，也实在谈不上。愤怒的结果是颓丧。二十八日的会议，最后化作纸上的空谈。

南迁是不是一条策略呢？当然是，因为北方已经残破了。冀东、畿南都是久经建州的破坏，生产和人民的精神受到各种各样的摧残，实在无力担负再一次的战役，更谈不上经受建州和李自成的轮流进攻。但是要南迁也得考虑南迁的策略。从北京到南京，从现代的交通情况看，铁道交通不足二十小时，飞机不过三小时，可是从当时的具体条件看，私人来往动辄需要一两个月，更谈不到大量的官书文物、武器装备，没有半年的时间是办不到的。当时能有这段必要的时间吗？战事的发动是必然的，但也是不能预定日期的，因为战争的主动权不在思宗手里。南迁是一件大事，没有充分的思想准备、物资准备和实力准备是办不通的。当时有准备的时间没有？还有畿南和鲁西都经过建州入侵军队的大规模破坏，当时有没有经济条件，作出恰如其分的供应？有没有武装力量，防御旅程中可能遇到的突然袭击？思宗也不可能不考虑到南方人民对于成祖以下这一支的思想感情。太祖去世以后，因为太子早死，由太孙建文帝袭位，可是太祖的另一个儿子朱棣把建文帝搞掉了，自己做皇帝，成为后来的成祖。南方人民对于成祖这一个系统是没有感情的。事态已经过去了二百余年，但是感情不一定就扭得转，这是思宗要考虑的。还有，整个明代对于江南的人民，特别苏、松这一带进行过残暴的压榨。这一点，明代的最高统治者都明白，所以规定江南人民不得担任户部长官，唯恐他们了解中央政权怎样对于江南人民的压榨。除此以外，还有一条，思宗控制朝野官吏，有他的锦衣卫和内监，这是他的特务机构。这个机构使得人人自危，可是思宗正在充分地运用，没有感觉到有任何的不便。现在要是搬迁，这个机构是不是可以保存下来？这些问题正在思宗头脑中打转。群臣提出南迁激怒了思宗，他也感觉到北京的不安，可是怎样处理南迁的问题，他无法解决。朝廷大臣，有哪个能为他考虑这些问题，安排一个妥善的策略呢？思宗的愤怒转变为忧虑，他只在文华殿里沉吟。

　　还有那个太子慈烺监抚南京的问题呢，在大臣们提出这个问题的时候，都以为思宗既然一时不能离开北京，那么由太子先往南京作为一个策略，完全符合古代"从曰抚军，守曰监国"的要求，而且先到南京，立下基础，可以支援北京的父亲，不能不算是一个两全的策略。但是这只是一句空话，太子才十六岁,他懂得些什么?固然,崇祯即位的时候,不过十七岁,比现在的太子只大一岁,可是思宗是在熹宗那个患难的时代长大的,患难是人生的一位最优秀的教师,因为它能够锻炼人,所以古人说:"生于忧患,死于安乐。"思宗的时代虽说不上是怎样安乐的,可是思宗把国家的一切艰难留给自己,他从没有把这些问题去压迫一个成长中的孩子。现在要把国家的二把手的地位交给一个名为十六岁的孩子,这事能行吗?思宗正在咀嚼这个问题,我们不需要下什么结论。

关于太子的品德究竟怎样,我们没有可靠的材料,因此不能做出结论。北京沦陷以后,南京出现了皇太子,这个是真是假,我们没有可靠资料,不能确定;可是北京也出现了一位皇太子。可能一位是真的,也可能都是假的。崇祯十六年礼部尚书林欲楫上《东宫端本箴》。箴是古代文学的一种文体,《文心雕龙·铭箴》篇说:"箴全御过,故文资确切。"这是一种告诫的文体。林欲楫警告太子慈烺"勿荒于逸""勿惑众咻""勿谓未壮""勿谓具陈",我们不能据此认为太子有什么缺点,但是也不妨认为太子还需要积极的培养,因此可以断言由他到南京去,奠定明朝的南部,支持明朝的北部,一时还谈不上。

第九章
北京失守前后

三月十九是思宗自杀的那一天，他为了进行对于关外作战横征暴敛，他下急自是，激起民愤，最后不得不走上自杀的道路，但是一经自杀，他的死亡就是他的新生，他是人民对敌作战的象征。

崇祯十七年的春天，太阳照样地出来，地球照样地运转，但是北京城里充满着不祥的气氛，仿佛世界已经迫近末日，从此以后，又要换一番新的天地了。

这一天，李自成在西安称帝，这是大顺国永昌元年。宋献策为军师，牛金星为丞相，六部称为六政府，有吏、户、礼、兵、刑、工政府。张献忠还没有称帝，据有武昌、安庆，随时准备进入江西。

这一天还是顺治一年，建州的爱新觉罗·福临也是皇帝，是大清国的第三位皇帝。

皇帝越来越多了，人民生活也就越来越苦，因为皇帝总要争取一统，后代称为统一。要统一就要打仗，当然皇帝不会自己去打天下，打天下的总是人民，他们被迫去冲锋陷阵，打败了死的是人民，打胜了成功的是皇帝。人民还得对于皇帝感恩戴德，自称是"食毛践土"，那是说，他们吃的是皇帝的粮食，踏的是皇帝的土地。其实这是把真理颠倒过来，皇帝吃的是人民种植的粮食，踏的是人民开辟的土地。但是那时一般人都把颠倒过来的真理作为真正的理论根据。现在时代不同了，我们轻易听不到这种理论，可是1911年以前，这正是风行全国的理论，爱新觉罗这一家凭着这条理论骑在人民头上，只有不甘屈服的人会轻轻地提醒孩子："当今的皇帝只是鞑子！"这样的头脑清醒的老汉有的会看到他的孩子长大起来把热血洒向鞑子的头上。

1644年的元旦对于思宗并不是什么吉祥的节日。北京城里刮起漫天的大风,把灰土卷得铺天盖地。按照星象家的占卜,这是"暴兵至,城破,臣民无福"的预兆。

思宗看到早一年,开封城破、孙传庭战败身死的消息,把北京所有的军队调到畿南,防备李自成的卷土重来。对于建州呢,他确曾幻想过能够暂时缓和一下。缓和并不是屈服,而是暂时的停战以便把剩余的一点点财力兵力集中起来,应付李自成的进攻。可是由于陈新甲的冒失,事败垂成,最后陈新甲白白地赔出了一条性命。不过思宗究竟还有一点血性,因此即使到了最艰苦的阶段,他没有忘却把全国最精锐的军队——吴三桂的兵马留在山海关外,一边防备建州的进攻,一边也为度过最艰险的阶段,准备重整旗鼓,反攻辽沈,进行一场搏斗的本钱。思宗最后的失败,主要当然要由思宗自己负责,但是他究竟不是民族的罪人,这是山海关上崇祯十六年的题字可以证明的。

自从洪承畴叛国、孙传庭战死以后,明朝的大将之才已经一空了。马士英小有才,最后总算在浙东前线,以一死报国,姑不论其在南京中枢,卖官鬻爵,其实不是大将之才。史可法身任督师,谈不上戡暴定乱,只能局促于扬州城外,为高杰所制,不能指挥四镇,更不能进窥中原,措置乖方,甚至为幕府应廷吉所窃叹,也算不得是将才。人才一空,国家的前途那还倚仗谁呢?

思宗没有办法了,只有倚仗内监。二月间命太监高起潜、卢维宁、方正化、杜宣、王梦弼、阎思印、牛文炳、杨茂林、李宗先、张泽民、孙良弼、于朝、杨开泰分镇各处。兵部奏称各处物力不济,而事权纷挐,反使督抚借口,请求停止分遣。尽管当时的兵部尚书张缙彦只是一位庸才,但是这条意见是不错的,可是不倚靠内监又倚靠谁呢?思宗信不过任何一位大臣了。

镇守内监的命令是下了,看不到什么结果,三月间再大封诸将。吴三桂封平西伯,左良玉封宁南伯,唐通封定西伯,黄得功封靖南伯。刘泽清进秩一级,刘良佐、高杰、李栖凤、马科、马岱、姜瓖、孔希贵、黄蜚、葛汝芝、高第、曹友义、卜从善、杜名登、赵光远、杨御蕃、许定国各进一级。加官晋爵,这本是封建社会鼓励人心的一个法门,但是在国家进入死撑苦斗的阶段,加官晋爵无法激励将士的勇气,还能起什么作用呢?

这时已经进入改朝换代的年份了，但是正和人的不甘心于死亡一样，封建帝王是不甘心于自己的灭亡的。思宗想起古代帝王的又一条办法，下诏罪己。这是三月六日的事。诏书说：

> 朕承天御宇以来，十有七年于兹矣，日在冰兢，思臻上理。东人方张，流寇又作，调兵措饷，实非得已之事，乃年年征战，加派日多，本欲安民，未免重累，朕之罪也。贪官污吏，乘机巧取，加耗鞭扑，日为尔苦，朕深居九重，不能体察，朕之罪也。将懦兵骄，莫肯用命，焚灼淫掠，视尔如仇，朕任用非人，养毒致溃，朕之罪也。以致寇势鸱张，胁从愈众，如豫、楚、秦、晋，遍地流害，百姓忍怨吞声，无所控诉，思我祖宗休养尔等近三百年，至今横遭惨毒，有如此极，朕叹息痛恨，宵旰靡宁者也。今已调各路兵，天下忠愤之士，倡义勤王，有志封爵者，水陆并进，为民报仇。今与尔士民约，钱粮剿饷，已行蠲免，负买悉命停止，郡县官有私征私派，滥罚滥刑，朕不时密访以正其罪，仍察天下大小将士，战守有功，立予升赏。他如官民男妇，有节义死难者，从优赠恤。其一切不便于民之事，尽行革去，以与天下更始，毋信流言，自为惊扰。至于被害绅士及一切军民人等，一时畏死从贼，原非有心甘逆，除自成罪在不赦外，余伪官伪将，有斩渠献城之功，即授侯爵，分别世荫赏赉，愿官者一体充用，不愿官者安插宁家……呜呼，天心未改，祖德尤深，朕方罪已省愆，用贤治国，改从前之败辙，以与尔等维新。贼平之后，耕田乐业，永为王民，岂不休哉。若听讹言，怀邪疑贰，大兵一集，玉石难分，徒贻后悔，钦哉毋忽。

这一道诏书里，思宗提出了自己罪状三条，他提出了一切不便于民之事，尽行革去；大小将士，战守有功，立予升赏。作为一个皇帝，凡是可以说的他都说了。可是有什么用呢？应当说的为什么不早说？应当做的为什么不早做？自己的生命已经到了最后的关头，还对人民来一个"大兵一集，玉石难分"的恫吓，这不是太迟了吗？思宗只是一个封建统治者，即使到了死到临头的日子，还没有忘自己是统治者，人民是他的臣仆。可是人民不会忘却自己和皇帝一样，也是一位顶天立地的人；甚至比皇帝还高明一些，因为自己是凭劳动养活自己，不像统治者那样骑在人民头上，还要作威作福，要杀要剐，甚至在死到临头的时候，还要对人民进行威胁，进行欺骗！思宗对于自己这样的语言，是不是觉得可笑呢？不会的，因为统治者不仅要欺骗人民，还要欺骗自己，他总以为这样一道诏书，可以起一定的欺骗作用，但是他错了，人民的眼睛是雪亮的，他们不会永远上当受骗的。

思宗召见兵部尚书张缙彦。他问："听说真定沦陷，督师大学士李建泰遇害，你知道不知道？"

张缙彦本来是兵部都给事中，由于尚书冯元飙告病，特旨提升的。对于兵部的职掌，他原不甚了然，只能回答："不知道。"

"宫中都知道了，"思宗说，"你还忌讳个什么？"

"要是出了这样的大事，当地会有塘报的。"

"真定府城已经失守了，还有谁来发出塘报？你是兵部尚书，为什么不发人去侦察一下？"思宗说。

"派人侦察，要给工食，兵部一千钱都没有，派谁去？如今军饷无着，只有公开捐官。可是参将、游击这样的官，即使开捐，因为官太小，没有人要；副将以上，必须题奏申请，兵部没有办法，还得请皇上圣旨。"

真定离北京不远，沦陷以后，兵部一些也不知道，不要说发兵收复，连情报也没有，这是什么样的政府，张缙彦又是什么样的尚书！思宗一怒，把公案都推翻，自己回宫去了。

明朝的财务制度，有许多是我们不能理解的。户部是主管部门，首先是江南人不得当户部主管官，这是说国家的财务，有一条不能公开的原则。岁入和岁出，不但人民不能过问，主管部门也不清楚。神宗时代，遍地开矿开捐，这一切收入都直接收入内帑，户部管的是明文规定的赋税，在不敷国用的时候，只由户部奏请发给内帑。户部是皇帝的外账房，内监才是皇帝的内账房。皇帝只是和寻常人同样的人物，他管不了许多，必然有若干内监知道而皇帝不知道的事。因此崇祯末年尽管民穷财尽，而北京城破以后，不但有若干的金银相继外流，甚至到了康熙年间宫内还发现了明代的地窖。

不幸的是崇祯十七年三月间真是民穷财尽，罗掘俱穷了。思宗派遣内监徐高到嘉定伯周奎那里，请他助饷。

"没有啊，实在没有。"周奎说。

徐高眼泪都下来了，他说："皇上罗掘俱空了，连国丈都不能体谅，那再从哪里想法呢？"

周奎只是一味地推辞，想把徐高支吾出去。

"想不到国丈也是如此。国家完了，国丈即使有了银子也是枉然。"

徐高一气之下，走了。

周奎看看这样究竟不是办法，他提出愿意捐献白银一万两。可是思宗总觉得数字太小了，最好凑足两万。没有法想，周奎连忙申请皇后帮助，皇后再凑上五千两。周奎还要打个折扣，总共献出一万三千两。内监王之心最富，思宗当面和他谈及，之心献出一万。一般的内监们都在比穷，各家的大门都贴出了"此房出卖"的招贴。待到北京陷落以后，周奎家中抄出五十二万两，王之心家中抄出十五万两，金银器玩尚不在内。

李自成的大军从各方面进逼北京。八日宣府失守。思宗召庶吉士于中左门。编修陈名夏面奏淮扬要害，应当派重臣镇淮扬，练兵固守。思宗立即升名夏为编修，招募山东义勇。

思宗问户部左侍郎吴履中："大库还有多少帑银？"

履中说："还有八万。"

"这个数字仅供北京城守之用，各边月饷不能照发。"

"要是没有各边，北京也无法守城了。"履中说。

到这时候，思宗顾不得各边了。

初十日，命内监王承恩提督内外京城，蓟辽总督王永吉节制各镇，俱听便宜行事。

十二日，李自成的大军进逼北京郊外。思宗召见群臣，除了兵饷以外，什么都无法谈及。群臣除了紧闭京城城门以外，什么计划也没有。要增兵守内城，外城就顾不了；要增兵守外城，内城又顾不上。王承恩既然担负了提督京城内外的重任，一切都由承恩负责，襄城伯李国桢虽然担负团练京营的重任，可是也无法措手。

十四日，召内监曹化淳等守城。到这时候，思宗不但对于文官失去了信任，对于武官也失去了信任。他信任的只有内监。

十六日，召考选官滋阳县知县黄国琦等三十三人于中左门。

思宗问："安人心、剿寇、生财足用，计将安出？"

黄国琦说："闯寇骄横，失在招抚，当今之计首先要安定人心，其次在于用人。"

"怎样安定人心呢？"思宗又问。

"安人心不难，皇上先安定己心，就可以安人心。"

思宗在那里点头，随即又问："怎样生财？"

国琦说："日前的生财之道，靠的是捐助和加派，这都不是办法，首先应当先搜内帑，发内帑以资外用。"

思宗觉得国琦的话句句中肯，不断地在点头，随即又问："那怎样用人呢？"

"天下未必无人，但是人未必为用。"国琦又说。

思宗随即提升黄国琦为兵科给事中，正准备把其余的地方官逐一地问过来，前线的密报来了，思宗神色大变，吩咐大家退出。事情是昌平失守了。居庸关早已失守，昌平已经到了北京的西北郊外，在作战中总兵李守镰自杀。

没有办法了，思宗只有把吴三桂这一支精锐大军调回，可是三桂才从宁远调进山海关，守关的内监高起潜早已逃回西山。问题在于山海关还在数百里以外，李自成夺获昌平，去北京只有几十里。这不是思宗的布置不够周密，也不是李自成的进军出乎意外，而是思宗还考虑到关宁大军在国防前线，不愿意轻动的缘故。

北京内城、外城都有城堞，一共是十五万四千有余。京城的军队，健壮的久已出征了，留下的老弱病残不过五六万人，派去守城的内监也不足数千人。全部扑上去，一个人得守三四道短墙。守城的没有炊具，无法供应，兵饷久已没有了,每人发铜钱一百文,还得下城吃饭。要守城怎样守呢?

十七日开西直门,大批的难民从门外拥进来,要查也来不及,一切都成了自流的状态。这一天,思宗早朝,皇帝的眼泪下来,大臣们的眼泪也下来了。思宗在御案上写了十二字,召太监王之心看一下,随即抹去了。中午李自成的大军到卢沟桥,随即进攻平则门、彰义门。门外的三大营全部溃变投降了。兵车、大炮全部缴械了,随即向北京城楼开炮。守城的襄城伯李国桢闯进内城,请求面见。内监们不许前进。

"这是什么时候?君臣即使相见,为时也不久了。"国桢说。

内监问及前线的情况。国桢说:"没办法了。守城的兵士全部躺倒了,鞭起了这一个,那一个又躺下,凭什么人去作战?"

思宗把李国桢召进,国桢把所说的话重述了一遍。思宗下令内监上城守城,没想到内监们又引起了一番争执。

他们说:"文武百官干什么的?由他们去守城好了。"

他们说:"我们曾经在宫里有过内操,有训练总比没训练好一些。可是御史们说不能举行内操,因此作罢了。作罢也好,可是现在又要我们守城。我们一无武器,二无胖袄[1],凭什么去守城。"

可是也有一些人说:"我们每月坐食皇上的银子,守城效死,也是应当的。"

这一来内监们去守城了,可是他们一经上城,其他的人谁也不许再去。一位右都御史到正阳门,正想上城守望,可是在内监们的阻止下,只能止步。

十八日,李自成的大军进攻,箭像蝗虫一样地直扑城堞。有人喊着开门,不开就得屠城。守城的怕了,对城外开了空炮,轰轰隆隆的一阵,可是只有硝烟,没有炮弹,临发的时候,还和城外进攻的兵士打手势,要他们走开些。他们走了,这才开了"万人敌"大炮,不料反而打伤了自己人数十名。守城的内监退却了,城外的大军重行组织进攻,发动了对西直、平则、彰义门的攻势。

李自成对着彰义门设了御座,本来他在西安已经称帝了,这时他正坐着

---

[1] 这是明代兵士着的制服,夹层,衬棉,可御进攻武器。

督战，左右是秦王和晋王，这是两位投了大顺的宗室，下边侍立的是杜勋。这是宫中的内监，现在投了大顺。他和城上说：

"不要放箭，我是杜勋。可以放下一位来商量。"

"不是这样，请你上来，这里可以放下一人作为人质。"

"我杜勋是不怕死的，要什么人质！"他说。

王承恩正在那里，把杜勋吊上来，一同去见思宗。

杜勋见了思宗，他说："大顺的军势强大，请皇上让位。"

思宗愤怒地叱了一声："让什么？"

有些内监提出把杜勋扣留起来。

杜勋只是哈哈一笑，他说："秦王、晋王两位殿下都在对方军中，我杜勋回不了，看来两位殿下也活不成。"

没办法，只有由杜勋回去。杜勋看到送他下城的是内监王则尧、褚宪章，他说："伙伴们放心。旧皇帝用了咱们，新皇帝也要用。弟兄们放宽心，这一边吃饭，那一边也吃饭，我们的富贵是没问题的。"

杜勋去了。这是皇帝倚仗的一位内监，他毕竟也去了。但是皇帝倚仗的还是内监。兵部尚书张缙彦是庸才，始终得不到皇帝的信任，现在他不能不上奏了："臣据巡视御史王章手札云：'曹化淳、王化民诸监视，昨夜将贼杜勋等暗缒上城，恐有奸宄'，乞立赐推问以杜隐奸。"

兵部尚书不能过问北京城守的大事，从现在看来，不能不算是非常意外的怪事。思宗立即召同内阁面议，发了手诏，要缙彦上城盘诘。张缙彦去了，可是守城的内监不容他上城。张缙彦提出手诏来，这才勉强由他上城。

缙彦问："杜勋在哪里？"

"昨天晚间上城的，天刚亮就下去了。"守城的内监说。

缙彦正待进行盘诘的时候，内监们说："还有秦王、晋主两位殿下，也准备上城进行商谈。"

"他们已经向李自成投降了，还商谈个什么？"缙彦说。

这一来，曹化淳、王化民都拂衣去了。城下正在尽力挖墙脚，坎、坎地响个不了。内监王承恩发了几炮，挖墙脚的走了。曹、王两名内监正在那里喝酒，欣赏这个春风拂面的三月。

思宗倚仗大将们，大将们死的死了，投降的投降了；倚仗内阁大臣们，周延儒自经了，束手无策的束手无策了；倚仗内监们，开城出卖的开城出卖了，饮酒自若的饮酒自若了。他还倚仗谁？

思宗决心亲征，他等不及召集内阁大臣拟稿，好在自己能写。思宗浓浓地蘸着御墨，文不加点地自己写下：

朕以渺躬，上承祖宗之丕业，下临亿兆于万方，十有七年于兹。政不加修，祸乱日至。抑贤人在下位欤？抑不肖者未远欤？至于天怒，积怨民心，赤子化为盗贼，陵庙震惊，亲王屠僇，国家之耻，莫大于此。朕今亲率六师以往，国家重务，悉委太子。告尔臣民，有能奋发忠勇，或助粮草器械，骡马舟车，悉诣军前听用，以歼丑逆，分茅胙土之赏，决不食言。

思宗决定亲征，当然只是一句空话，他的内心是决定放弃北京，径赴南京，但是已经迟了两个月，太迟了。当冯元飚、冯元飙两兄弟，一位兵部尚书、一位天津巡抚密报划策，决心请思宗由天津乘海船直开江南的时候，那时史可法正在南京担任南京兵部尚书的重任，一方固然是挂帆南下，不受干扰；一方也是大权在手，指挥得力。可是现在不同了，北京城外全是李自成的人马，跬步难移，说什么御驾亲征？思宗到现在才看到自己只是一名孤家寡人。无论他曾经有过什么策划，什么威望，现在都落空了，一点办法也没有。

但是思宗还在说要亲征，凭什么亲征呢？有谁还靠得住？

什么人都靠不住。思宗有孩子，还小呢，懂得什么？兄弟五人，熹宗、思宗，还有其他三人，目前除思宗外，都死了。再上还有叔叔们，分封的分封了，死的死了。他没有亲人在京了。

但是还有。一位是表兄新乐侯刘文炳，一位是妹婿驸马都尉巩永固。

思宗和这两位至亲谈起南迁的事，准备由他们两家的家丁护送南下。

刘文炳还没来得及说话，巩永固叩头说道："国家的明文规定，亲臣不藏甲。臣等不敢私蓄家丁，即使有了，也无法和敌人作战。"这是诚实的语言。其后刘文炳战死；巩永固因为乐安公主已死，棺柩未葬，他把小儿女五人全部绑在棺柩两旁，待看到家人举火以后，挥剑自杀，全部化为灰烬。

思宗看到刘文炳、巩永固告别以后，召集王承恩，要他调动内监，准备亲征。三月十八日的夜间，彰义门破了，思宗又一次召集内阁大臣。

思宗问道："外城已破了，你们知道吗？"

大臣们说："臣等不知道。"

"事情到了这一步，你们有什么办法？"

"一切全靠皇上的福大，决可无虑。万一不利，臣等决定巷战，誓不负国。"

崇祯吩咐大臣们退出，可是这一夜思宗如何能睡呢？这一夜内城又破了，一名内监奏明皇上。

思宗连忙问道："大营兵在哪里？李国桢统率大营，现在哪里？"

思宗和王承恩同登万岁山，远望四周，烽火一直照耀到半空，他徘徊了一下，回乾清宫，用朱笔谕内阁，由成国公朱成臣提督内外诸军事，夹辅东宫。

思宗心绪安顿了一下，传旨进酒。

酒来了，思宗接连饮了几杯，把杯子朝案上一搁，叹了一口气，他说："苦我满城百姓！"

他这才吩咐把太子和他的两位弟弟定王、永王分送外戚周氏、田氏。

思宗对皇后说："大事完了！"皇帝哭了，皇后哭了，宫人们也哭了。

皇后对思宗说："妾事皇上十八年，一句话也听不进，致有今日！"她抚着三位皇子号啕恸哭，最后自杀。

思宗召长平公主，公主来了，一位十六岁的姑娘。她牵着父亲的衣襟，眼泪一连串下来。思宗叹了一口气，说道："你为什么生在我家？！"他用左手掩面，右手挥刀，砍下了公主左臂，公主摔倒了。思宗正要再砍，可是手在颤动，只好作罢。思宗命袁贵妃自经，待到后来绳断了，贵妃也苏醒了。思宗吩咐备酒，和王承恩对饮几杯以后，换了快靴，手持三眼铳，带着几十名内监，都骑了马，各人背着板斧，一直冲到东华门。东华门也有内监守着，可是他们不认识来人，手持武器，准备抵抗。思宗见到情况不利，随即退回，想到成国公朱纯臣家里等待，可是纯臣正守着齐化门，没人接见。

思宗长叹了一声，跨马直冲安定门，可是门久已封闭了，无法打开。最后登上煤山，自杀。王承恩在思宗身旁，也自杀。在思宗临死之前，留下遗言：

> 朕自登极十有七年，东人三侵内地，逆贼直逼京师。虽朕薄德藐躬，上干天咎，然皆诸臣之误朕也。朕死无面目见祖宗于地下，去朕冠冕，被发覆面，任贼分裂朕尸，勿伤百姓。
>
> 百官俱赴东宫行在。

从思宗的遗言里，可以看到他至死还认定亡国的责任，主要在于诸臣。当然诸臣是有责任的，但是主要的责任，不能不归于思宗自己，因为他掌握着决定的大权，所以不能不负主要的责任。封建王朝的制度是无情的，对于人民是如此，对于群臣也是如此，对于君主也不得不如此。这是不是完全合理呢？从今天看，由于社会制度已经变革了，对于古代，我们不可能用现代的认识加以衡量，但是用古代的认识来考虑问题，那么思宗用国君死社稷的理论，自己认为应当由自己负责，这也有一定的理论基础。但是这里还可能有不同意见。

"国君死社稷"的理论，在封建王朝是说得通的，因为那时在王朝的统治下面，有若干的诸侯，每位诸侯都掌握着一座或几座城池，失守以后，他无处安身，只能以一身殉国。可是明代是一个庞大的国家，失了北京有南京，失了两京还有十三行省，哪里不能保持一个封建王朝，只要卧薪尝胆，不愁没有卷土重来的机会。君主对于全国负有责任，不能因为北京的陷落就认为是国家的灭亡。唐代的长安曾经一次又一次的沦陷，但是唐代的统治维持了三百余年，并没有因为长安的陷落，就认为是王朝的覆灭。

思宗后期，北京经过多次围攻，终于扭转被围的局面，崇祯十七年的情况和前面多次是有所不同，但是在这前面不久，提出南迁的计划不止一次，思宗拒绝南迁也不止一次。可是崇祯十七年三月以后，他终于决定南迁了。他手持三眼铳，一冲东华门，再冲安定门，他不是没有突围南迁的意图。但是他决定得太迟了，即使冲出去了，他能保不受到阻拦和截击吗？在这个情况之下，他能安全到达南京吗？早几年，甚至早一年，这是完全可能的，现在是不可能的了。《左传》哀公六年说："需，事之下也。"哀公十四年说："需，事之贼也。"需就是耽搁，是犹豫。在应当做出决定的时候，耽搁一下，犹豫片刻，就会得到屈辱和危害的结果，我们从思宗的失败，对于古代的告诫，可以得到深刻的体会。

思宗的失败，由于李自成、张献忠的起义和建州的侵略。凭着明朝的力量，应付一面可以支撑一下，应付两面当然是不可能的。可是建州的进攻已经把朝廷的力量拖得筋疲力尽的时候，再加以李自成、张献忠的冲击，这就必然把朝廷整个拖垮。尽管李自成、张献忠始终没有和建州有任何的联系，但是这种不谋而合的合作，必然结束明朝的存在。

这里是三百多年前的一个安内攘外的问题。是不是可以先行安内而后攘外呢？这就必然要先和敌人勾结起来，来一个对外屈服，然后对于内部实行压服，这样的想法，甚而至于这样的做法，我们都曾经看到过，但是思宗始终没有这样做。他不是没有想和建州取得某种妥协，但是他没有和敌人勾结，进行攘内的意图。在洪承畴督师东进的时候，他控制住松山、杏山和锦州，即使在洪承畴失败以后，他还由吴三桂控扼山海关和宁远，直到李自成对北京实行包围的时候他才调回三桂，但是已经无法挽回北京陷落的命运。他没有把国防放在第二位而把防乱放在第一位。因此无论他是怎样地操切用事，怎样地增加人民负担，甚至怎样地措置乖方，但是待他一死，他便立即成为人民心中的一位尊神。当然这和建州兵力入关以后，他们的掠夺人民、奴役人民可以联系来看。

我们总还记得那篇《太阳经》吧！

> 太阳明明朱光佛，是大神明镇乾坤。
> 借问太阳何日生？太阳三月十九生。
> 天下神明有人敬，无人敬我太阳星。
> 有人敬我太阳星，一家老少免灾星。

无人敬我太阳星，眼前就是地狱门。

这篇《太阳经》在长江一带很通行，直到20世纪30年代还有人唱着。我们家乡有人还准备唱着《太阳经》周游东南一带。当然经历了三百多年，他对于《太阳经》的原始意义，不一定很清楚，可是他对于"太阳神"的崇敬是没有疑义的。

三月十九是思宗自杀的那一天，他为了进行对于关外作战横征暴敛，他下急自是，激起民愤，最后不得不走上自杀的道路，但是一经自杀，他的死亡就是他的新生，他是人民对敌作战的象征。当然这里透露着三百多年来人民的认识和三百多年来人民的痛苦。

第十章
建州军队的入关

清人入关,是由吴三桂约同抵抗李自成的。李自成是打败了,但是吴三桂没有想到请进来的是一名趁火打劫的强盗,又是自己梦想不到的主子。

思宗皇帝死了，留下来的是两京十三行省、两支庞大的军队和亿万人民对于落日余晖的悼念。

这两支军队当然不是当时国家的全部实力，因为除此以外还有许多其他的军队，但是实力不够强大，不能和这两支军队抗衡，虽然有的在以后的战役里也曾获得一定的胜利，为人民所属望，但是在实力方面究竟是不能和这两支军队比拟的。

第一支是左良玉的军队，当时号称二十万，但是实际上可能不止二十万或不足二十万。由政府关饷的只有两万，其余的多半是就地供应，因此在军纪方面是散漫的、无组织的。这支军队在玛瑙山战役中和张献忠作战，曾经取得巨大的胜利，但是他们懂得鸟尽弓藏这个封建社会的守则，因此在胜利中退却了，张献忠也获得重整旗鼓的机会。

还有一支是吴三桂的军队。吴三桂是洪承畴的旧部，在松、锦战役中立过功，及至承畴投降建州以后，三桂退守山海关、宁远一带，称为关宁大军，号称五十万，实际上二十万左右是有的。思宗把这支大军留在关宁，这证实了始终没有忘却抵抗外侮，收复辽沈的决心。崇祯十七年李自成包围北京，危在旦夕的时候，思宗才想到吴三桂这支大军，下令调京，三桂率领军队，星夜入援，才过永平，北京已经覆灭。三桂只有仍回山海关，准备率同自己的大军作一次最后的决战。这是一支负隅的大军，是李自成必须争取、努力争取的对象。

这一点李自成是做到了。吴三桂的父亲吴襄本来是崇祯时代的一位总兵，

自成破北京的时候,他正在北京,自成要他写信给三桂,他写道:

> 汝以皇恩特简,得专阃任,非以累战功也。不过为强敌在前,非有异恩激赏,不足诱致英士,此岂[1]管子所以行重赏之令,而汉高见韩彭则予重任之类也。今尔徒饬军容,巽懦观望,使李兵长驱深入,即无批亢捣虚之谋,复无形格势禁之力。事势已矣,天命难回;吾君已矣,尔父须臾。呜呼,识时务者,亦可以知所交计矣。昔徐元直弃汉归魏,不为不忠;子胥违楚适吴,不为不孝。然以二者揆之,为子胥难,为元直易。我为尔计,不若反手衔璧,负锧舆棺,及今早降,不失通侯之贵,而获全孝子之名。万一徒恃愤骄,全无节制,主客之势既殊,众寡之形不敌,顿甲坚城,一朝歼尽,使尔父无辜,并受僇辱,身名俱丧,臣子均失,不亦大可痛哉!语云:"知子者莫若父。"吾不能为赵奢耳,殆有疑于括也。

这一封信去后,吴襄正在等待三桂的回信。他满以为三桂一定可以应命,但是他却忘却了三桂重兵在手,必然有他自己的打算。还有一位总兵唐通,虽然他比不上三桂,也是当时的一位大将,早已投降了自成,也去了一封诱降的书柬。三桂不答,只对吴襄去信。他说:

> 桂以父荫,熟闻义训,得待罪戎行,日夜励志,冀得一当以酬主眷。属边徼方急,宁远为国门户,为金沦陷几尽,桂方力图恢复,以为李贼猖獗,便当扑灭,诚恐往返道路,两失事机,故暂羁时日。不意我国无人,望风而靡。吾父督理御营,势非小弱,巍巍万雉,何至一二日便尔失坠,使桂卷甲赴阙,事已后期,悲恨何极。侧闻主上晏驾,臣民僇辱,不胜眦裂。犹意我父素负忠义,大势虽去,犹当奋槌一击,誓不复生,以殉国难。桂亦缟素,以死继之。岂非

---

[1] 疑当作盖。

忠孝媲美乎？何乃隐忍偷生，训以非义，既无孝宽御寇之功，复愧平原骂贼之勇。夫元直荏苒，为母罪人，陵、苞二亲，并著英烈。我父矫矫王臣，反愧巾帼女子，父既不能为忠臣，三桂亦安能为孝子？桂与父诀，请自今日。父不早图，虽置父于鼎俎旁以诱，桂不顾也。

这封信去了以后，三桂和李自成的联系截断了。相传吴三桂的爱妾陈圆圆为自成部将刘宗敏所得，因此三桂决定和自成切断关系，其后吴伟业有《圆圆曲》叙其事，为一时人所传诵。这样的传说是有的，这首诗也确实写得哀感顽艳，但是这不可能是事实，一名女子，无论她是如何娇艳绝世，在她被夺以后，居然能引起几十万的大军作战，决定几千万人的命运，实在是一件不可思议的事情，何况红颜易老，盛时不再，也决不能因此引出抛头颅洒热血的悲愤。

吴三桂固然不是英雄，但不能不算是枭雄，他手握二十万以上的大兵，这是当时明朝的一支最强大的军队，是思宗竭全国之力培养壮大的武力。思宗把这支军队，配备在国防的第一线，轻易不肯使用，在首都危如累卵的时候，他还很吝惜这支武力，及至调令乍出，北京已破，三桂仍把军权攥在手里。这是为的什么？我们和吴三桂的时代相隔远了，但是我们想起袁世凯正如昨天一样。袁世凯手握北洋六镇，这是不久以前的事。辛亥革命时期，他嗾使冯国璋攻克汉阳以后，悬师不战，为的什么？他准备在清政权推翻以后，作为自己夺取政权的资本。1915年以后，有人说袁世凯是袁崇焕的后代，甚至造出"灭袁者清，灭清者袁"的蜚语流言，以致引起袁世凯的辟谣。其实说袁世凯是袁崇焕的后代，远不如说他是吴三桂的翻版，因为他们同样地觊觎大权，同样地掌握着强大的武力，同样地自封皇帝，最后同样地得到可耻的失败。

三桂拒绝了吴襄、唐通的诱降，随即把全部兵力集中到山海关一线。这时他的兵力夹在建州和李自成的中间，他知道自成必然要率兵东征，一经开仗，那时胜利是没有绝对把握的。他的策略是向建州求援。他早已和建州摄

政王多尔衮取得联系,四月二十日三桂派郭云龙、孙文焕上书多尔衮。他说:

> 接王来书,知大军已至宁远,救民伐暴,扶弱锄强,义声震天地。其所以相助者实为我先帝,而三桂之感戴,犹其小也。三桂承王谕,即发精锐于山海关以西要处,诱贼速来。今贼亲率党与,蚁聚永平一带,此乃自投陷阱,而天意从可知矣。今三桂已悉简精锐以图相机剿灭。幸王速整虎旅,直入山海,首尾夹攻,逆贼可擒,京东西可传檄而定也。又仁义之师,首重安民,所发檄文,最为严切,更祈令大军秋毫无犯而财土亦得,何事不成哉?

从这封书里,我们看清楚吴三桂直接走上"前门拒虎,后门进狼"的道路。和李自成还没有交锋,建州军队已经进入宁远,正在向山海关推进之中。从三桂的进兵布置中,他自己也进入了无后方作战的阶段。

二十二日,多尔衮进入山海关,吴三桂率众出迎。多尔衮大喜。设仪仗,吹螺,吴三桂同多尔衮共同向天行礼,礼毕,三桂进见多尔衮。多尔衮和他说起,要他回去吩咐兵士们在肩臂上系一条白布带。"不然的话,你部和李自成的部下,同样是汉人,开仗的时候,我们分不清楚,那怎样的作战呢?"

吴三桂一意要和李自成作战,只觉得这样的布置是完全合理的。

据谈迁《国榷》,当时吴三桂下令部下,全部剃发,但是清人的记载只说"以白布系肩",其后《清史稿·吴三桂传》也是这样说的。揆之情理,多尔衮的阴险毒辣是确定的,但是正因为他的"阴险",在战事尚未决定之前,必不肯令吴三桂感到自己的威胁,因此还不至于要他剃发。

战事即将发动了,李自成的部下横亘在山海关西边的开阔地带。对面是吴三桂的部下,战事正式开始。都是汉人的军队,一边是百战健儿,一边是关、宁劲卒,杀、杀的呼声震天动地。阵脚被冲破了,随即又并拢了。从包围到反包围,从突破到再冲垮,两边都是汉人,都是下定了决心争取胜利,招展的是红旗,震耳的是战鼓,从早晨到中午,到处是杀、杀、杀。

从东边来的和从西边来的汉人在喧嚷中,太空和四边的空山到处都发出杀人的回响，鲜血在飞溅，死神在呼唤。中午到了，又过去了。呼啦啦一阵大风，灰尘冲天扫地，人的眼睛发了红，还是杀、杀、杀。

二万精骑从吴三桂右边冲杀过来了。

"鞑子来了。"从李自成的军中嚷出了。来的是建州的兵队在武英郡王阿济格、豫郡王多铎的领导下杀过来。

李自成在山岗上看到大队白旗兵从三桂军队右边冲过来，连忙指挥后队冲杀过去。

自成身旁的一位和尚跪下道："白旗兵不是关、宁军队，必然是建州的军队，大王还是暂退一下的好。"

自成引着左右退却了。他的部下看到马上的军士垂着长辫，大家惊呼道："鞑子来了，鞑子来了！"

李自成的军队溃败了，兵败如山倒，自相蹂躏，死伤的人很多。建州的部队，关、宁的部队乘胜大杀；李自成退到永平。吴三桂随即追到永平。二十六日自成回京。二十八日上朝。二十九日出齐化门西走。吴三桂和建州的两路大军都到了北京近郊。三桂正准备进城，多尔衮要他追击李自成，从此以后，三桂大军的任务便是追击李自成。他追击到冀南，到山西，一直到陕西。和三桂同去的还有建州武英郡王阿济格。

三桂是明朝镇守关、宁的大将，他的任务是准备和建州作战，他的军队是明代最强大的军队。在他约同建州部队共同进攻李自成部下的时候，他和建州的关系是友军的关系。可是到了北京近郊，他的任务是追击李自成。他的地位提高了，是平西王。是王，比皇帝只下一级，但是在他以前早已封王的还有恭顺王孔有德，怀顺王耿仲明，智顺王尚可喜。王并不算是什么了不起的大事，一切都得由主子吩咐。从此以后，吴三桂和建州的关系不再是友好的关系，而是君臣的关系。三桂的任务是为建州打击李自成，这里还有一种布置，就是不让三桂和明朝的后起者弘光帝、隆武帝发生任何的接触。

建州的地位也转变了，本来只是明朝的一个边外的部属，称为建州卫，待至逐步并吞了附近的部属，始称满洲。以后称后金，称大清，它的领导原先称龙虎将军，以后称贝勒、称汗，现在称皇帝。到北京时是第三代皇帝，年号是顺治元年，顺治帝还很年轻，国家大权在叔父摄政睿亲王多尔衮手里。

五月，下谕兵部：

> 我国建都燕京，天下军民之罹难者，如在水火之中，可即传檄救之。其各府州县，但驰文招抚。文到之日即行归顺者，城内官员各升一级。军民各仍其业，永无迁徙之劳。予前因归顺之民无所分别，故令其剃发，以别顺逆。今闻甚拂民意，反非予以宽教定民之本心矣。自今以后，天下臣民照旧束发，悉听其便。予之不欲以兵甲相加者，恐兵到之处民必不堪，或死或逃，失其生理故耳。今特遣官传谕，凡各府、州、县、军、卫衙门来归顺者，其牧民之长，统军之帅，开造户口、兵丁、钱粮数目，亲来朝见。若逆命不至，当兴师问罪而诛之。其朱氏诸王有来归者，亦当照旧恩养，不加改削。山泽遗贤，许所在官司从实报名，当遣人征聘，委以重任。至于明朝之破坏，俱由贪黩成风，德不称任，功罪不明所致。自兹以后，凡我臣民，俱宜改弦易辙，各励精忠，此不特沾禄秩于一时，功名且传于后世矣。

这是一道强盗逻辑的宣言。清人入关，是由吴三桂约同抵抗李自成的。李自成是打败了，但是吴三桂没有想到请进来的是一名趁火打劫的强盗，又是自己梦想不到的主子。多尔衮真有一手，他是软硬兼施，能骗就骗，能抢就抢。所谓"照旧束发，悉听其便"，不久以后，便是"留发不留头，留头不留发"！所谓"朱氏诸王，照旧恩养"，不久以后，便是全部屠杀，毫不留情。清人入关以后，一切都是权术，用欺骗的方法夺取了北京，用欺骗的方法驱使了吴三桂；用欺骗的方法统治了全国。当然，我们也无法因此加以谴责，因为在旧社会里，欺骗和屠戮是统治阶级交替使用的两种方法，我们不能因此专责清政府。

弘光元年（1645）五月，南京陷落，清军的兵力进入长江流域。这时南方抗清的力量进一步削弱。六月间顺天巡按傅景星奏：田地被圈之民，俱兑发硗薄屯地。若仍照膏腴民地征输，则苦累倍增，应照屯地原额起征为便。从这段记载里，我们看清楚清人入关以后，不仅是最高统治者掠夺了统治权，同时清王朝的统治阶级也大量地掠夺人民的土地。汉人土地被夺以后，只能到盐碱地耕种，同时还得缴纳膏腴地的田租。这不能不算是异常残暴的剥削。

土地被掠夺了，有时连人身自由也被剥夺，这就逼得大量人民成为奴隶。《红楼梦》记载的贾府的土地和奴婢都是从这里来的。在奴隶制度盛行的时候，必然地产生奴隶管家，同样地为了避免官府徭役和征派，也就必然地会产生自愿投靠豪门贵族作为奴婢的人物，这便是所谓"投充"。我们不能说"投充"的人终生受到奴役，因为他们离开了主子，照样可以依靠主子的声势，在乡村压榨贫苦的人民。现时代我们是不会看到奴隶管家了，但是在帝国主义者侵略中国的时候，我们饱尝过"二鬼子"的毒害，对于奴隶管家的威势，是应当有所体会的。

清人入关以后的第二年，强行推广剃发的制度，当时的命令说："今中外一家，君犹父也，民犹子也，父子一辙，岂可违异，若不画一，终属二心，不几为异国之人乎？此事无俟朕言，想天下臣民，亦必自知也。自今布告之后，京城内外限旬日，直隶各省地方，自部文到日，亦限旬日，尽令剃发。遵命者为我国之民，迟疑者同逆命之寇，必置重罪。若规避惜发，巧辞争辩，决不轻贷。"这是威胁，也是完全意料内的。从清统治者看，人民只是奴隶，主子要他怎样，便得怎样。为了保存生命，人民就不得不违心当奴隶。

第十一章
在朝五十日

子龙的兵科给事中发表以后,崇祯十七年六月到任,八月乞假回籍,先后在朝五十日,他的职务虽重,但是他在任的时间并不长。他的官只是一位七品官,但是他始终以天下安危自任,并没有因为官小而缄默不言,这是他的特长,也见到他的许身为国。

崇祯十七年正月，子龙接到调往北京供职的部令。在封建社会里，这是每个官吏乐于从命的喜讯，可是经过在浙江的交代和在松江的盘桓，待到他准备出发的时候，北方的消息，一路地透露过来。当然在三月里，他可能还不知道北京的陷落，但是北方的大局一时不能安定，他是不可能不知道的。

四月十三日，北京城破的消息到达南京，这是霹雳一般的消息。全城震动，特别是南京城里的领导阶层。

自从15世纪的初年起，明帝国的都城已经移到北京，但是南京还留着一些领导阶层的机构。内阁的本意只是皇帝的秘书厅，皇帝既然不在南京，因此没有内阁大学士，但是最高的行政机构和监察机构，南京是有的。纵然他们不用做具体工作，但是南京依然有六部、有都察院。在这些衙门里有各部尚书，有都御史。

南京领导机构得到北京陷落的消息以后，大众会集在户部尚书高弘图的官邸，考虑到国家的领导人物。按照当时公认的顺序，在思宗已死、太子未能南来的情况下，必然要考虑到继任的人选。思宗殉国的凶问一经证实，必然推定继承的顺序。思宗七子，这时还有三人，太子慈烺、定王慈炯、永王慈炤，可是他们都没有南来。上面熹宗三子，都死了。再上光宗七子，除熹宗、思宗外，也都早夭了。光宗以上是神宗，神宗八子：长子光宗、次子福王常洵，以下还有瑞王、惠王、桂王。福王死了，他的兄弟邠王、永思王也死了。因此按照当时的继承顺序，思宗自杀以后，在慈烺等无从南来的时期中，应当由常洵的长子嗣福王由崧继承。

是不是由福王由崧主持朝政呢？

按当时的继承顺序讲，应当如此。但是一大串的问题在那里。

在光宗立为太子之前，就有一个和福王常洵对立的过程。光宗是长子，福王是次子，可是福王的母亲郑贵妃是一位得宠的贵妃。无论常洵是否有夺嫡的动机，但是朝中不时传出郑贵妃有夺嫡的阴谋，因此神宗中期以后，不时发生夺嫡和反夺嫡的风波，直到福王出封洛阳以后才告一段落。明代后期环绕《三朝要典》，发生了无数的波涛，朝中大小臣工，也分出明显的两派。因此在思宗身后，太子未能南来的一个阶段，由福王由崧主持国家大政，势必在南京这个新成立的政治中心，出现一个浊浪滔天的波涛，甚至连南京也沉没了。

四月二十日，北京的消息到了，南方的两位总兵高杰、刘泽清去信淮扬巡抚路振飞。振飞的答复很清楚，他说："议贤则乱，议亲则一。现在既有福王，有劝某去南京扶立者，此时某一动则淮扬不守，天下大势去矣。此功自让与开国元勋居之，必待南都议立。不然，吾奉王入朝而彼不纳，必且互争。是不待于闯贼之至而自相残败事矣。"

什么是议贤？这是推举一位较好的继承人，因为看法不一，势必互争，这是祸乱的根源。什么是议亲？这是推举一位合法的继承人，合法的只有一个，可以做出定论。可是问题的症结不在这里。正因为合法的继承人只有一个，而这个合法的继承人，恰恰是三朝以来政治风波的中心，大乱的风口正在这里，其结果必然造成明代的大崩溃，出现西晋、北宋从来不曾有过的惨局。

所谓合法的继承人，这是封建王朝，甚至近代君主国家共同遵守的法规。当然在这个法规尚未形成以前不一定要按照这个法规办事。殷商王朝实行"兄终弟及"制，这是根据殷商的记录可知的。周人未到镐京以前是由幼子继承的，这也是可以推定的。可是一般都由长子继承，甚至明知其人不堪继承，也得由他据有大位。为什么？正如路振飞所说的，因为"议贤则乱，议亲则一"。

是不是在这个基础上作过调整？有的，这是清朝的康熙帝。他立过长子胤礽为太子，因为他不上进，把他废了；不久以后由于内心的舐犊之爱，康熙帝把他重行立起来。不幸胤礽依然不肯上进，这才建立了豫立遗嘱，临终照办的制度。其后皇四子胤禛就是按这个制度的规定继承大位的。但是这个制度不是没有缺点,因为一则皇帝对于自己的儿子,未必能真正理解,二则这份遗嘱难免有经过篡改的可能,康熙帝的遗嘱是不是经过篡改的,至今还是一件疑案。

封建王朝的继承问题,毕竟是不能得到一个解决办法的,特别在思宗的身后。

思宗死了,太子和定王、永王的不能南来是事实。光宗、熹宗诸子的早绝也是事实。继承人势必上推到神宗的后代。神宗诸子,次子福王已死,嗣福王由崧尚在,这时避难正到淮安,途中遇到嗣潞王常淓。常淓是一位好好先生,经常是念佛经的,所以称为"潞佛子"。他们同时乘船南下。

南京的兵部尚书史可法这时带兵三千出屯浦口,这是一支军队,凤阳也有一支军队,是凤阳总督马士英的。在常淓、由崧南下时,南京的大臣们商议继承的问题。原礼部侍郎钱谦益极力主张拥立常淓,认为福王是"妖书""梃击""移宫"三案的对立面,嗣福王主持大政,势必推翻三案,整个朝政,势必出现动荡的局面,甚至引起绝大的风波,于国家不利,因此反对嗣福王的援立。这个主张得到兵部侍郎吕大器、右都御史张慎言、詹事姜曰广的同意,他们和史可法商量,可法也表示同情,可是东南一带还有一个实力派。这个派别在当时已经逐渐地形成,这是以马士英为首的派别。这个派别内部有严重的矛盾,但是表面上取得一致,在军事力量上虽然不能抵抗李自成、张献忠或是清人的军队,但是威慑南京或是史可法是绰绰有余的。加以他们正在淮扬凤泗一带,随时可以跨江南渡,南京的大臣们对他们不能不感到戒心。士英去信可法,认为按伦序论,按亲贤论,没有比福王更适合的;他带了大队人马从凤阳、合肥拥戴由崧直至江上。到了这时,史可法承认了福王继承的合法性,其他诸大臣也承认了。由崧到南京后,由于太子慈烺下落不明,自称监国,不久以后即位,次年改年号为弘光元年,这就是弘光帝,清人的记载仍称福王。

弘光帝的出现是明朝不能复振的一个重要原因,不但不能复振,连偏安也谈不上。当时的议论,主要还是站在法统的方面。其实国家在危难的当中,主要的关键不在法统。后汉垮了,昭烈帝刘备在成都继承汉统,刘备不是合法的继承人。西晋垮了,元帝司马睿在建业继承晋统,司马睿也不是合法的继承人。国家在危难的当中,不能没有一个得力的领导人,由崧不是这样的人才,何况由于他的继承,不容他不在三案之后来一个大翻案,国家已经到了大崩溃的边缘,再来一个大翻案,这就铸定了不可避免的大灾难。

是不是除了由崧以外没有其他的候选人呢?潞王常淓是一个。可是当时把他否定了,因为他是穆宗的后人,比较疏远一些,这是确实的。

嗣福王由崧是神宗次子福王常洵的世子,可是神宗的儿子惠王常润、桂王常瀛当时还在。当然按照封建社会的伦序讲,由于他们的合法性比由崧差一些,因此推定由崧。但是一经由崧继承,必定要出现三案的大翻案,那么常润、常瀛为什么不可以继承?当时的议论是认为由于湖南的兵乱,他们已经相继退入广西,一时来不及召回,所以只能推戴由崧。国家的大事,人民的前途,难道不能因此多多考虑一下。从这些方面看,马士英固然没有把国家的前途在考虑问题时放在最适当的地位;即是史可法、吕大器、张慎言、姜曰广也没有好好考虑。从封建时代的道德观念讲,他们是不能不负有责任的。

南京诸臣迎立嗣福王由崧,五月谒孝陵,称为监国,以南京都察院右都御史张慎言为吏部尚书,以史可法、高鸿图、马士英、姜曰广、王铎等为大学士。当然,当时的考虑是把不同主张的人兼收并蓄,而以比较正派的人作为主体,在当时的情况下,不能不认为是比较合适的安排。同月,吏部尚书张慎言奏补科道;兵部都给事中左懋第、兵部左右给事中辜朝荐、李永茂,给事中陈子龙。当时六部之中附有六科,都给事中左右给事中称为科长,给事中称为科员。科员在后代,是一个无足轻重的公务人员,可是在明代只有六部才有科,六科是六部的监察机构,关于主管部的重要事务,科员可以发言,关于国家大事,同样可以发言。科长科员,只是职务的不同,没有上下级的关系,因此科员可以独抒己见,直达国家最高领导。明代都察院的御史,分十三道,除一般性建言外,各有一定的职掌。给事中分科,御史分道,总称为科道官,明代的科道官,官位不高,但是地位却很高,对于国家大事有充分的发言权。

陈子龙的一生,大约可以分为三个阶段,从青年到三十岁,他是名士,他关心的主要是诗文,他的作品,和当时的一般名士比较,没有多大的不同,摹古的气息甚至比同时人更突出。从三十岁到现在,由于他接触到黄道周,他认清了对于国家的责任和国步的艰难,他不再是一般的名士了,他是志士,确实以国事为己任。待到这一年出任兵科给事中以后,他是战士,他看到国家的艰难,决心把自己的一切献给国家,最后终于在三万六千顷的太湖边上,献出了自己的生命,我们可以从子龙的一生中,学到做人的道理。

甲申五月,子龙奉兵科给事中之命,随即到任。六月间上《募练水师疏》,七月初上《中兴大本疏》,再陈《自强之策疏》。五月十五日福王由监国称皇帝,改次年年号为弘光元年。弘光帝的即位,偏安在江南,号令所及,不过东南一隅,假如上下齐心,要恢复中原,未必可以实现,但是要同南宋一样,偏安东南,以待日后趁机进窥中原,争取统一,不是不可能的事。《自强之策疏》应当说是子龙的一篇精心结构的作品。他说:

> 臣闻立国之势,有内重,有外重,有内外俱重,有内外俱轻。
> 内重者,天子甚尊,公卿甚贵,其平居之时,下尺一之书,万里之外俯首而奉之。而其弊也,匹夫崛起,横行天下而无以制,此秦、隋之季是也。外重者强藩悍将,其平时跋扈之形,僭拟之迹,有尾大不掉之扰,而夷狄盗贼之患,或又借其力以扫除,如唐季之藩镇是也。内外俱重者,内则有腹心爪牙,将天子之亲军,期门佽飞之士,布列于郊畿;外则有磐石之宗,千里之牧,屯重兵于郡国,如汉初之制,内有南、北军,而外有诸侯牧伯。唐初之制,节镇之师守在要害,而关中之府兵以五百所,内外足以相制而不足以相倾,此最为善法也。内外俱轻者,京师之兵非不多也,而皆未经战阵之士,边鄙之卒非不雄也,势分权轻,将帅数易,非有素所拊循之士,数万人圪然成一镇也,相统以度数,相维以文貌,及至事起,而望其手足之捍头目,难矣。此宋世之所以不竞也。
> 我二祖列宗之有天下也,列侯大将,时统禁军以征伐,卫所之

军，星罗棋布于周天之下，庶几内外俱重矣，而承平日久，时移势变，文武太分，文法太拘，统御烦而权不一，虚文胜而实事寡，是以强虏大盗，徜徉而莫与之抗。以都城之险，禁军之多，而不能固守三日者，由于内外并轻之故也。今当乾坤板荡之余，保有东南，渐图恢复，国势之弱，兵力之单，以视中朝全盛之时，不啻数倍，若不亟图自治之方，先为根本之计，无论恢复之期不可必，且何以立国？此臣所以日夜彷徨，寝食俱废者也。

自治之方奈何？曰，立重镇以为外藩，练舟师以为扼要，增禁旅以示居重而已。

夫六朝建国于金陵，所以能抗衡北敌者以强藩大镇，多在两淮，而襄汉之间，必有重臣以据上游之势也。宋氏之南也亦然，又能屯重兵于川蜀以规关陕，则其局益为宏远。今日之国势不幸类此，则古人之成法安可不讲求乎？以两淮而言之，目前四镇之立，事出权宜，人皆虞其强而难制，臣独忧其弱而未足以为恃也。必当于东路则命一大臣开阃于淮阴而分别将以守徐泗；西路则命一大臣开阃于寿春而分别将以守濠宿，各配以马步六万，三大将统之。在淮阴者责以渡河接应东抚，招徕山东之豪杰，收青徐之疆土。在寿春者责以联络河南土寨，掠地汝颍。如是则皖城、合肥、维扬，皆成内镇矣。

以楚中言之，沦陷诸郡，渐次恢复，今当乘李贼失利于北，群盗离心之时，速整兵力以收承襄，盖安陆为陵寝重地，而襄阳尤必争之处也。李纲有云：由湖湘以达川、陕，如行曲尺之上，纡远难通；若得襄樊，如行弓弦之上，地理省半。况乎北瞰中原，西通川陕，下蔽吴越，如弈者置子于局心，所谓欲近四旁，莫如中央者也。今左镇之兵虽众，然以之恢复或能，而恃之长守则不足。盖新复郡县，地方辽阔，兵分力弱，虽众亦寡。倘敌人以数万之众来争，能保其必守乎？且兵民相忌，为日已久，宜有长者扶义而西。似当命一大臣沈勇而有度者经略荆襄。先拨滇黔镇箪之兵二万人以为之本，俟至地方招徕土著，共足六万人之数，安抚百姓，且耕且战，然后襄阳可守也。襄阳可守，则责以恢复唐邓诸州，以与我汝颍之师遥为接应，而后中原可图也。于是左镇之兵，令其分守支郡而归重于鄂渚，平时则相为应援，出师则继续而进。武昌既为金陵之上游，而襄阳又为武昌之上游，相维相制，各有微意，古人有行之者矣。贼既以关中为巢穴，则四川其所必争之地，数月以来，音问俱绝。令荆州可复，峡路渐通，宜命一大臣熟于西南之事者，宣谕其地，因而经略之，先扫内盗，即移屯阆中、阳平之间，协力赵镇，便可由阶文以通陇右，由子午以撼长安。异日东西并举，可以成率然之势矣。

其粮饷所资，两淮近在郊畿，左师全屯鄂渚，皆当取给于度支。荆襄一镇，则应取资于湖湘诸郡。若以残破之后，民力未赡，则令江右、广东暂为协助。四川一镇即计本省之财，酌解部之余数以给之，如唐之韦皋、李德裕，宋之吴氏兄弟，雄踞西川，富强遂甲于天下。至于招徕流移，劝诱商贾，展筑险要，开设屯牧，苟可以兴利除害，足食强兵者，听其一切便宜以行，补葺增缮，自立家计。其最要者，则参佐将吏，须令辟召，以尽天下奇才异能之士，试之有效，则即荐之于朝，任以庶职，与甲乙之科等，不限其所至。如此则人才竞奋，不以曳裾诸侯之门为愧矣。唐人起幕府而至公卿将相者代不乏人，故士之有一材一艺者，莫不毕效其能。何今之拘拘也？四镇者立，谋帅得人，则东南之藩篱壮矣。

夫东南之大险在长江，而自昔之论，必曰守江不如守淮。盖以两淮无备，则长江之险与敌共之。苟其有备，贼即越淮而南，我前有天堑，后有重兵，彼岂能不狼顾邪！然如魏佛貍、完颜亮之盛也，两淮非无重镇，而饮马江干，遂起投鞭之志；且恐我之将士，先为南渡之计，则内地扰乱矣。使无舟师，何以遏之哉？……臣臆计之，自汉口而下，至于海壖，不下三千里，今当分最冲、次冲地，而应用船只之数，先将现在之兵额，统为会计，专官察核，其船之坚致，卒之精练者留之，不足则募之于沿海。其人出入澥渤，轻风涛，狎蛟龙，若移之守江，犹平陆耳，以闽人为最，浙、直之人次之。至于战舰之制，则大小俱不可少，无大船则无以为冲犁营壁之用，无小船则无以取便捷奋击之功。以大舟取胜者，虞允文以海鳅等船破金亮是也；以小舟取胜者，我高皇帝彭蠡之役是也。二者须相辅而用，如鹿角、轻车之副武刚焉。大船当取之福、建、温、台等处，督造收买，其价颇省。小船则自杭、嘉以北至于庙湾，所在有之。要使沿江上下，气脉相通，往来如织，无事分信会哨，有事互相应援。至于北岸通船，如瓜、仪、巢湖等口，尤当厚集兵力，以防不虞。尚有当虑者，从来北兵南犯，由上流者多，由横渡者少，即我据有荆、襄，而江汉上游，亦所应崧。使汉口、鄂州之间，有舟师三千人，横江而守，前岁张贼岂能飞渡耶？衡湘之木，可造战舰，长沙、岳阳之人，习水者多，似应责之楚抚，专成一军，以备缓急者也。前督辅分布五万之数，止计浔阳以下，上流之备亟当增置，水军既多，沿江有恃，则我门户之计立矣。

　　然臣犹必以增设禁军，居重御轻之说进者，盖深见乎御将之难，而利器之不可以假人也。古人主之御将也，高爵厚禄，开诚以结其心，长驾远驭，握奇以操其柄，故外可收克敌之功，而内可消跋扈之患。韩淮阴以汉高不善将兵而善将将，正谓此耳。虽然，使人主之侧无精兵健士，足以弹压诸将，则虽措置之方，予夺之柄，亦未易施也。方今缔造之初，事同草昧，苟非师武，何以示威？昔魏武之虎士、唐太宗之飞骑，皆极天下之选，而唐之中叶也，有置神武、神策等军；宋之南也立御营司，如李晟领神策行营，而杨存中之在宿卫者四十年，乃知非腹心忠勇之将，不以统也……今陛下驻跸旧京，侍卫单弱，不可不虑。如臣愚策，当精选畿内及江浙各郡之良家子弟技勇超众者以充之，使之岁时肄习，而不惜重赀以募天下奇才剑客之流，优其禄赐以补将校，多则十万人，少则六万人，时时更番戍淮以习战斗，必使此一军者，其精锐勇烈又迥出诸镇之上，然后国势始尊，国威始壮，于以操纵布置，臂指相使，收恢复之功不难矣。

　　夫天下之势，非外重不足以克敌，非内重必无以制强将。如臣之三策者立，财是去曩者内外俱轻之弊，收异日内外俱重之功，是在陛下断而行之耳。然世之难臣者或曰："如子言，增兵数万，国何以支？"是不然。今天下所急，孰有过于兵者哉？东南财赋之地尚在也。陛下方弘大布之风，追菲饮之志，凡上之服御官室，以至礼乐文章之事，苟非关天下之安危存亡者，皆当姑置之而专以治兵为事，则事力尚可办也。伏祈圣断施行，为此具奏。

在子龙传下来的作品里，这是一篇最有价值的文字，是可以和贾谊的《治安策》、诸葛亮的《隆中对》相比的文字。贾谊提出许多卓越的主张，但是在具体问题上还有不够精密的所在。诸葛亮的主张很具体了，但是他劝导刘备的主要是夺荆州、袭益州，这就必然要造成更大的混乱，破坏国家的安定和统一，是对于国家不利的。陈子龙的建议是如何收拾已经破坏的局面，进一步争取国家的统一，这不能不认为是他认识的正确。在当时主持国家大政者的认识仅仅限于江淮一隅的时候，他看到荆、襄，看到川、陕，看到建立水师必须利用福、建、浙、直的人力，这都证明他的眼光超越了当时的当局，确确实实是一个有抱负有主张的第一流人才，但是他的地位只是一位从七品的科员，可算是起码官。管他呢，既然是兵科给事中，他有责任提出他的主张，因此他把他的认识和看法全部提出来。

是不是他的认识还有不足之处呢？当然有。北京的覆灭，由于李自成的起义，这是革命，是一个阶级打倒另一个阶级的革命。但是1644年4月以后据有北京的不是起义的农民而是关外的建州卫。这时自称为大清的统治者。他们正在由奴隶社会向封建社会过渡的阶段。从山海关进入北京以后，他们的目标是掠夺土地和奴役人民，但是他们的口号是支援明朝和讨伐叛逆。因此当时出现了一个三角战争的局面。清政权的敌人是李自成，同时也威胁南京的政权。南京政权的敌人是不共戴天的李自成，但是更大的威胁却来自入关的清政权。李自成的主要敌人是入关的清政权而不是南京新立的政府。问题在于如何解决这个三角战争的局面。解决得好可以维持一个暂时安定的局面，解决得不好，人民必然陷入一个更痛苦的境地。是不是有一个解决得好的可能呢？没有。清政权进入北京以后，它的欲望更大了，每一次胜利只能煽动更进一步的欲望，不吞并明王朝不能满足它的欲望，甚至吞并了明王朝也还不能满足。李自成呢，他的退出北京只是暂时的退出，待到他回到西安，得到更多的人民的支持，他必然要率师东出，统一全国。南京的南明政权呢？它不能忘却北京的光荣，只要力量充沛，它依然要恢复故土。在这三个政权之中，清政权正在逐步地强大起来；李自成受到了挫折，但是从人民中来的政权，经过挫折，进一步靠拢人民，常常获得更大的支援，因此挫折的结果，不是削弱而是不断地壮大。只有南京政权，由于内部的纷争和腐化，正在逐步走向没落的道路。

子龙看到当时的形势，他认为四镇之立，人皆虞其强而难制，自己独忧其弱而未足以为恃，这里正见到他的卓越的见解。四镇的成立，在崇祯十七年五月，福王监国的时候。当时史可法和内阁诸人议定在现在江苏、安徽两省长江以北的地区设立四镇，由黄得功、刘良佐、高杰、刘泽清分统；得功驻庐州，经理光、固一路；良佐驻临淮北，经理陈、杞一路；高杰驻泗州，经理开、归一路；泽清驻淮北，经理山东一路。这是所谓四镇。每镇额兵三万人，岁供本色米二十万，折色银四十万。这样的布置，在历史上是有前例的。宋高宗南渡，在江北分镇；金人渡河，在河北分镇，其结果都失败了。明人分镇，同样地走上了一个尾大不掉的覆辙，其后高杰为许定国所杀，黄得功自杀，二刘降清被杀，都没有得到好结果。在四镇分立的时候，对于左良玉大军没有做出妥善的安排，事实上左良玉也没有完全听命于南京的新政权。至于西南边徼，从当时的南京政权看来，也久已鞭长莫及。因此我们读到子龙《自强之策疏》的时候，更感到这确是一篇不可多得的作品，但是子龙只是一位从七品的科员，他的见解没有得到应有的重视，三百多年来依然没有得到应有的重视。

没有重视是当时的认识不足，但是子龙没有因此动摇自己的信心。七月里他再上《直陈祸乱之源疏》。这里他指出思宗时代祸乱之源六端。他历数几点：

一曰辅臣容悦之患；

二曰诸司贪冒之患；

三曰门户纷角之患；

四曰士节卑污之患；

五曰号令数更之患；

六曰法令太拘之患。

这是对于崇祯一朝的总结，特别在最后一条，他的议论更痛切、更精练。他说：

夫王者之道，执简而驭繁，持纲而举目，任人而已。任得其人，则虽授之以柄，分之以权而无患也。苟非其人，则每事曲防，徒生猜阻，无益事寄。先皇帝太阿在握，综核庶政，而一时大臣，多龌龊庸才，不识治体，好行苛细，每事拘牵。先皇帝欲破格用人，而草莽之士，卒不闻汇升；先皇帝欲会计节用，而出纳之际，卒未闻通变。以致铨宰之地，不得于支条之外，擅进一人；方面之臣，不得于章簿之余，专用铢两。钩稽愈精，事实愈疏，操柄愈一，国势愈轻。大约在上者劝功之意少而程过之意多，以致在下者任事之心衰而避祸之心胜，互相规委，束手坐视，贻祸至今。至于兵凶战危，决计俄顷之间，尤难秉算庙堂之上，而进退机宜，多从中制，将帅承督抚，督抚谘中枢，中枢仰政府，政府取上裁。往返之际，通经时日，机会之来，岂能久待。陆贽所云："违令则失顺，从令则失宜，失顺则挫君之严，失宜则败君之众"，正谓此也。试观数年以来，如贾庄失律，松山丧师，中州屡败，何尝非寡谋之臣，轻躁之士，不审时事，惟务欲速，图侥幸之功，蹈孤注之祸哉！至其后也，势成瓦解，下不奉令，桀骜之将不能指麾，弃地之臣不能究诘。何则？其始欲其无所不伸，而后必至于皆屈也。臣愿陛下执威福之大纲以尊朝廷，略文法之细条以便展布，以诚信待大臣，因其忠邪以为黜陟，而无事过防；以雄略御诸将，视其功罪以行赏罚，而不为姑息。自当百工成理，师贞永吉矣。……

子龙总结思宗失败和北京陷落的主要原因是正确的，但是对于思宗时期的总结不一定适用于弘光时期。贾庄失律、松山丧师、中州屡败，历数了卢象昇、洪承畴、陈奇瑜、孙传庭诸人的失败，主要原因由于"图侥幸之功，蹈孤注之祸"，这个责任，在于思宗的操切，这是事实，但是弘光时期，完全不是这样。弘光时期，中央政权所能指挥的地区不是两京十三行省的大国而只是东南一隅；所能指挥的不是全国的大军，而是区区四镇和一些杂牌军队，抵御外侮则不足，威胁中央则有余。思宗时期，中央支出除了全国正常收入以外，还可取给予内帑，弘光时期完全不一样了，岁入取给于东南一隅，除了担负四镇的给养以外，所余不足供给朝廷的支出。在这种情况之下，怎样能安定东南，应付清政权南下的威胁和各方的需要，便成为极大的问题。

在现代江苏、安徽两省淮河以南长江以北的地区，如何安排四镇，是南京政权的课题。有四镇不能没有一个指挥四镇的机构，这个机构的首长称为督师。兵部尚书史可法和凤阳总督马士英都是当时可推的人选。现在二人都入阁了，从名义论，资望更高了。马士英提出自己在外多年，需要休息，因此推荐史可法。史可法无从推辞，他说："居者守，行者御，不敢辞难。"这就决定由可法出镇扬州。

事实上，经过崇祯年代的不断战争，已经出现了重武轻文的形势。这是历史的必然结果。唐末、五代都是这样的。谁能指挥朱温、李克用呢？即以崇祯时代的卢象昇、洪承畴、孙传庭这三人言之，他们是文人，但是他们能够身临前敌，甚至和敌人进行白刃战，可是在他们指挥作战之中，部下尽有不能指挥的情况。他们如此，何况马士英、史可法？马士英在凤阳总督任内，对于部下，都是靠拉拢、靠联络，才能维持一个左支右绌的局面，谈不到有什么建树。

从这四镇来说：他们的实力，比之吴三桂、左良玉，差得太远了。凭这四支兵马，最多只能保持淮、扬、凤、泗一个僵持的局面，他们之间还有矛盾，谈不上并力作战。他们的目标集中在扬州，因为在这个区域内，扬州是一个富庶之区，但是他们并没有固守扬州的积极作战的勇气，因此经常提出要把家属寄顿在江南。这样的军队是没有前途的，这就是说，尽管他们在作战中没有任何把握，有的甚至在敌人面前没有作战的意志，但是他们的需索，他们的跋扈，对于南京的政权构成极大的威胁。

就他们四人分别来说：黄得功、高杰还不愧为血性男子，但都不是大将的材料，他们对于国家虽没有做出较大的贡献，但是还不至于丧心病狂，倒戈投敌；二刘就更差了，刘良佐人品猥琐，刘泽清凶狠残贼；因此在清人南下的时候，他们匆匆地向敌投降，为虎作伥，最后都为清人所杀，这是后话。

从四镇和马士英、史可法的关系论，马士英和他们有联系，史可法没有；从马士英、史可法的才具论，马士英有应变之才，史可法没有；督师江北的责任应当由马士英担负，但是士英知道这不是一个轻易担负得了的任务，因此把督师的重任推给可法，可法只有慨然承担了。

扬州是这个地区唯一的富庶的地方，刘泽清在淮上，他已经满意了；刘良佐比较庸驽，不敢进行争夺，高杰和黄得功是强有力的对手。由谁来占领这个地方呢？高杰的手长，决心也大，一下就夺获扬州的近郊，正在迫近城头。城门早已锁上了。高杰发兵进攻，扬州的一位进士郑超宗出面和高杰磋商，事后他回到城内，城内人哄传超宗出卖家乡，因此不问青红皂白，一顿拳棒，把超宗活活打死。这位郑超宗正是陈子龙的同年进士，从这里我们看到高杰的入城给予当地人民多大的恐慌。

但是高杰毕竟进驻扬州了。督师大学士史可法也来了，高杰把他安排在一座福缘庵里，左右侍从都是高杰的部下，督师所发的章奏，必须经过高杰的检查。事实上史可法已经不是督师，而是高杰的幕僚长，史可法一切不与计较，这才稍得一些展布的余地，但是当时的悍将，不仅是高杰，还有黄得功。得功也要获得扬州。怎么办呢？史可法把他安排在仪真，这是扬州府的属县，距扬州不过数十里。两人中间经过一些火并的斗争，还是可法出来调停。

可法在扬州，幕府中倚重的是任民育、何刚。任民育擢扬州府知府，其后城破的时候，端坐堂上，为清兵所杀。何刚，上海人，崇祯之初，见海内大乱，慨然有济世之志，结交天下豪杰。他的朋友有许都、陈子龙、夏允彝、徐孚远，在北京陷落的前夕，授兵部职方司主事，他和子龙、允彝联络，募兵二千人，准备自海道直达天津。现在升任兵部员外郎，以所部交给可法。马士英看到这是可法的羽翼，连忙把何刚升任贵州遵义府知府。何刚和可法说起，可法哭了，他说："愿人，你去了，我还依靠谁呢？"何刚也哭了，决定留在扬州，和可法共同作战。

六月间子龙的那篇《募练水师疏》，就是为何刚作的，他说：

……臣伏思君父之仇不可不报，中原之地不可不复，然必须绸缪户牖，保固江淮，以为中兴之根本。守江之策，莫急水师，海舟之议，更不容缓。臣等共推职方司主事何刚，忠勇性成，清介绝俗，令之专司募练，而佐之以原任山阴县知县钱世贵，举人徐孚远、李愫，廪生张密，已经收买沙船三十五只，皆坚致可用。所募沿海材官水卒，共一千余名，内多惯战之士。其制造器甲、修船、练药等项，则中书舍人董庭、都司李时举、生员唐侯等分头经理，一月之内可以就绪。其所用钱粮部札，所有动支正供之议，而该府苦心设处，原有北运水脚及义米等项可以扣算。夫千人之在长江，如双凫乘雁，不足为轻重，然使江南诸郡各为门户之计，共结长鬣之徒，则万人亦不难致，臣等亦聊尽精卫之心，倡怒蛙之气而已。但此举事从私创，未奉明纶，恐任事者之权轻则应募之情缓，伏乞圣明敕下该部专任何刚训练督率，前来江干以资防守，则刚益奋迅，可以弹压鼓舞，而闻风慕义以图报称者，源源而至矣。

这时期清政权发动了一次新的攻势。清人入关，本来是乘人之危，夺取了北京，进行圈地、掠人和鼓励投充的政策，其实是一边掠夺明朝的土地，一边把关外奴隶社会的制度强植到中原的封建社会，来一个历史的大倒退。但是他们还要进行欺骗。这时他们宣布：

予闻不共戴天者君父之仇，救灾恤患者邻邦之义。唯尔大明太祖高皇帝斥逐胡元，剪我仇国，永世宥民，代有哲王。迄乎末造，吏偷民穷，群盗满野，然大行崇祯皇帝秉恭俭之心，弘仁孝之行，德高世替，唯日不宁。蠢兹逆贼李自成者，狗盗之雄，鸱张兽视，忘累世之深恩，逞滔天之大恶，喋血京师，逼殒皇后，焚烧宫寝，流毒搢绅，以金银为营窟，视百姓如草菅，皇天震怒，日月无光。我大清皇帝，义切同仇，恩深吊伐，六师方整，蚁聚忽奔，斩馘虏遗，川盈谷量，游魂西遁，指日擒遗。

予用息马燕京，抚兹黎庶，为尔大行皇帝缟素三日，丧祭尽哀，钦谥曰怀宗端皇帝，陵曰思陵。梓宫聿新，寝园增固，凡诸后妃，各以礼葬，诸陵松柏勿樵。唯尔率土臣民所欲致情于大行皇帝者，我大清无不曲体斯诚，有崇靡阙。宗藩之失职流离者，为尔存恤；士庶之忠节死难者，为尔表扬。轻刑薄赋，用贤使能，苟济生民，唯力是视。深痛尔明朝嫡胤无遗，势孤难立，用移我大清宅此北土，厉兵秣马，必歼丑类，以清万邦，非有富天下之心，实为救中国之计。咨尔河北、河南、江淮诸勋旧大臣、节钺将吏，及布衣豪杰之怀忠慕义者，或世受国恩，或新膺主眷，或自矢从王，皆怀故国之悲，孰无雪耻之愿，予皆不吝封爵，特予旌扬。其有不忘明室，辅立贤藩，戮力同心，共保江左者，理亦宜然，予不汝禁，但当通和讲好，不负本朝，彼怀继绝之恩，以惇睦邻之谊。其有谅力不敢，北面归诚者，当各剿勍旅，佐我西征，或削平所属余贼，用以自效，无不开怀延纳，乐共功名。来归之土，蠲复二年，与民休息，凡诸恩典，俟后诏颁行。若国无成主，人怀二心，或假立愚弱，实肆跋扈之邪谋；或阳附本朝，阴行草窃之奸宄，斯皆民之蟊贼，国之寇仇，俟予克定三秦，即移师南讨，等彼鲸鲵，必无遗种。於戏，顺逆易判，勉忠臣义士之心，南北何殊，同皇天后土之养，布告天下，咸使闻知。

这是一篇充满了欺骗、威胁的作品。在发布的时候，由于清政权的势力，还没有十分稳定，因此一面声明既占北京，不再退出，同时也承认南京政权的存在，认为"共保江左者，理亦宜然"。强盗逻辑的执行和江左实力的存在，其中没有矛盾。我们必须承认机巧变诈的清政权，在17世纪40年代，是一支不可忽视的力量。

这篇作品是当时北京政府的中书舍人华亭李雯的手笔。李雯字舒章，是陈子龙的旧交，他们早年是共同唱和的朋友，作品称为《陈李唱和草》，至今犹见子龙集中。由于时代的演变，他们分手了，子龙在以自己的生命争取南明政权的存在，李雯已经以个人的才华博得奴隶主贵族的赏识。《离骚》的作者说：

> 时缤纷其变易兮，又何可以淹留！
> 兰芷变而不芳兮，荃蕙化而为茅。
> 何昔日之芳革兮，今直为此萧艾也？
> 岂其有他故兮，莫好修之害也。

子龙缅想当年的友好，现在已经化为敌人的鹰犬，在读到"等彼鲸鲵，必无遗种"的时候，内心的痛苦是可想而知的。

弘光帝的南京政府，这时还是有一些通达政体的大臣，他们议决用左懋第为兵部右侍郎兼右佥都御史，经理河北，联络关东军务。这是一个官衔，其实是担负着和清政权的联系工作。他的副使是马绍愉、陈洪范。绍愉对于关外有一些经验，洪范和清政权有某些程度的联系，这是当时所共知的，后来洪范成为汉奸，这时还没有暴露。

是不是能和据有北京的清政权通和呢？这是一个根本的问题、立场的问题，关于这一点，子龙是有坚定的认识的，因此在左懋第的任务明确以后，他立即上《通敌实出权宜疏》。他说：

> ……自东敌逆节，兵孥不解，几三十年，中国虚耗，实为祸本。但以运逢百六，寓宅东南，国家事力，难支两敌，而东敌会师杀贼，

为我报仇，虽蓄谋难测，而执词甚正，因之通好，稍纾目前，以便并力于西，此亦谋国之苦心也。使臣左懋第慷慨沈毅，有不辱之色；陈洪范谙练辽事，多识陷将，可备机宜；马绍愉曾使敌庭，持节而往，当收魏绛之功矣。以臣愚计，是行也，所授词于使臣者，第云，彼以好来，我故以金帛报谢其酋长，犒劳其士卒，以见中朝之有礼。许之互市，以中其所必须，使其马首不亟南面已。若夫地界、岁币等事，或因遘机会，有利国家，是在大夫出疆之义耳，似不宜求好之太急也。

自古交邻之道，媾出于彼，则重在我；媾出于我，则重在彼；自然之势也。抚赏之典，本朝不废，但犬羊无餍，自我先发，适启戎心。祖宗之地，诚尺寸不可与人，然从来开疆辟土，必当以兵力取之，未闻求而可得者也。求而得之，如金人何尝不以河南、陕西归宋，而宋卒不能守，其无益可见矣。盖我之所要求者愈急，则彼之所挟持者愈重，恐于国体有伤而物力亦有所难支，是在行人慎择之可也。

若夫约敌敢灭贼以报不共戴天之仇，如唐人用回纥之师，事诚有之，然必中国自有信臣精卒，如李、郭之将，朔方、陇右之兵而后可。若专恃他人之力，如宋人借金以灭金辽，借元以灭金，则益其疾耳。昨见天语申饬，诘戎是务，仰见庙谟。更祈密饬诸将奋同仇之气，大整师徒，俟冬春之间，敌骑牵制于三晋，我则移淮泗之师以向殽谷，出全楚之甲以入武关，令川汉之将联络庄浪、甘、宁之义旅，或攻其胁，或捣其背，使敌当其一面而我当其三面，不特逆贼可以一举荡灭，而大功不全出于敌，则中国之威灵震而和好可久矣。镇臣刘良佐与臣言，愿励兵秣马，与敌驰角，必使其畏我而后可和，臣甚壮之。但使国之虎臣各怀此志，何至贻圣明宵旰之忧哉。

至于先朝通好颠末，绍愉娓娓言之，陛下因惜旧枢陈新甲之被戮，而为之议恤。臣窃有进焉。盖先朝通款，不由廷议，唯一二大臣与先帝密谋之，绍愉往返敌廷，使其情事如昨所称述，先帝何惮而中止哉？微闻敌酋慢书有必不可从者，故先帝毅然罢之也。新甲之诛,虽以泄露机密,然其人本杨嗣昌之私昵,贪鄙谄媚,绝无远略,其掌邦政也,大以贿闻,且因司官张若麒欲亟升京堂,巧借催战为功,而松山八万之精锐,尽于一旦。且其在任之日,失事最多,即雒阳之陷,皇考升遐,陛下播迁,问谁秉枢,乃致斯祸,廷臣论劾,不止一人。故先帝震怒,立付西市,则是新甲之诛,乃因于丧师,非因于通款也。若遽加优恤,追论言者,是为奖覆国之徒,绌忠正之论,堕战士之气矣,望陛下详审焉。若绍愉者屡使绝域,劳亦难泯,但今日事体,与先朝不同,臣愿绍愉骋随、陆之辩,励苏、蔺之节,历阶决事,应变无穷,不必更泥往辙,使敌谓秦无人耳。

懋第的出使是一件大事,这是南京政权和清政权之间的一场折中的契机。弘光朝的君臣上下,连同陈子龙在内,都对此寄以重望。但是在未达北京之前,这已经注定是必然要失败的。懋第以经理河北,联络关东军务的任务出使,这是清政权最忌的名义。清政权入关袭取北京以后,对于河北,久已视为卧榻之旁,至于关东,更是视同他们的老家,不容许别人的染指,那还要经理什么、联络什么?这就注定了这一次使命的必然失败。懋第临行之前,奏称:

> 臣衔经理河北,联络关东。夫河北则山东、北直也,关东则辽东矣。辽东久属建虏,北直今全陷,山东虽杀伪官,多贼,闻胶州被围,贼至十余万。经理实有封疆之责,而往议金缯岁币之事。名实相乖,此衔之当议也。马绍愉昔往款虏辱国,御史陆清源纠之。其通虏臣诚不知,但闻其所许,金十万、银百二十万,逢人颂虏,臣诚不便与之同行也。

懋第这一次的北行是注定要失败的。他和马绍愉、陈洪范同行,携同银十余万两、金万两、缎绢万匹,八月初出发,临行的时候,他再一次上奏:

> 臣此行生死未卜,请以辞阙之身效一言。愿陛下以先帝仇耻为

心,瞻高皇之弓剑,则思成祖、列圣之陵寝何存?抚江上之残黎,则念河北、山东之赤子谁恤?更望时时整顿士马,必能渡河而战,始能扼河而守,必能扼河而守,始能划江而安。

这里还得指出扼河而守的黄河,和南宋初年的黄河不同。宋时黄河在山东无棣县入渤海,后来就不同了,黄河夺淮河故道,由江苏滨海县入海。所以南宋人言扼河而守,山东还在境内;明末人言扼河而守,已经退到淮河以南,地区缩小了许多。不过懋第的主张还是明确的。

懋第北去,十月初一到张家湾,同行者本有三千人,至是清政权吩咐只许带百人同行。懋第入京以后,清政权吩咐住在鸿胪寺。鸿胪寺是当时接待外夷朝觐、诸蕃入贡的场所,懋第当然是不满意的,但是也只得住下了。他请求祭告诸陵、改葬思宗,但是没有得到清政权的同意,只能在住所进行祭奠。懋第是为了通和北上的,但是清政权已经巩固了,没有接待懋第,随即命陈洪范南归,懋第和马绍愉留下。陈洪范在南归的当中,向清政权申称愿意率兵归顺,并招徕南中诸将。

这个时期清政权对于自己的巩固性已经有了进一步的认识。因此对于南京政权进行威胁,十月间下令河南、南京、浙江、江西、湖广等处文武官员军民人等:

> 尔南方诸臣,当明朝崇祯皇帝遭流贼之难,陵阙焚毁,国破家亡,不遣一兵,不发一矢,如鼠藏穴,其罪一也;及我兵进讨,流贼西奔,尔南方尚未知京师确信,又无遗诏,擅立福王,其罪二也;流贼为尔大仇,不思征讨,而诸将各自拥众,扰害良民,自生反侧以启兵端,其罪三也;唯此三罪,天下所共愤,王法所不赦,用是恭承天命,爰整六师,问罪征讨。凡各处文武官员;率先以城池地方投顺者,论功大小,各升一级;抗命不服者,本身受戮,妻子为俘。若福王悔悟前非,自投军前,当释其前罪,与明朝诸王,一体优待。其福王亲信诸臣,早知改过归诚,亦论功次大小,仍与禄养。

檄到之处，民人无得惊惶，农商照常安业，特兹晓谕，咸使闻知。

清政权是机警的，在它知道自己的地位已经逐步巩固，同时也知道南京方面的力量由于党派纷歧，文武倾轧而走向逐步瓦解的地位，它便准备发动攻势，夺取统一。这一切都有迹象可寻，南方有识者是不可能不知道的。子龙在这时期有诗一篇，可以玩味。

易水歌

赵北燕南之古道，水流汤汤沙浩浩。送君迢遥西入秦，天风萧条吹白草。车骑衣冠满路旁，《骊驹》一唱心茫茫。手持玉觞不能饮，羽声飒沓飞清霜。白虹照天光未灭，七尺屏风袖将绝。督亢图中不杀人，咸阳殿上空流血。可怜六合归一家，美人钟鼓如云霞。庆卿成尘渐离死，异日还逢博浪沙。

这是一首歌咏荆轲入秦的诗歌。是悲歌慷慨，但不是凭吊嗟伤。庆卿可杀，渐离可死，但是博浪沙中的一击是始终不能灭绝的。子龙有沉痛，有悲哀，但是没有绝望，即使三年以后，奋身自沉的一霎那，他也始终没有绝望。精卫填海，苌弘化碧，唯有意志最坚强的，才是最后的胜利者。

南京政权的成立，从福王监国之初，就种下了纷争的籽粒。福王由崧不一定是一个最不成材的统治者，但是由于他的父亲福王常洵在神宗后期和太子常洛是一个争皇位的人物，以致引起朝廷中的轩然大波，后来发生梃击、红丸、移宫三大案。凡是参与三案的人物，或是涉及三案嫌疑的人物都在崇祯初期归入《三朝要典》，分别定罪或禁锢。是不是这部《要典》都经过核实呢？其实不一定。子龙的挚友夏允彝，在南都覆亡以后，作《幸存录》，曾经指出：

……其不妥者，如杨维垣首参（崔）呈秀，不宜入也，以其力扼韩爌、文震孟之出，遂处以谪戍；虞廷陛曾参孙居相者，于赵南星原无弹章,竟以纠南星误处之。吕纯如虽有颂珰之疏,疏至,熹庙已宾天,霍维华取其疏稿削去之矣,竟据邸报以入之。此何等而草草罗入,至被处者屡思翻案,持局者日费提防,纠缠不已。迄南都再建,逆案翻而宗社墟矣。此则当局者之咎矣。

从这里我们可以看到,思宗初期,《三朝要典》的定案,其实是十分草率的。在这十七年之中,进用的固然不尽公忠,贬斥的也未必皆是金壬。思宗的时代过去了,南京政权成立之初,政令所及,不过东南一隅,但是朝野纷争、喧嚣,甚至为思宗时代所不及。史可法的督师、马士英的入阁,当时人都以为用违其才。其实即使马士英出而独当一面,充其量也只能调和诸将,望他能击楫渡江,收复失地,事实也是办不到的。马士英既经入阁了,在他推举人才的时候,他的推举阮大铖原是势所必至。夏允彝之子完淳作《续幸存录》时就说:

> 阮圆海之意,十七年闲居草野,只欲一官,其自署门曰:"无子一身轻,有官万事足。"当事或以贵抚、或以豫抚任之,其愿大足矣。圆海原有小人之才,且阿珰亦无实指,持论太苛,酿成奇祸,不可谓非君子之过。阮之啊珰,原为枉案,十七年田野,斤斤以十七年合算一疏,为杨、左之通王安,呈秀之通忠贤,同为通内,遂犯君子之忌。若目以为阿珰,乌能免其反击乎?

阮圆海就是阮大铖,是当时的一名才士,后代因为他曾作《燕子笺》,认为他是才子,而因为《桃花扇》的流行,又认为他是奸臣。我们须知明代后期,由于昆剧的盛行,编剧、导演的人才,是相当普遍的,《燕子笺》是一部有名的剧本,但是当时流行的也不只此一部。至于《桃花扇》盛传以后,阮大铖的声名狼藉,确实事出有因,但是平心论之,侯朝宗入清以后,未免投敌,较之大铖,相去不远。独有马士英在南京、杭州相继溃败以后,仍在钱塘江南岸继续作战,功虽不成,终以一死自赎,其论定是值得商榷的。

在阮大铖起用的时候，刘宗周也起为左都御史。宗周对于三案的立场是坚定的，因此一经入朝，随即疏劾马士英。他说：

> 陛下龙飞淮甸，天实予之，乃有虺蚑微劳，入内阁，进中枢，官衔世荫，晏然当之不疑者，非士英乎？于是李沾侈言定策，挑激廷臣矣。刘孔昭以功赏不均，发愤冢臣，朝端哗然聚讼，而群阴且翩翩起矣。借知兵之名，则逆党可以然灰，宽反正之路，则逃臣可以汲引，而阁部诸臣，且次第引去矣。中朝之党论方兴，何以图河北之贼，立国之本计已疏，何以言匡攘之略。高杰一逃将也，而奉若骄子，浸有尾大之忧。淮扬失事，不难谴抚臣、道臣以谢之，安得不长其奸骜，则亦恃士英卵翼也。刘、黄诸将各有旧汛地，而置若弈棋，汹汹为连鸡之势，至分割江北四镇以慰之，安得不启其雄心，则皆高杰一人倡之也。京营自祖宗以来，皆勋臣为政，枢贰佐之。陛下立国伊始，而有内臣卢九德之命，则士英有不得辞其责者。总之，兵戈盗贼，皆从小人气类感召而生，而小人与奄宦又往往相表里。自古未有阉宦用事，而将帅能树功于方域者。惟陛下首辨阴阳消长之机，出士英仍督凤阳，联络诸镇，决用兵之策；史可法即不还中枢，亦当自淮而北，历河以南，别开幕府，与士英相犄角。京师提督，独断寰之，书之史册，为弘光第一美政。

宗周的议论不能不算是有见识，但是宗周的主张，不但不能见诸实行而且更激起矛盾的暴发，为弘光一朝的覆没，起了促进的作用。

在这样一个僻处东南、艰危叠见的时代里，大臣们的高谈阔论，无补时艰，实在是可以令人担心的。七月间子龙上了《恢复有机疏》。他说：

> 方今殷忧之会，天步艰难，大仇未殄，不共戴履。臣伏处田间，自谓当此之时，陛下必日坐便殿，与宰执之臣，亲决庶政，三事大夫，莫不夙夜，百僚奉职，朝令夕行，而且下哀痛之诏，兴缟素之

师，呼苍兕以济江，秉白旄而问罪，庶足以泄神人之愤，慰普天之望也。自入国门，将再旬矣，唯遣北使，得一聆天语，不识密勿之臣，英谋宏议，日进几何，但见官署寂寥，人情泄沓，交鞍击毂，宛然泰阶之风，好爵高班，无异升平之日，从无有叹神州之陆沉，念中原之榛莽者，岂金陵佳丽之区，六朝风流之地，可供清谈坐啸耶？臣恐王敦、祖约、苏峻之徒不绝于世，而王导、陶侃、温峤之亚未见其人，又无论西苻秦而北石赵也。清歌漏舟之中，痛饮焚屋之下，臣诚不知所终矣。

昨行中元上陵之礼，臣等瞻拜之余，徘徊陵阙，北望依依，不知十二陵之碧瓦金铺，寓驹石马，尚能无恙与否，而先帝先后之梓宫何在，此时之遗民故老，有提一盂麦，操一豚蹄而凭吊者乎？不觉悲恸伏地，诗人所谓"眷焉顾之，潸然出涕"者也。兴念及此，陛下当励勾践卧薪之怀，坚齐侯不饮之志，而群工庶尹，皆当砥砺锋锷，奋发志意，克诘戎兵，修我戈戟，弋大风于崤函，射天狼于蓟北，然后扫地以答穹苍，清宫而迎大驾，乃为正也。日来上游传报，谓贼徒西遁，承襄可复，而督辅疏称山东、河北，义旗云起，咸拭目以望王师。事会之来，间不容发，而朝廷晏然置之度外，何以收三齐技击之雄，慰燕赵悲歌之士乎？臣恐此属知朝廷之不足恃，不折而归敌，则豪杰皆有自王之心矣。

昨闻朝廷欲设总督于荆常以通楚、蜀，而督辅议复济宁河臣，及大名开镇。此等皆急务也，而苦于乏才，应之每缓，事机倏忽，谁能待之。盖国家之兴废，每视人才之盛衰，况当拨乱之时，必有非常之人，任重负远之器，而后可办此大事。宋之南也，事业最不足道，然如李纲之通大略、见兵势，赵鼎之刚决敢断，辛胜虏伪，张浚之志存灭贼，百折不回，其人皆未易及也，而当时所以劝人主者，大都出于精明英武，不可为苟且偏安之局，故用虽不竟，规模亦有可观。今兹济济，贤哲充庭，以臣观之，凡厥政机，大约安静调停之意多，而振作有为之意少。新朝初建，事同创业，而侵官越职，威柄倒持，纪纲法度，隳坏已极。其始也，皆起于姑息一二武臣，以至凡百政令，皆近于优柔而寡断，弛缓而不张。盖先朝以猛而致败，自当济之以宽，然宽猛皆一偏之术，俱未免于有弊，唯大中至正，不刚不柔而后可也。方今寓宅江表，国步凌夷，五大在边，二敌窥伺，必得上下辑睦，官府一体，开诚布公，进贤远佞，穷日夜之力为之，犹以为晚也，今乃似一切因循遵养而已，汉贼不两立，王业不偏安，臣甚为之寒心也。

  臣愿陛下思念社稷之重，时时延见群臣，访求人才，讲论治道，明谕宰执，担荷大计，告诫百工，痛洗积习，不率从者纠之以法。冢臣已至，应将楚、蜀、山东、河北节镇之官，速行推补。治兵之臣并日训练，治赋之臣通局会算，战守之策，预行布置。今当节应清商，蓐收司令，鸷鸟将击，利用讲武。陛下建龙旃、乘戎辂、先幸京营，行大阅之礼，弭节江浒，大集舟师，聚水犀之甲，观横海之军；分命辅臣，一至芜湖，一至京口，以视险要，固根本，使天下晓然知陛下决意用兵，奋扬武节，无论忠臣义士，皆愿荷戈以从，即江北四镇，鄂渚全军，孰敢不为天子先驱者。然后下诏亲征，六飞北伐，归重淮渍，令一军由归亳以入汝洛、攻潼关，一军由襄邓以叩武关，出襄汉。巴蜀之甲，燕晋之师，则用之为奇兵，为声援，逆贼授首，可以计日而待矣。若悠忽萎靡，玩日愒月，粉饰岁月，偷安旦夕，臣恐东南之势危若累卵，此《曹风》之所以赋《蜉蝣》也，可不戒欤？惟愿陛下与二三大臣交警，以倡率天下而已。

  臣实见事实可为，而国势甚弱，国是未定，不敢雷同以颂新政，自附于周昌之谔谔，唯陛下采择焉。

  这是子龙的《恢复有机疏》，但是在这篇文章里，我们看不到机在何处。弘光帝是一位平凡昏庸的人才，这原是可以想见的，因为在封建王朝，统治者不仅怕起义的人民、卓荦的大臣，更怕雄杰的诸王、飒爽的弟兄；他孜孜矻矻，只要培养唯唯诺诺、昏庸无能的人物，这样他才可以心安理得地享他的威福。弘光帝的平凡昏庸，本来没有什么稀奇。现在要他担负这"事同创业"的重任，他没有受过这样的教育，也没有这样的思想准备。那么这个"恢复有机"，机在哪里呢？弘光帝面临的敌人不是一个而是两个。他凭什么去应付得寸进尺、磨牙吮爪的建州，又凭什么应付攻下北京、逼死思宗的义军呢？一个敌人还应付不了，现在是两个！从另外一点看，从神宗以来，国家的支出，除了经常的岁入以外，还有内帑、有矿税、有关榷，这是具体的情况。思宗末年，罗掘俱穷了，但是故宫里面还有埋在地下的银两。可是到了南京，那可什么都没有，所有的幸亏还有江南的漕粮，但是把一切都搜净了，除了供给四镇的正常粮饷以外，剩余不到三分之一，那么子龙所说的归亳、襄邓、巴蜀、燕晋之师的装备给养出在哪里？所说"恢复有机"的机又在哪里？这里看到子龙对于当时的具体情况，尽管他是看到一些，但是客观的形势，不能容他把看到的完全说出来。

这一年八月，南京小朝廷里，发生了一次大闹朝堂的活剧。后来子龙曾经和夏完淳谈起。完淳是当时的一位天才，父亲夏允彝，是子龙的多年挚友，自己又是子龙的学生，因此子龙对他把详情都谈到。

南京的朝廷里，大学士高弘图、张慎言、徐石麒、姜曰广和左都御史刘宗周都是名臣。马士英由凤阳总督改兵部尚书，入阁以后，汲引阮大铖为兵部侍郎。大铖有才，由于是逆案中的人物，因此在声誉上较差，这就造成当时大臣们和马、阮的对立。特别是姜曰广，更加是疾恶如仇，情绪非常紧张。八月间，在一次朝会里，曰广面对弘光帝提出辞职。

曰广说："微臣触怒权奸，自分万死，圣恩宽大，犹许归田，但臣去后，皇上还当以国事为重。"

弘光帝说："先生说得是。"

"权奸"是谁呢？弘光帝明白，但是不便说出来。可是这就大大地触怒了马士英。士英明白这是指的自己。

马士英俯服下去，他说："姜曰广，你说我是权奸，可你是一位老贼。"他在皇帝面前叩头，慨然地说："臣从满朝异议之中，拥戴皇上，可是现在我老了，愿以犬马余生，仍回贵阳原籍，以避贤路。"

姜曰广看到士英在那里撒泼，顾不得激动，大声呵斥道："马士英，你说拥戴，拥戴是可以居功的吗？"

"你说什么？在商讨戴立的时候，你姜曰广不是提出要拥戴潞王的吗？"士英把曰广的老底都揭穿了。

弘光帝看到两位大学士在那里纠缠，感到不成体统，只是说："潞王是我的叔叔，为人贤明，原也可立。二位先生在这里的言论，千万不要在外间再提，免至有伤国家的体统。"

君臣们讨论一些国事，弘光帝唯恐搞出更多的麻烦，因此传令退朝。

皇帝回宫以后，大臣们也退出。姜曰广这位江西人，本来容易发火，马士英落到"权奸"的称呼，当然更不甘心，他们一边出来，一边还是"老贼""奸臣"的对骂，这是当时的一幕活剧。

马士英和阮大铖之间的联系，子龙在自撰《年谱》中也有记载。他说：

贵阳，先君同籍也，遇予亦厚，其人傥侗不羁，久历封疆，于门户之学，非素所深研也。当困厄时，与怀宁为狎邪之交，相欢如父子，浸润其言，且曰："苟富贵，无相忘。"及贵阳柄用，而怀宁挟其权智以御之，且责前盟。见攻之者多，则曰："彼党人者，不杀我两人不止。"又造作蜚语，以为主上之立，非诸君子意，故力攻拥戴定策之人，以孤人主之势。盖怀宁挟贵阳以为援，而贵阳挟主上以自解。

予因正告贵阳曰："怀宁之奸，天下莫不闻，而公之功，亦天下所共推也。公于人无毫发之隙，奈何代人犯天下之怒乎？且公之冒不韪而保任者，以生平之言不可负也。公以素交而荐之，众以公义而持之。使公既信友，又不害法，则众之益公者大矣，而公何怒为？今国家有累卵之危，束手坐视，而争此一人，异日责有所归矣。"

贵阳曰："逆案本不可翻也，止以怀宁一人才不可废耳。"

予曰："公既不能负怀宁而独用之，则怀宁又何辞以拒同科之数百人而独登朊仕乎。一小人用，众小人进，必然之势。一逾短垣，虽公亦无如之何矣！且公为宰辅，苟能真心以求天下之才，何患无人！如怀宁者何足数哉！"

予又进曰："公之拥戴主上，以赞中兴，巍巍之功，有识共瞻。然公每以定策自居，则窃以为不可也。夫人臣而以定策自居，必上见嫌于人主，而下取谤于海内。公历览史册，以此自全者几人哉？"

贵阳曰："我非敢然也。人方欲杀我，不得不持此乞命于主上耳。"

予应之曰："主上以亲以贤，亿兆乐推，谁有异议？凡此皆奸人造作流言，以伤君相之心，惑天下之志，公奈何堕其术？且主上抚有区宇，乃曰翼戴者止数人，而贰心者遍朝野，何示天下以不广乎？公若能远谗去佞，唯贤是与，劳谦不伐，秉心无竞，而士大夫尚有以微文及公者，某不信也。"

时贵阳以予为新建门下士，而诸君子多素交，稍信之。

数日后新建师语予曰："日来贵阳在阁，气甚和，亦绝口不言定策事，君谠言之力也。"

贵阳家厮隶臧获大都受奸人指，为刺意气，且置人屏幕间，察客语云何，予言无虑不尽漏，群小怨益深矣。

这里所说的"贵阳"指马士英，"怀宁"指阮大铖，"新建"指姜曰广。马士英和子龙的父亲所闻同年进士，因此子龙说是"同籍"。明代人对于同年的关系看得特别重，从这里我们可以见到马士英和陈子龙所说的都是推心置腹的。从另外一面看，马士英和阮大铖的关系，并不是很深，但是正由于当时人把他们推拢，因此他们更接近了，以致后人统称他们为马阮，其实两人的立场并不完全一致，这从他们日后的结局可以看得更清楚。

子龙的兵科给事中发表以后，崇祯十七年六月到任，八月乞假回籍，先后在朝五十日，他的职务虽重，但是他在任的时间并不长。他的官只是一位七品官，但是他始终以天下安危自任，并没有因为官小而缄默不言，这是他的特长，也见到他的许身为国。他所说的是不是能做到，他是顾不得的，因为他是言官，进言是他的责任，但是在他进言的时候，确曾考虑到能否实现，至于事情的本当实现、可以实现，而负国家重任的君主和大臣，却没有认真贯彻，坚决实行，这个责任便不在子龙身上了。七月上旬，他上《敌情叵测疏》，指出河淮当守。他说：

> 议者孰不曰守淮守河，然淮自濠梁以上，秋冬之际浅而难守，南唐有成事也。河自徐邳以上则归德汴洛之境，荒远近寇，未易言也。今我所恃以为江北之障蔽者四镇之兵耳。刘泽清扼守淮阴，刘良佐开镇濠寿，差为得策矣。扬州本属内地，无藉兵守，高杰之来，以安顿家眷耳，今秋气渐爽，闻其久怀进取之图，自当速往徐邳本信，以控黄河上流。黄得功素称忠勇，岂肯坐论真州，亦当移屯符离宿州之间，以便东西策应，其应用粮饷，当先行会计，陆续措发，移兵之期，断不可过此月也……
>
> 数月以来，料理江防，兵非不多，将非不勇，但患统制未一，分信未明，船只鲜少耳。今黄蜚虽未受事，而上有郑鸿逵之师，下有黄斌卿之师，以南将南兵守江，计颇得矣，但当画分信地，凡诸零星兵船皆附丽之，而令其益广招募，除操江定额二万人外，郑、黄二帅，须各统一万二千人，船五百号，以一兵部郎监其军，而后声势始壮。今斌卿尚在候领册印，似当即日给发，令其克日受事者也。至于连日传报，北来官兵难民络绎南归，此固当亟为抚纳，但宜择淮北各州县以安插之，仍为之接济可也。若皆令渡淮，主客未能相安，措置之方无容轻率耳。

南京政权建立四镇，主要目的在于扼守江淮之间。四镇成立以后，对于南京，所起的保卫作用是不大的。刘泽清的实力较差，据守淮安，时不时还要对南京政权进行威胁和侮弄。刘良佐的兵力更差，他驻扎在临淮，对于南京，也不是唯命是从的。高杰和黄得功兵力最强，高杰的信地在泗州，黄得功的信地在庐州，但是一个盘踞扬州，一个盘踞仪真。两支强大的军队所考虑的不是怎样去击败敌人，而是怎样固守或是夺取这座繁荣的扬州城。高杰首先夺获了这座城市，黄得功的目标就是夺取它。国家的前途，人民的前途，他们是不管的。督师的大学士史可法，由于他的忠诚，是从福缘庵出来了，但是他并没有获得指挥的全权。国家的成败是可以想见了。

南京政权是当时的中央，但是这个中央始终纠缠在人事纠纷的当中。大臣们的斗争是没完没了的。一切的努力消磨在相互牵掣、相互抵触中。他们不是不知道当前的形势，清政权的野心正在不断地扩大，李自成回到关中整顿兵马以后也在积极东进。连同南京方面计算，这三个政权的实力，必然要在畿南、河南和黄淮以北的地区发生一次决战。但是南京的大臣们考虑的还有一个势力再分配的问题，国家的命运正在龁啮着这位兵科给事中的心头。七月下旬，子龙曾上《布置楚、豫疏》，那时他就说起：

臣闻中原者天下之腹心也，楚、豫者天下之领项也。欲定天下，必规划中原，欲保东南，必经理楚、蜀，臣前疏已言其概。

今敌据幽燕，逆寇丧败之余，未能悉甲与争易水之上也。避坚击罅，其势非出潼关以蹂豫，则由襄邓以窥楚。豫中虽有土寨义兵，受我位号，然大要皆群盗耳。楚中亦有团兵保聚，而势危力弱，非有重兵鼓舞联络，何资捍御？且近传撤承襄之贼以入关，安知非卑飞敛翼，欲出我不意，狡焉启疆耶？布置之道诚不可迟矣。

昨见原任巡抚杨鹗请贵州仍设五省总督，驻公安、松滋之间，而偏沅仍设巡抚。奉旨："著部科会议。"又同官罗万象请撤无用之楚抚一疏，奉旨："黔督已更巡抚，偏抚即改川湖云贵总督，驻扎荆常。"大约与鹗议相近，特鹗议仍留偏抚，而庙算则增一黔抚耳。以臣愚见，年来楚疆破坏，皆始于建置无常，分割无定，以致节制不明，彼此推诿。今总计楚、豫之境，当设二督三抚。

夫荆、常之间，大江之门户，楚、蜀之咽喉，陆抗所云："当倾国以争西陵"者是也。黔中既设抚，则总督可专办楚事，而且可以取财赋予湖南，取兵马于滇、黔、巴、蜀及五溪蛮夷君长，其策至当也。本宜开镇荆州，若以荒废不可居，则驻节公安，徐图展葺移屯。此外则当设一楚豫总督于襄阳，为规复中原之渐。襄阳未复，即命督臣鼓励左帅一军，率惠登相、毛显文之徒，暂驻德安，以图恢剿，而徐招土著以为长守之计，其衔应称总督楚、豫，巡抚承、德、襄阳等处，以示责成而承抚可裁也。此二督者立，则形势得抗要矣。豫中设一抚，令其建牙于汝宁、归德之间，以规汴、洛，此易知也。唯楚中设抚，分信宜明，郧阳一镇，山深地瘠，仅能自守，襄虽设督，不可废也。楚抚驻扎武昌，则洞庭以南诸郡，皆当属之，而江北之汉阳、蕲、黄，旧本一道，况扼守汉口，必赖舟师，自应归楚抚统辖，不宜专顾江南也。总之，环楚之界，郧抚本兼制秦、豫，今就楚而言，则郧阳一府，其信地也。武、汉、黄、长、宝、汉[1]、永七府，则楚抚之信地也。承天、德安、襄阳，则楚豫总督之信地也。荆州、岳州、常德、辰州，则五省总督之信地也。如此则疆土各有专责，而犄角应援，皆可布置矣。夫裁一偏抚而改设一五省总督，裁一承抚而改设一楚豫总督，官不增而提挈较便，至善之计也。若夫川中，跨有梁、益，北则李贼狡窥，南则献贼蛰伏，中复有摇黄腹心之疾，非一人所能兼顾，必须仿唐世东西川两节度之制，分置二人者也。至于楚中，用团兵以守地方，即以土人为之官长，其事诚便。除听抚按随才器使外，凡三楚绅士，流寓于吴越之间者何限，宜逐一访确，但不能为罢吏借题耳。若有才可用，及相应得官者，即补楚中监司守令，既有位号民社，则还乡差易。在彼得遂其返间井守丘垅之乐，而国家可藉以保障，胜于异国之人，视荆郢如绝域，迁延岁月而不赴者多矣。

子龙对于楚、豫的布置，是有他的认识的。从这里我们可以看到他在编定《皇明经世文编》的时候，在思想基础方面，已经下了很大的功夫，因此

---

[1] 疑当作衡。

他在六年以后，能提出具体的方案。一切的成就都必须在早年做出充实的准备，到必要的时候，才能提供卓越的布置。

这年秋天，由于刘宗周的起用问题，南京中枢又发生了一次争执。宗周在思宗时代，是有名的大臣，官至左都御史。在明代监察权特别吃重的时代，这是一个非常紧要的位置，因此《明史》把六部尚书和左都御史同列入《七卿表》。可是宗周也正因为忠言谠论，遭到思宗的罢斥。弘光帝在南京即位后，起宗周仍为左都御史。可是宗周一到南京，认为大仇未报，不敢受职，自称草莽孤臣，上疏陈时政，他在结尾中说：

> 当贼入晋流秦，渐过畿南，远近汹汹，独大江南北晏然。而二三督抚不闻遣一骑以壮声援，贼遂得长驱犯阙，坐视君父之危亡而不救，则封疆诸臣之当诛者一。凶问已确，诸臣奋戈而起，决一战以赎前愆，自当不俟朝食。方且仰声息于南中，争言固圉之策，卸兵权于阃外，首图定策之功，则封疆诸臣之当诛者又一。新朝既立之后，谓宜不俟终日，首遣北伐之师。不然，则亟遣一介，间道北进，檄燕中父老，起塞上名王，哭九庙，厝梓宫，访诸王。更不然，则起闽帅郑芝龙，以海师下直沽，九边督抚合谋共奋，事或可为。而诸臣计不出此，则举朝谋国不忠之当诛者又一。罪废诸臣，量从昭雪，自应援先帝遗诏及之，今乃概用新恩。诛阉定案，前后诏书鹘突，势必彪虎之类，尽从平反而后已，则举朝谋国不忠之当诛者又一。臣谓今日问罪，当自中外诸臣不职者始。

宗周的议论是正确的，但是宗周的对立面是当时南京中枢的大臣和阃外的大将。这样势必把当时已经存在的矛盾更加激化起来，对于南京政权的前途是不利的。夏允彝之子完淳在《续幸存录》中曾说：

> 马本有意为君子，实廷臣激之走险，当其出刘入阮之时，赋诗曰："苏蕙才名天下绝，阳台歌舞世间无，若使同房不相妒，也应

快杀窦连波。"盖以若兰喻刘,阳台喻阮也。尚见为臣之体。

允彝、完淳父子的气节,在明末是少有的,持论有独到之处,对于马士英的为人也有一定的认识。由于他们死在阮大铖之前,因此对于大铖的晚年认识不足,把刘宗周和阮大铖相提并论,显然是不当的。

宗周上疏以后,弘光帝随即宣付史馆,这是一种鼓励。宗周再疏,直指马士英之偏私误国与高杰等之骄悍失律,而且是指名道姓,不稍宽假。疏文在前文中已详述,兹不具引。

刘宗周的议论是正确的,但是效果却不好。这里有一个动机和效果的问题。政治是现实的,我们必须从效果来衡量政治的措施。四镇未立以前,必须考虑建立四镇以后必然要产生的问题。从当时的现实看,建立四镇,不但不能起抗拒清军南下的作用,而且养痈成患,对于朝廷的安全,甚至构成一定的威胁。因此事前就不应当考虑四镇的建立,在当日的情况下,不建立四镇,四镇也无从提出必须建立的要求。但是一经建立以后,提出废除,必须提出废除四镇的理由,这是当日南京政权必须首先考虑的。孔子说:"成事不说,遂事不谏,既往不咎。"宗周提出这样的主张,对于国家的安定是不利的。从另一方面说:马士英是有一定才能的,但他是不是一位大将之才,还是值得考虑的。从以前的成就看,他在凤阳总督任内,只能做到交欢诸将,没有树立赫赫之功;从以后的事业看,他在西兴江上,也只是旅进旅退,虽然克保晚节,也没有什么成就。那么刘宗周的议论,也于事何补。上疏以后,不久宗周离开南京。

九月,起用黄道周为礼部尚书兼翰林院学士。宗周、道周,都是当时的名臣,但是对于当时的政局,都无法起到积极的作用。

崇祯时代,刘宗周、黄道周都没有得到重视。现在他们来了,但是依然没有得到重视。宗周甚至受到武臣的怨恨,时时有被刺的危险。八月间,子龙上《论召对内降疏》。他说:

陛下龙飞以来,求贤若渴,搜岩剔穴,耆硕尽登……然几微之间,端倪之际,臣在谏职,敢不直言。

其一在宪臣刘宗周之宣召也。夫宗周之清贞,海内尽知。陛下起之田间,诏旨温切,几于轩访崆峒,尧拜姑射,喜起之风,千载罕见。今入国门数日矣,寄居萧寺,不得一望天颜,于前者面询之谕,何寂寥也。在陛下渊衷,以方谕大臣和衷共济,恐宪臣戆直,奏对之际,复生异同。然臣以陛下疑畏君子之机,自此生矣。夫老成之意,无非爱君。言而当,固宜虚受;即未当也,亦宜优容。君臣之间,何嫌何忌,而为此踌躇也。且天下贤者莫不视宪臣之用舍以为进退。若未至,待若神明;既至,不承权舆,臣恐君子有携手同归之志,黄道周之流,皆踯躅而不前矣。陛下谁与共治天下哉?任贤而不能信,仲尼以为害霸;善贤而不能用,郭公至于失国。臣愿陛下详思之,立召宪臣,访以治道,速使任职以肃纪纲,天下幸甚。

其一为张有誉之特用也。夫计臣之清端敏练,百僚所服,司计之选,在廷无出其右者。陛下知人善任使如此,虽汉高何以过,臣复何忧。但爵人于朝,与众共之,古之制也。以尧之大圣,犹咨询岳牧,盖虽聪明跨绝群下,而必以谋于众,舍己从人,为常经大法耳。故内降之事,历世所争,无论斜封墨敕,滥及邪秽,即用而当,宰相必应缴驳,谏官必应论奏,而贤者亦必不乐就之。昔诸葛亮有官府一体之论,唐人有不经凤阁鸾台何名为敕之叹,政令所关,诚宜兢兢也……臣等不争,则幸门日开,臣等争之,则已有前例。即陛下太阿在握,必无他移,万举万当,而立国之始,当示圣子神孙以万世之法,安可自违成宪,致生厉端,臣愿陛下坚持之,收回成命,仍令冢臣会推点用。在有誉虽以特达为荣,而尤以金谋为贵,亦所以安贤臣之心也。

这里有两个问题。第一关于刘宗周的进退,上面已经说过了。其次是关于人事的问题。南京政权的能否存在,决定于人才的进退。从具体情况讲,南京政权的存在,不是一个简单的问题。北京有清政权,西北有李自成,他们之间有不可调和的矛盾，但是他们对于南京政权的存在，都不能容忍，这是一致的。所以南京政权如能克服内部的矛盾，步调一致，奋发图强，就有存在的理由，不然的话，只有走向灭亡。

但是，南京政权的内部矛盾是无法克服的。

刘宗周去了。南京政权起用黄道周为吏部左侍郎。道周看到不是自己出来的时机。马士英托人和他说："幼平（道周字）不出山，是不是准备和史道邻（可法字）共同拥立潞王？"这样，道周只有来了，但是只能提出如何进取中原的策略，实际上还是托之空言。道周的官衔提升了，是礼部尚书、协理詹事府事。明代的礼部尚书只是晋升大学士的阶梯，但是在朝政日非的当中，即使挂上了大学士的空衔。也是没用的。不久道周也辞职了。

问题落到陈子龙的身上。景仰的刘宗周去了，师承的黄道周也去了，座师姜曰广九月间又去了。他们和马士英的矛盾，已经发展到不能并存的地步，先后都去了。可是马士英是陈子龙的年伯，子龙和马士英不是没有来往的。这一切都使他感觉到很为难。

当然，从现代人看来，国家是高于一切的。只要于国家有利，什么都不应当顾惜。但是子龙所处的境地，确是非常困难。一位七品官的小科员，对于国家的前途能起多大的作用呢？他知道他应当豁出自己的一切，为国家前途尽个人的力量；可是自己即使豁出去了，对于国家没有丝毫的补益，那么这样豁出去，又是为了什么？！

这样的痛苦是火上的煎熬，是心头的毒螫。"三山半落青天外，二水中分白鹭洲。"南京的苍茫景色，竟容不下这位江东才子。子龙上《请假葬亲疏》，他说：

> 臣海壖竖孺，单门薄祚，少而孤露，痛深鲜民。臣祖臣父母之没，远者二三十年，近者数年，既以贫窭，又兼羁宦，四丧未举，荏苒岁月，尝恩舆台皂隶之家，马医夏畦之鬼，咸得一抔之土，而臣祖父世受国恩，经时暴露，臣之不孝，中夜自伤。今春量移，便道里门，始得一不食之地，营窀穸之事。日月有时矣，又蒙圣恩，起补原职，

本拟克葬之后，乃始趋朝，恐违"不俟驾"之谊，且国家多故，急欲一觐天颜，故星驰就列，愧无寸补。昨得家报，知择日于九月之杪。臣终鲜兄弟，旁绝期功，止一祖母在家，侵寻老病，非臣自归，不能襄事。且江南之俗，拘忌时日，虽小道不言，而颇见征验，若失其期，便有违碍，倘复迁延，则臣永为圣世之罪人矣……

子龙《请假葬亲疏》上去以后，八月十一日奉旨："陈子龙准给假三个月，即来供职，不得迟延。"事实上他九月末方回松江，他在《年谱》中说：

予私念时事必不可为，而祖、父俱在浅土，甚惧，请急归营窀穸之事。蒙恩允放。予在言路，不过五十日，章无虑三十余上，多触时之言，时人见嫉如仇。及予归而政益异，木瓜盈路，小人成群，海内无智愚，皆知颠覆不远矣。十一月举一子、妾沈氏出也。十二月始克葬祖考、皇考、两先妣于青浦之富林东阡，遂徙家焉。

今本《陈卧子兵垣奏议》存三十四篇，存目四篇，共三十八篇，与《年谱》所称"三十余篇"合。《募练水师疏》六月奉旨，《经筵宜重疏》八月二十二日奉旨，是年七月大建，自六月末至八月二十二日，前后不止五十日，所谓"在言路不过五十日"，举其成数而言，实不止五十日。子龙生于华亭，至此迁青浦县富林，又称广富林，因此称华亭人，又称青浦人。

第十二章
南京的陷落

　　明朝末年，由于农民军的崛起和清政权的权术，终于失去了北京和黄河以北的广大地区，倘使当时南京政权的领导者能够统一意志，坚决抗拒南下的清军，还是可以成功的，但是当时的中枢，正在作无穷无尽的内部斗争。

南京政权的人事，在这年秋后经过一些新的安排，姜曰广、高弘图、徐石麒走了，史可法久已出外了，刘宗周走了，黄道周也准备走了，连带陈子龙也走了，但是政局并没有出现安定的局面。东南一隅，要应付北下的清政权和西来的大顺政权实在是不可能的。财政方面，军事方面，内政方面，处处呈现了一派左支右绌的情况，最干练的政治家，在这个情况下，都会感到不易应付，何况马士英这样的人物，他理解的只是如何拉拢，如何搪塞，并没有公忠体国的精神、大开大阖的气魄，这就必然会把当时的政局引导到一个无法挽回的局面。

最困难的是财政方面。九月间御史沈宸荃上言：

> 皇上御极以来，寇敌之情形又日变，臣工之泄沓则犹昔，使非皇上痛心愤志，切齿于君亲之大恨，深图于社稷之远猷，早朝晏罢，尝胆卧薪，与当事臣邻，刻刻经度，麦饭不得洒于山陵，何以锦衣玉食；臣庶半沦于腥秽，何以秘殿深官？况屡挫之余，余志未定，献据荆襄，胡趋东省，战则未可遽言，守则宜居重江陵，扼险夷陵，为第一重藩篱。更不获已，则仿宋之南渡，自襄樊蕲黄，楚宿山阳为第二重门户，庶乎南都稍可以安枕矣。郡县各练乡勇，宜以实饷，而饷又难言之。岁入六百余万，淮徐四镇及督师至二百四十万。楚一藩、四镇、二督、二抚；江一督、二抚、二镇。京营、浦口、京口各镇岁饷，又岂下于淮徐哉？即神运鬼输，亦未能足。高皇帝得

金陵，康茂才充营田使，今屯政宜酌举也。以利之所入，减饷之所出，若东豫抚按，亦多请饷，唯与诸臣参酌。其服御仪文，可止、可减、可缓，则以上之节俭倡也。

问题是提出了，但是解决的办法，却提得很不具体。同时工科给事中李清也说：

今秦、晋属顺，燕、代属清，兖、豫已为瓯脱，闽、粤解京无几，徽、宁力殚于安庆、芜湖二抚，常镇用竭于京口二镇，养兵上供者仅苏松、江浙。且昔以天下供天下而犹且不足，今以一隅供天下而独有余乎？营建仪器，事事增出，其何支也？

财政的竭蹶如此，经济的崩溃，是可以想见的。地区缩小了，但是官吏并没有减少，军队并没有缩编。不仅如此，由于清政权和大顺政权的威胁，军队更在扩编，人民已经无法再挑起这样的重担。财政的措施，甚至对于和尚、妓女都得每人捐出白银二两，实在已经到了非常危险的地步。

史可法以督师大学士的身份出镇扬州，对于国家的兴亡，确实感到自己的重任，但是四镇也实在不易驾驭。高杰是一名干将，可是黄得功也是干将，他们为了夺取扬州，准备随时进行火并，怎样进行调护，就费了史可法大部的精力。督师大学士的责任，仅仅在于调护将士中间的矛盾吗？可法不是不知道，但是他不能不这样做，实际上也只能做得这一点，那还怎样能完成抵御李自成的东进和收复北方的土地呢？可法不是不知道，但是他竟无法完成自己的任务。

八月间，清政权的摄政王多尔衮就曾去信史可法，他说到清军——

……入京之日，首崇怀宗[1]帝后谥号，卜葬山陵，悉如典礼。亲、

---

[1] 即崇祯帝，南京谥为思宗、后改毅宗，清人谥为怀宗。

> 郡王、将军以下，一仍故封，不加改削。勋戚文武诸臣，咸在朝列，恩礼有加，耕市不惊，秋毫无扰。方拟秋高气爽，遣将西征，传檄江南，联兵河朔，陈师鞠旅，戮力同心，报及君国之仇，彰我朝廷之德。岂意南州诸君子，苟安旦夕，弗审事机，聊慕虚名，顿忘实害，予甚惑之。国家之抚定燕都，乃得之于闯贼，非取之于明朝也。贼毁明朝之庙主，辱及先人，我国家不惮征缮之劳，悉索敝赋，代为雪耻，孝子仁人当如何感恩图报？兹乃乘逆寇稽诛，王师暂息，遂欲雄踞江南，坐享渔人之利，揆诸情理，岂可谓平？将以为天堑不能飞渡，投鞭不足断流耶？……予将简西行之锐，转旆东征，且拟释彼重诛，命为前导。夫以中华全力，受制潢池，而欲以江左一隅，兼支大国，胜负之数，无待蓍龟矣……

这里有掩饰，有捏造，有虚诳，有威胁。多尔衮虽然不会自己动笔，但是捉刀代笔的人确实把他那样的傲懒形态完全描绘出来。

可法在覆书里，说及——

> ……本朝传世十六，正统相承，自治冠带之族，继绝存亡，仁风遐被。贵国昔在先朝，凤膺封号，后以小人搆衅，致启兵端，先帝深痛疾之，旋加诛戮，此殿下之所知也。今痛心本朝之难，驱除乱逆，可谓大义复著于《春秋》矣。若乘我国运中微，一旦视同割据，转欲移师东下，而以前导命元凶，义利兼收，恩仇倏忽，奖乱贼而长寇雠，此不惟孤本朝借力复仇之心，亦甚违殿下仗义扶危之初志矣……

可法对于多尔衮并没有低首屈服，可是也并没有报以恶声，这里当然有个实力的问题。在这个三角斗争中，南京政权是一个最弱者，不但兵力不够，经济力不够，而且内部的矛盾正在不断地激化，时时有爆发内战的可能，这就迫使可法无法做出有力的反击。

十一月，可法看到左懋第北行的失败以后，对弘光帝疏称：

> 痛自三月以来至于今日，陵庙荒芜，山河鼎沸，大仇数月，一兵未加。近见虏示，公然以逆加我，辱我使臣，蹂我近地，是和议固断断难成也。一旦寇为虏并，必合力南侵；即寇势尚强，虏必转与寇合。宗社之安危决于此日，先帝以千古未有之变，恭皇帝亦千古未有之仇[1]。庶民之家父兄被杀，尚思穴胸断胆，得而甘心，朝廷之上，顾可以漠置之耶？以臣仰观圣德，俯察人情，似有初而鲜终，改德而见怨。虏强而我弱，虏众而吾寡，虏假行仁义而吾渐失人心，窃恐恢复之无期，而偏安之未可保也。不急之工役，可已之烦费，一切报罢；朝夕之宴饮，左右之献谀，一切谢绝。即事关大礼，万不容废，亦从俭约。盖寇一日不灭，虏一日不归，即有宫室，岂能宴处？即有锦衣玉食，岂能安享？此时一切举动，皆一时人心向背之所关，敌国窥伺之所系也。必皇上念念刻刻愤先帝之大仇，振举朝之精神，庶人心可救而天心可回耳。

史可法给多尔衮的覆书，《清实录》以为"语多不屈"，近代有人认为是刻意求和。其实都不一定符合可法的原意。可法对于李自成始终认为是不可调和的，但是对于清政权，也没有丝毫的幻想。他希望的是在取得清政权的默认下，彻底打垮李自成的农民军，待得自己的兵力充实以后，再和清政权作战，夺回北方。当然，这是幻想。清政权是野心勃勃的，决不会坐待南京政权的壮大，而按照南京政府的实力，也谈不上两面作战。

其后可法看到马绍愉、陈洪范因和议不成，出京南下，他看清时局的艰难，再行具奏说：

> 北使已旋，和议无成，向全力御寇而不足，今复分以御虏

---

[1] 恭皇帝即福王常洵，崇祯十四年为李自成所杀。弘光帝即位后追尊。

矣。唐宋门户之祸，与国终始，意气相激，化成恩仇。有心之士，□□□□，而无识之人，转以为快。孰有甚于戕我君父，覆我邦家者？不此之仇而修睚眦之微，真不知类矣。此臣之所以痛心而望于庙堂也。先帝待诸镇何等深厚？今日之计，和不成唯有战，战非诸将之事而谁事也？阃外视庙堂，庙堂视皇上，尤望深思痛愤，无然泄沓。古人有言，不本人情，何由恢复？今之人情，大可见矣。

从可法的立场看，南京政权和李自成是没有调和的余地。从可法的思想认识，我们看到这一点。从另外一点看，南京政权和清政权也没有调和的余地。南京政权的实力始终不能统一起来。从当时的建置看，川、滇、黔、粤，依然在南京政权直辖之下，但是太远了。古人说过："虽鞭之长，不及马腹。"南京政权的鞭影固然没有达到那些地方，其实即如湘、鄂、赣、闽，南京政权的马鞭，也还不能达到。势力所及只有现今的苏、浙、皖、沪三省一市。即在此区区的东南地区，还有四镇，还有其他大大小小的势力。

清政权在巩固了北京之后继续南下了。吴三桂的降清可能只是被时势逼成的。在李自成的部队逼近山海关的时候，由于政治立场和阶级立场的关系，他不可能和李自成接近；同时由于兵力的悬殊，他也不敢贸然和李自成决战，这就促成了他向关外的乞援，这是唐人借兵回纥的老路，吴三桂从这一条路走下去，在他当时很可能没有看到这一步是走错了。

在多尔衮的支持下，吴三桂胜利了，李自成退到北京，没有做出必要的抵抗，随即向山西、陕西撤退。当然，从今天看，这完全是可以理解的。项羽破咸阳、烧毁秦宫室，心怀思欲东归，他说："富贵不归故乡，如衣绣夜行，谁知之者？"其实这只是一句解嘲之词。他看到关中人民的敌对情绪和刘邦负嵎的形势，他不得不回到楚地，争取根据地群众的有力支援。

李自成回关中了，吴三桂当然要夺取北京。可是他的实力正在和李自成断后部队作战，一时拉不动，同时又有山海关外土地，原有一半给吴三桂、一半仍给土著人民的定议。一边有了大棒，一边又有胡萝卜。吴三桂只有奉清政权之命继续追赶李自成，更没有逗留北京的余地。他继续西进，更没有和南京政权接触的机会。从这些地方，我们可以看到清代开国之初，在作战计划方面，是有自己的见解的。

南京政权是不甘心退到黄河以南的。黄河在皖北夺取淮水河道以后，从河漕到江边，只剩得现在皖中和苏中地区，这是当时的南京政权所不能满足的。四镇初立，刘泽清经理山东一路，高杰经理开归一路，刘良佐经理陈杞一路，黄得功经理光固一路。当时虽然没有远大的眼光，但是还不至于准备以黄河为界。这是自然形势和历史形势所造成的。不幸的是四镇的人才不但不是明初的徐达、常遇春、蓝玉、冯胜，甚至也不是南宋的张俊、刘光世、韩世忠、岳飞。这是弘光帝失败的一个因素，当然这还不是主要的。

主要的因素是南方阶级形势的大波动。明代的出现，虽然是由于被压迫被奴役的人民造反，但是在领导造反的获得政权以后，他们对于人民只是加强压迫、加强奴役、加强统治。明代中期以后，革命的呼声已经非常高亢，刘六、刘七的怒吼并不逊于芝麻李、刘福通。没有清政权的入关，李自成已经一举摧毁了北京的统治势力。可是清政权入关了。北京附近的圈地入旗、掠民为奴以及权豪势要召集无赖，号称投靠家丁，祸害人民的形势，无形之中，又把南方人民和地主豪绅糅合在一起，成为联合战线，反对压迫人民的反动势力。

崇祯十七年十月间，清政权发兵驻临清，传檄济宁，号称四十万大军即日南下，要求各郡县准备粮草。十一月，淮扬巡抚上报，清骑兵已到沭阳、赣榆，任命辽人赵福星为赣榆道，屯兵五千。十二月，清骑兵进入河南。同月，南京政权命总督王永吉防河，刘泽清、高杰联络总督张缙彦、巡抚王燮分戍河北，黄得功、刘良佐就近增援邳州、宿迁。在这个情况下，清政权和南京政权相持着。

就在十月间李自成遣兵出潼关，分为八大营，三营趋归德，三营趋裕州，二营据郏县。

这就是说在山东、淮北这一带，清兵和明兵相持着；在河南，清兵、明兵和李自成的军队三方面相持着。清兵取的攻势，李自成也进窥河南，明兵处在扼守的阶段，在战略上没有采取主动出击的形势，由于实力方面的薄弱，不得不采取这样的策略。

弘光元年正月，清兵进攻潼关，经过一次战争，夺取这一座要塞。李自成准备向后撤退，可是从山西来的清兵已经越过黄河，截断了通往陕北的大道，自成率同精锐和清兵决战。自成大败，这才放弃西安，从商雒走武冈，入襄阳，退出了争夺中原的三角会战。

在中原会战中，高杰的表现是最好的一位。高杰是李自成的部下，其后背叛李自成，投降洪承畴。承畴出关，高杰从孙传庭作战。传庭败后，高杰北走延安，崇祯十六年十一月渡河，进入山西，升为总兵。崇祯十七年南京政权成立后封兴平伯，驻扬州。在扬州这一阶段，他的声名很不好。史可法以大学士的名义进驻扬州，高杰不受节制，把可法软禁起来。同时复和争夺扬州的黄得功作战。两镇的军队不和清人争夺，也不和李自成争夺，而是自相残杀，这是高杰最恶劣的表现。

但是奇迹出现了。高杰早年的表现只是一生的第一个段落，在这个段落中，从起义到叛变，从叛变到割据、凶杀、掠夺，在高杰只是一件极平常的事故，但是他胸中还有一粒火花，这粒火花是他的不畏强横、不受羁勒、敢作敢为、豪放恣肆的个性表现。从这种个性出发，他可以造反，可以叛变，可以掠夺，也就可以放手前进，终于夺取自我牺牲的最高荣誉。高杰的一生处处表现为极端矛盾，但是矛盾之中有他终始完整的一贯性，这是历史中罕见的人物。

在这时候，史可法是一位胜利者。在高杰初到扬州的时候，可法是被软禁在福缘庵，他的一切章奏都得经过高杰的同意。这是什么督师呢？只是高杰的一位幕僚，但是可法的忠恳无私，终于感动了高杰。最后他们共同商定恢复的方略。由高杰出兵进窥归德、开封，同时傍窥南阳、洛阳，兼顾襄阳、荆州以为根本。这是一个大胆的设计，然而不是高杰一镇的兵力应付得了的。他们共同商定由刘泽清、黄得功两镇的兵力作为后援部队。可是刘泽清是出名的凶滑，黄得功和高杰有私怨，都不愿出兵支持高杰，可法只能调刘良佐出兵徐州，作为高杰的后盾。

高杰的意志很坚定，虽然感到一些不安，他在出师时奏称："得功与臣犹介介前事，臣知报君雪耻而已，安能与同列较短长哉。"

十二月二十三日高杰发徐州，二十五日至归德，这是总兵许定国的防地。弘光元年正月初九，定国约高杰十三日于睢州会面。两位高级将领的会面，使高杰很高兴。定国自动提出把睢州防地让给高杰，这样当然使高杰更高兴了。定国约高杰在城中大宴。高杰高兴极了，把大兵驻扎在城外，带同少数人马进城。同时赴宴的还有巡抚越其杰、巡按陈潜夫。

其杰见到高杰后，他说："好得很，睢州城外很开阔，我们还是约同许总兵在城外畅叙一下，好不好？"

高杰很坦然地说："为什么？许总兵既然约我们进城，城内还不是一样？"

他们联镳进城了。高杰只带得少数人马一齐同去。

许定国很谦虚，也很慷慨，他派了得力的部下陪同高杰来人欢宴，一面却约同兴平伯和巡抚、巡按两位大人到衙门畅饮。

这次欢会真是一件大事，大家开怀畅饮。定国本来约定让出睢州，高杰问到移交的日期，同时也提出要安排定国的儿子在自己军队中工作。这一切都使定国感到很愕然。睢州是说清要让出的，可是不能这样的催促；至于儿子的工作，到高杰的部下，那不是作为人质吗？他有一些反感，可是究竟是老行伍了，一切都不露声色。

真是一场欢宴。高杰醉了，他的部下在大厅上也大醉了。深夜以后，道了安置；高杰的护兵，每一位都由一名歌妓陪着安置。高杰更是喝醉了，当然由绝色的妇女陪同高卧。

夜更深了。一阵风声，杀高杰的勇士破门而入。高杰大醉，当然有绝色的妇女陪同，可是哪能制止高杰呢？高杰随身的武器是一枝铁棒，号称四十斤，虽然实际只有十八斤，可是把这样沉重的武器运用如飞，也确实是一项过人的武艺。不管多么重，在高杰惊醒以后，伸手使用的时候，铁棒已经被破门的勇士们收起了。无可奈何，一个踢步，高杰早已夺得铁枪，一阵破口大骂。

无论你是怎样掏出心肝，一意地为了国家和民族的前途奋勇作战，准备出卖祖国的许定国是不考虑的。他手下的勇士们也是不考虑的。动刀的动刀，动枪的动枪，高杰下定决心，痛改以前的罪过，为民族为国家贡献一切，他终于在许定国指挥的一群暴徒面前，献出了自己的生命。

是不是高杰不死就能改变时代的命运呢？不见得，因为清政权席卷北京、山东，跨过黄河，席卷淮扬的形势已经形成，南京政权正在急速地腐化、内讧，无法抟成一股抵抗的力量，成败的大势已经形成，不是一个高杰制止得了的，何况高杰的部下正有不少的投降分子，也和后来黄得功的部下一样，至于刘泽清、刘良佐他们自己还保不住，更何况他们的所部。南京政权的崩溃是指日可待的，高杰一死，正加速了这个崩溃的过程。

高杰死了，史可法的任务是如何安排这一支兵马。他理解到不及时安排，高杰的部下便无法收拾，从睢州到泗州，从淮安到盱眙，从扬州到瓜洲，势必成为一盘散沙，不可收拾。弘光元年正月发表了以卫胤文为南京兵部右侍郎，总督高杰诸镇兵饷，经略开封、归德。这一道命令当然因为胤文是高杰的同乡，可以接管高杰的兵马。可是高杰部下正在蠢蠢欲动，不是一位文官约束得了的。南京得到消息，在半个月之内，又是一道命令，高杰所部仍听其妻邵氏、子元爵接管，这样的安排，高杰所部是没有问题了。可是高杰以外，还有其他三镇。刘泽清的反应最快，他听到消息，唾了一口浓痰，他说："这是《水浒》故事，朝廷也能这样处理吗？"事实上，《水浒》里并没有这样的故事，刘泽清只是说这是草寇的故事，不应当出之于朝廷。

高杰存在的时候，据有扬州，这是当时最富庶的地方，黄得功就看不惯，所以要发兵夺取扬州。亏得史可法出来安排，由高杰保有扬州，得功驻扎仪真，也是扬州的边缘地带。现在高杰死了。东平侯刘泽清、靖南侯黄得功、广昌伯刘良佐联名上奏，他们说："高杰狡黠，从无寸功，顿沐荣封，骄横杀掠。今上天默除大患，而阁臣史可法欲其子承袭，以李本深提督，灰天下英雄之心，莫此为甚。此本深诸贼勒阁臣密奏，倘误听其言，臣等不能与相安矣。"这是对于南京政权的一次威胁，幸亏史可法设法弥补，没有及时爆发。可是从这一点，可以看到南京政权建立四镇是一个大失着。在国事抢攘中，四镇没有起对外作战的作用，平时虚縻国家岁入的大半，战时则崩溃的崩溃，降敌的降敌，只能在历史的长河里，留下一个深刻的教训。

清政权正在准备南下，南京政府中的纠纷也在积极发展。陈子龙在上年九月里已经请假回籍营葬，现在再度申请，他提出祖母高安人年老多病，只有子龙一孙，正如李密陈情表所说的"臣无祖母，无以至今日，祖母无臣，无以终余年，母孙二人，更相为命，是以区区不能废远"。二月十三日，诏许终养。从此以后，子龙一直留在青浦。子龙自称"时群小愈张，诸君子多被弹射。予为此辈深忌而未有以中。私念大母年益高，多病，再出必重祸以为亲忧。陈情侍养，得遂宿志焉，而齮齕者尚不休"。

在这个时期，南京出现了两件奇案。

第一是妇人童氏，她自称是弘光帝的继配，请求入宫。

第二是北京来的王之明，自称是崇祯的太子。

这两件事轰动了南京城，弘光帝对于童氏当然不能承认，对于王之明的事，他感到这不是个人所能否定的事，而且南京全城震动，只能把他暂时羁留。但是群情激动，问题搞得愈来愈严重了。这两件事不但百姓要管，大小文臣要管，甚至武臣也要管了。第一个提出来的是广昌伯刘良佐。他奏称："王之明及童氏两案未协舆论。恳求曲全两朝彝伦。"

弘光帝有什么办法泥？他的答复是：

> 童氏妖妇冒朕结发，朕初为郡王，有何东、西二宫？据供系熙陵王宫人，尚未悉真伪。王之明，驸马王昺之侄孙，避难南来，与高梦箕家人穆虎沿途狎昵，冒认东宫，妄图不轨，正在严究。朕与先帝素无嫌怨，不得已从群臣之请，勉承重寄，岂有利天下之心，毒害其血胤？但先帝遗体，不可以异姓顽童溷乱，朕官闱风化所关，法司即示情节以息群疑。

这些是三百多年以前的事了，经过这么长的时期，问题应当得到澄清，可是在当时是轰动南京的大事。不但南京，北面的淮、扬，西面的武汉，一齐轰动起来，大官要哄，小官要哄，动刀动枪的要哄，百姓也要哄，终于造成了亡国的大祸，从弘光帝起，王之明，以及童氏、大官、小官、百姓一齐都遭到屠杀或奴役。当然，中国会从灰烬中重行起来，不是削弱而是壮大了，团结了更多的民族，为国家的前途共同奋斗、共同前进，和传说中的长命鸟一样，中国是在烈火中诞生而壮大，但是三百多年以前，人民是在那乱哄哄的日子里挣扎过来的。《大雅·桑柔》中说："谁生厉阶，至今为梗。"回想到当年的惨痛，我们是止不住热泪盈眶的。

高杰一死，许定国报了当日高杰起兵曾经杀戮定国全家的私仇。他唯一的出路只有向敌人投降。清政权的大兵陆续南下，刘良佐报到南京，南京随即下令黄得功移兵庐州，共同拒敌。许定国打前阵，清兵破归德，东向直趋徐州。徐州是高杰部下李成栋的防地，好在当时的运河交通方便，成栋的军队沿着运河南下。南京的指令是由史可法扼守徐州、泗州，黄得功、刘良佐扼守庐州。这一次军事行动，主要当然是为了防备清兵的南下。但是形势已经由出击改为防守，由主动改为被动。

但是问题不在这里，主要的问题来自武昌。

自从弘光帝的南京政权建立以来，明代的力量已经不能远及北方。军事、政治、经济，这一切只得顾及东南一隅，是不是还能过问武汉、赣、湘一带，已经成了问题。驻防武汉的兵力，完全集中在左良玉一个人手里。左良玉究竟有多少兵，谁也不清楚，只说是兵部有姓名的是二万，连同没有姓名的号称二十万。二十万大军，据说是由良玉指挥，是不是他能完全指挥，谁也说不清楚。至于良玉的为人，同样也是个谜。孔尚任《桃花扇》的《余韵》说"全开锁钥淮、扬、泗，难整乾坤左、史、黄"。这是说南京政权的崩溃，即使有了史可法、黄得功、左良玉这三位名臣也无法支持。可是这一首也说"跋扈将军噪武昌"，那是说左良玉只是一位跋扈将军。那么左良玉究竟是一位爱国将军还是跋扈将军呢？为什么在两三行之间，出现这样一个大矛盾？事实上两个命题都没有错。

左良玉只是三百余年前的一位人物，他的军队是庞大的，也是复杂的。有一些他指挥得了，也有一些他指挥不了。封建时代的军队只能是这样的。因此他在作战之中，有时打了胜仗，有时也打了败仗，甚至在胜仗的过程中，由于他的指挥无方或约束不能得力，由胜仗而转为败仗。弘光初期，他在湖广一带，由于李自成的大军南下，他的所部压缩在武汉的附近，战斗力也不强，南京政权对他并没有忽视，可是也不能轻易调动，他成为在山的虎豹。可是左良玉对于南京政权并没有采取蔑视的态度。

但是南京政权也正在不断地转变，由张慎言、高弘图、姜曰广、史可法等联合的内阁转变为马士英执政的内阁。马士英由凤阳总督入阁，无形之中必然要侧重淮泗而疏忽武汉。这样的情况，在高拱、张居正当权的时代已经有了一些阴影，因此兵部大权必然要由宣大、蓟辽两个系统轮流执政，防止畸重畸轻形势的出现，可是在这短短一年之中，这种形势的出现，必然要使左良玉感到不快，这是当时的大局。

左良玉已经感到南京的偏袒，同时又出现了旁人的挑拨。这就使得良玉感到南京政权对于武汉的忽视。四镇的兵力以高杰为最强，而高杰的军队又远远不及良玉所部的精锐。良玉感到不快，是可以想见的。南京政权的后期，马士英当国，由于他对阮大铖的偏听偏信，无形之中也就和以侯朝宗为首的东林子弟对立了。

弘光元年的春天，童妃和王之明两案出现以后，显然地把肯定两案和否定两案的人对立起来。无论清军的南下已经迫在眉睫，但是南方的内部，仍在不断地争执。弘光元年三月间，良玉上疏，大略言："东宫之来，吴三桂实有符验。史可法明知之而不敢言，此岂大臣之道？举朝但知逢君，不惜大体。前李自成叛乱，尚锡王封，不遽刑害，何至一家反视为仇？明知穷究并无别情，必欲辗转诛求，遂使陛下忘屋乌之德，臣下绝委裘之义。普天同怨，陛下独与二三奸臣保守天下，无是理也。亲亲而仁民，愿陛下省之。"

不但左良玉发出这样的议论，两湖总督何腾蛟，九江总督袁继咸同样地也提出抗议。不过他们究竟是文人，总还认识大体，不愿在这个时候再来同室操戈，给清政权一个可乘之机。可是左良玉经不起左右的撺掇，终于兴起大军，顺流而下。

左良玉的大军出发的时候，约何腾蛟同时起义，腾蛟投江，表示坚决不从，顺流淌下数十里以后，方始获救。军队到了九江，九江总督袁继咸责以大义，良玉约定不进城，不东下，可是他的部下已经自由行动。

九江城内大火起了。有人说："九江城破了。"

良玉正在追问，左右说："这是袁总督的部下自己放的火。"

"胡说，"良玉说，"这是我的部下放的。"

良玉一边捶胸，一边说："我真对不起袁总督。"

在出兵的时候，良玉已经病了。现在看到兵船散漫，部队全无纪律，竟然做出这种不法的行为，他不断地扑打自己，殷红的血块吐得遍地。

良玉召集部下，做出了最后的告诫。他说："我不能报效朝廷，诸军又不用我法度，以致有此。自念二十年来，辛辛苦苦，同心同德，建成此军。我死之后，大家出死力保卫国家，这是上策。据守一地，这是中策。若散走各地，不仅对不起国家，而且也给全军带来耻辱，我死不瞑目。"

经过这样一阵告诫，部下诸将看到良玉喘息仅存的样子，大家都失声痛哭。

按照当时武人的惯例，大将们吩咐宰牛宰羊，对天立誓。"咔嚓"一声，后军总兵惠登相把佩剑横在膝盖上，他说："自今以后，有不服从副元帅左梦庚命令的，一概军法从事。"

良玉一阵咯血，昏迷过去，不久死了，大军由儿子副元帅左梦庚率领，扬帆东下，所过之处，焚掠一空。惠登相看到军队的纪律无法维持，只得率领直属的队伍不辞而别。梦庚领导下的大军经过湖口、建德、彭泽、安庆，到一处焚掠一处，在沿江一带造成恐怖。

在这段艰苦的日子里，南京政权面对的敌人不仅是北方来的清人部队，而且还有由武汉东下的左梦庚大军。阮大铖已经由兵部添注右侍郎晋升为兵部尚书，对于当前的作战计划，负担着主要的责任。他的认识是清人部队来了还可以谈判条件，可是左部来了以后，只有死路一条。整个民族的命运寄托在南京政权的策略，而南京政权的策略是赤条条的投降主义。这是人民的悲哀。天啊，你要人民走哪一条路啊！

南京政权所倚仗的兵力是史可法的大军，在史可法这面督师大臣的大纛下有四镇和其他一些杂牌军队。四镇是可法指挥得了的吗？高杰是最桀骜不驯的，经过一年来的思想工作，可算是奉命出征，以国家为前提了，可是高杰已死，他的血不洒在敌人的阵前而流在叛徒的刀下。高杰一死，史可法想把他的部下安排在遗孀和孤子之下，但是将领中间已经出现了各据山头、勾结敌人、独力发展的趋向。但是可法还得争取他们为民族生存而奋斗。

史可法部署诸将，应付南下的清军。南京的命令下达，以原任翰林院编修卫胤文总督淮扬军务。这位总督和督师的职权是怎样划分的？部下都在纷纷猜测，卫总督就任的那一天，部下将领没有一个到场的，卫胤文也很扫兴。这边可法也接受了部下的主张，准备进驻泗州，应付南下的清兵。布置正在就绪，南京的密诏到了，可法开读完毕，和幕僚应喜臣说："皇上的密诏已到，左良玉部下，已经东下，要我赶往南京。上次你说：今年夏至以后，大局可能出现动乱。倘使如此，那……那怎么办呢？"可法和喜臣都十分悲痛。

可法带着随从，从长江上溯，直至草鞋峡，已经到了南京的郊外，燕子矶的对面。这时黄得功的军队，接到南京的命令，进驻荻港。恰好左梦庚的兵船东下，经过一场激烈的战争，左梦庚和他的部下，连同激昂慷慨的黄澍——那位曾经面斥马士英的直臣，一齐撤回九江，全部奔向清军。他们去投降了，回忆从前那场忠勇奋发的情况，好比一场噩梦。

左良玉的旧部完全解决了，史可法奉命仍回扬州坐镇。可法的直属部下刚到高邮的时候，早晨得到督师的令箭："左军顺流而下，邳宿道即督一应军器钱粮，至浦口会剿。"中午，再得令箭："北兵南来，诸军不必赴泗，速回扬州听调。"晚饭时刻，第三支令箭又来了："盱眙告急，邳宿道可督诸军至天长接应。"一天之中，接连发出三次令箭，应喜臣接到以后，在幕僚中议论开了。他说："看来督师的心已经乱了，岂有千里之程，如许之饷，可以一天三调的道理？到处都是警报，扬州城内必有内变，我等只有坚守扬州，相机而进。"

史可法撤回扬州，他的计划是死守扬州，一边飞调各地的军队向扬州靠拢。这一着完全是正确的。扬州以东，是长江下游的水网地区，是江北的粮仓，据守这里，可以待机争取外援，建立死守的坚强堡垒，宋末的李庭芝、姜才就在扬、泰地区，即使在临安已经屈服以后，还坚持了一年左右。因此史可法这一着是正确的，至于是否能贯彻这个主张，那就看他是不是能得到左右有力的支持。

扬州府任民育是一位坚强的汉子，陪同史可法守这座江上的坚城。还有一位何刚，上海人，这是陈子龙的好友，共同筹划创建水师的，这时已经选授遵义府知府，可以坦然地奉命到一个安全的地区，可是他不去，决心死守这座江上的孤城。城陷以后，何刚以弓弦自行绞死，任民育着了红袍玉带，坐在知府大堂上静待敌人的处死。

史可法调各路军队共守扬州，总兵刘肇基请求乘清兵初到，阵脚未整，出城一战，史可法说："不行，锐气不可轻试，且养全锋以待其弊。"可是没有等到刘肇基出兵，清兵已经从泗州把红衣大炮运来。在炮声轰隆之下，扬州城破了，刘肇基和他的所部四百人全部巷战而死。

可是也有临阵投敌的。甘肃镇总兵李栖凤、监军道高岐凤以所部四千人至，他们准备偕同史可法一道投降清军。史可法正色地和他们说："扬州是我效死的所在，你们要干什么？倘使你们决心投敌，争取富贵，那就自便吧。"

这两位总兵和监军道看到史可法决定不降，只有由他自在，他们一径去了。那夜二鼓以后他们开城出去，临去的时候，还带同四川来的将领胡尚友、韩尚良一同投敌。

高杰部下的将士这时正在高邮，他们一心只顾把全军的老小寄顿江南，不断地由大船向镇江输送。镇守镇江的郑鸿逵看到在水气蒙蒙中，有兵船向江南前进，认为是清兵渡江，赶忙开炮。船只打翻不少，弹药损失也重，少年的将军正在不断地大吹大擂地庆祝江上的大胜，其实打死的都是自家的军属，这更加速地促使李成栋向清军投降。

四月二十四日，清军破扬州，史可法拔剑自刎，死于乱军之中，后人将他的衣冠葬于梅花岭。

明朝末年，由于农民军的崛起和清政权的权术，终于失去了北京和黄河以北的广大地区，倘使当时南京政权的领导者能够统一意志，坚决抗拒南下的清军，还是可以成功的，但是当时的中枢，正在作无穷无尽的内部斗争，阮大铖固然为众论所共讨，马士英也由于和阮大铖携手，为清议所不容。史可法不是没有抵抗清军的意志，但不是应变之才，遂使国家大业，隳于一旦。

扬州失陷之后，南京更无法继续抵抗，从此以后，进入改朝换代的时期，隆武、永历，在福建、肇庆称帝，他们抗敌的决心更大，但是他们的事业更艰苦，恢复的希望更渺茫了。

南京政权建立之初，当时把抗战的希望寄托给史可法和四镇。武昌左良玉的大军是一支重兵，可是到得弘光元年五月，左良玉的军队投敌去了。史可法、高杰死了，刘泽清、刘良佐的军队也投敌了，剩得黄得功的军队，这时已经调到荻港、芜湖。长江下游的江北地区，全部暴露在敌人面前。在江北已失、兵力分散的情况下，南京城已经失去它的重要性，城周一百二十里，凭当时城中的一些残余的兵力，无法分布，因此也就无可据守，这是当时的具体现实。

弘光帝和马士英估计了当时的形势，决定退守杭州。这是退却，但还是继续抵抗。历史上也是有前例的。宋人失去建康以后，第一步是退守钱塘，运用军事和非军事的策略，在屈服和抵抗的夹弄中摸索前进，终于维持了一百五十年的政权，是一个具体的前例。当然，历史会重演的，但是不可能是完完全全的重演。北宗末年的徽、钦二宗是昏愦，但是他们的昏愦究竟比明代末年的暴戾有所不同；北宋末年统治阶层中有一些人结党营私，但是比明代末年的贿赂公行、寡廉鲜耻有所不同。因此宋人南渡以后还能维持一百五十年，而明人南渡以后只能是溃败相继，这都是当时的具体情况所决定的。

弘光帝和马士英决定退到杭州，约定五月十三日二鼓以后，弘光帝出通济门，赴太平，辗转至板子矶，入靖国公黄得功营，次日由马士英奉皇太后自溧阳走广德，至杭州会齐。

据谈迁《国榷》，马士英至杭州，皇太后居李总兵宅，士英居王氏园。吏科给事中熊汝霖见士英，问他："为什么来杭州？"士英说是"护驾"。汝霖又说："既然护驾，当随皇上，不当护圣母。"士英无以应。

在仓皇出奔中，熊汝霖的诘责是有理由的，士英的无从答复，也是可能的。可是我们读史的时候，应当照顾到全面的情况。在金人向临安进逼的时候，宋高宗仓皇出奔，准备由绍兴出海，同时却由隆祐皇太后出江西，有辛弃疾《菩萨蛮·书江西造口壁》可证。为什么高宗要和隆祐太后分道而行？因为在金人大军南下时，高宗不能自保，留得隆祐太后，便可以在一旦遭遇不幸的时候，由太后册立新帝，重新负起领导抗敌的责任，这正是高宗思虑周到的所在。辛弃疾词上半阕"郁孤台下清江水，中间多少行人泪"，说中原的陷落；下半阕首二句说"青山遮不住，毕竟东流去"，说南宋政权的建立，末二句"江晚更愁余，山深闻鹧鸪"，言创业的艰苦，守成的不易。士英奉太后的赴杭，不是没有用意的，但是在汝霖的严词诘问之下，他凭什么说明他的理由呢？

夏允彝作《幸存录》，对于明末的情况，见闻既确、持论平允，是明末很有价值的笔记，可是这里他说：

> 如士英者，本无意于误社稷而社稷为墟，本无意于敛贿赂而赂门大启，本无心于剪清流而清流尽逐。及其遁也，既不守城，又不卫上，第云："奉皇太后以行。"所至纵兵大掠，卒未尝与虏一战，谓非天下罪人，安可得哉？

允彝的言论，是持平的，但是他没有估计到在左梦庚叛变，扬州陷落以后，周围百二十里的南京城已经不是丧乱之余守得的。他在南京陷落以后，不久自杀，也没有看到马士英在杭州湾以南，继续和清兵作战，最后献出了自己的生命。"天下罪人"的结论，是不是太重了一点？

弘光帝到黄得功的大营，据谈迁《国榷》说：

> 先是上奔太平，诚意侯刘孔昭闭城不纳，乃奔板子矶，入靖国公黄得功行营，得功方距左兵，闻之遽归，泣曰："陛下固守京城，臣力易效，奈何轻出，进退失据。臣非负陛下，如力之未任何？"

从这段记载里，我们看到弘光帝放弃南京，并没有事先的计划。黄得功即使出自行伍，但从军数十年，当大将也多年，对于作战，也是漫无计划。左梦庚和他的部队已经降清，这时也不是和黄得功对垒的时候。谈迁对于当时的情况是茫然的。比较可靠的是顾炎武《圣安本纪》的记载。他说：

> 上将幸杭州，命大典、国安以所部兵先发，都督杜弘域扈从，得功率兵断后，未行。癸卯，良佐率清兵犯驾，左柱国太师靖国公死之，其将田雄等奉上如营。丙午，上至南京。九月甲寅，上北行。

癸卯，五月二十二日；丙午，二十五日；甲寅，九月初六日。

从这些记载里，我们看到弘光帝出南京，不是漫无计划的，朱大典、方国安都是带兵的重臣。由于战事的迫切，道途的艰险，他和马士英决定分道出行，士英奉皇太后由溧阳、广德直趋杭州，这个任务按计划完成。弘光帝由太平、板子矶至芜湖黄得功行营。他们做出了向杭州撤退的计划，由黄得功断后，这是完全正确的，但是他们没有估计到刘良佐已经投敌，负有追赶弘光帝的责任。得功在荻港和左良玉部作战中，手臂负伤，这时身披葛衫，用绸子勒着臂肘，横刀督阵，部下八总兵都在奋勇作战中，良佐跃马前来，大呼招降。广昌伯竟是清兵的降将，实在出于得功的意料之外，他大喊一声："你、你竟投降了。"也在这个时候，一支暗箭射中了他的咽喉偏左的地方。得功拔箭一看，正是中军田雄的箭。南京沦陷了，国家的重镇投降了，自己的直属部下也投降了，最后还给自己喉头一支暗箭。得功的愤怒爆发了，国家的前途还有什么希望？他把田雄的箭对准自己的喉管猛戳一下。黄得功以身殉国，他的妻也自杀，弘光帝由田雄向清兵献出。南京的明政权结束了。

第十三章
坚持斗争，永远斗争

安息吧，一代的文人，千秋的志士，他的盛名大节永远是中国人的典范，永远为爱国的人们所怀念。

南京的君臣溃退了，是不是还可以支持一下，划江为界，南北分治呢？中国自古就没有这样事。三国时期，曹丕的大军和东吴有过南北分治的形势，但是当时的战场主要在现今的皖北。南北朝的时代，经历晋、宋、齐、梁、陈五个阶段，也始终没有划江为界的事实。也许我们可以提到南唐中主时期割让江北十四州这个阶段，但是那是南唐亡国的前夕，是最后喘息的一刹那，其实是不足为例的。

战事在发展中，南京的统治终于崩溃，弘光帝的政权结束了。南京的人民把监禁中的王之明解救出来，要他支持危局。这一位自称为崇祯太子的人来了，他称"孤卧薪尝胆之身，赖尔臣民拥戴入宫，皇天庇佑之灵，托太祖高皇帝不泯之功德，守兹神器，保此丰镐，非敢有贪天之心也。愿尔臣民念祖宗之先业，先帝之苦心，各竭忠心，保全大物，下亦可以自安身家，庶见忠义尚存草野，城池固而百姓安，余心慰矣"。当然，这只是一幕插曲。前后三日，他为清军所获，最后和弘光帝一同解往北京，被杀。

划江为界，是一件不可能的事。那么明太祖初起的时候，仅仅保有南京一隅，淮、扬一带主要为张士诚所有，为什么太祖终于讨平群雄统一中国呢？当然，在一个朝代初起的时候，他有朝气，有击破强敌，统一国家的意志，因此终于击破张士诚、陈友谅，最后征服群雄，建立强大的帝国，可是这样的朝气，到了17世纪40年代已经不存在了，无论弘光帝、王之明，以及后来的隆武帝、永历帝都不再能成为强大的号召力量，南京政权的死灰，不能复燃了。

当时的长江南岸，充满着各式各样的矛盾。

首先应当注意的是地主豪绅和一般人民之间的矛盾。当时的长江南岸的地主豪绅拥有大量的土地，同时由于他们掌握着政治势力，常常能把应由大地主负担的完粮纳税的任务和其他形形色色的劳役转嫁给贫苦农民，待到贫苦农民无法负担以后，他们往往把自己的土地甚至本身的自由献给大地主，成为投靠的佃农和奴隶，这就形成长江以南最严重的两极分化，一边是对于国家不负担或极少负担义务的地主，一边是丧失自由和保留极少自由的贫雇农和农奴。长江以南的情况特别严重，所以明代后期的大学士徐阶称其乡为鬼国，见于张居正的书牍中者历历可考。地主和贫雇农、农奴之间，是极少共同语言的，因此明代后期长江以南随时有发生暴动的可能。董其昌的家乡就发生过一次人民火烧其昌住宅的大暴动。在严重矛盾出现时，要求把地主豪绅和贫雇农联系起来，为一个共同目标而奋斗，是几乎无法实现的愿望。当然，当时的贫雇农和农奴也是反对外来民族的侵略的，但是如何组织地主豪绅和贫雇农、农奴为一个共同目标而奋斗，不是一件简单的任务。

在地主豪绅中不是没有矛盾的。这件事在表面上谁都没有提出来，但是作为暗流，这是具体存在的。法国在19世纪中叶，议会中除了主张资产阶级的民主党派以外，还有主张君权的，这又分为两派——波旁王朝和波拿巴皇朝。波旁王朝之中又有大宗和小宗两派。由派系主持政局，必然会不断地引起分歧。明朝从燕王朱棣破南京、夺取政权以后，部分群众还是拥护被剥夺政权的建文帝，因此无形之中有拥护当权的朝廷的，也有拥护被剥夺政权的建文帝一系的。这一切在表面不易看到，但是作为暗流是确实存在的，特别由于建文帝时首都原在南京，所以江南人民对他更有感情。

弘光帝失败了，他作为俘虏被清政权南下的军队解往北京，终于献出了自己的生命，王之明做过南京城内的三天皇帝，也同时被杀了。清政权的军队正在组织从南京出发的侵略势力。明代的残余势力涌向杭州。这是宋人南渡以后的老路，也是在当时情况下的必然之路。

由谁来领导这一股势力呢？弘光帝已经被俘了，没有合法的继承人，因此在这股残余势力中出现了由谁领导的问题。马士英奉弘光太后到达杭州，在寻求合法继承人时彷徨歧路，最后还是找到潞王常淓。

弘光帝被俘以后，按照继承的规定，应当是惠王常润、桂王常瀛，但是他们都在远方，在这个敌人已在国门之外、危急存亡的时刻，是无法等待的，当时的大臣们重行想起潞王常淓。他们引常淓入见，弘光太后命常淓监国，常淓不受。这是一位忠厚无用的人物，平时只知道高唱佛号，在国破家亡的时候，要他领导人民进行斗争，从危急存亡的当中，争取一条生路，显见是不可能的。在清兵破杭州时，常淓和巡抚张秉贞、总兵陈洪范同时投降，次年被杀。弘光太后的历史使命也同时结束了。

是不是明王朝和当时的统治阶级和人民也同时结束呢？统治阶级还得作最后的斗争，人民也得在不同的形式下继续斗争，并且永远斗争下去。问题在于争取一位坚强的领导者。最后终于在这一群南下的宗室之中，物色到了唐王聿键，由他领导一支抗清的队伍。

聿键的远祖唐定王桱，是太祖第二十三子。嘉靖四十三年，传至端王硕熿。端王生世子器墭，器墭生聿键。这应当是一个美满的家庭，可是硕熿并不以这个家庭为满足，他娶妾，又生了两个儿子。这是聿键的叔叔了。硕熿决心废世子，第一步是把他监禁起来，器墭坐了牢，连带他的儿子也关进牢房，那时他十二岁，一直关到二十八岁，在监狱里他照样地读书，照样地长大起来，高高大大的，器宇也很坚强。

器墭被监禁了十六年，他没有屈服，可是他也没有反抗，最后在这两位异母兄弟的布置下，中毒死了。唐王封地在河南南阳，当时的南阳分守道陈奇瑜和这两位说起："世子死了，原因还没查清。要是连他的儿子也撤开，事情搞僵了，下官担当不起啊。"这一番话把器墭的迷惘点破了。按照朝廷的法令，为聿键请名，同时立为太孙。器墭被牺牲了，可是聿键的世孙地位，得到合法的保障。

崇祯五年，聿键嗣唐王。南阳一带正是陕西起义部队向河南进军的必由之路，聿键捐银一千两，把城墙修理一新。崇祯九年八月，由于清军的进逼，北京戒严，召天下兵勤王。唐王的护卫只有六百人，但是聿键还是率军北上。临行的时候，他想到父亲中毒而死，是由于两位叔叔的放毒，因此他把他们杀了。杀叔叔是罪，没有得到批准率军北上也是罪，二罪并发，思宗废聿键，把他解到凤阳监禁起来。那时凤阳的大牢称为高墙，聿键就在高墙之内度过了八年。直到北京城破以后，大批的宗室从北方南下的时候，聿键才恢复了自由。这一年聿键四十三岁，前后监禁二十四年。监禁是丧失自由的年份，同时也是锻炼意志的年份。聿键在监禁中，不是萎靡不振而是更坚强、更奋发，这就使他在南京失败以后下定决心要为国家努力，争取民族的生存。

南京失败以后，文武百官和宗室都向南退却，集中在杭州。当时的人望所属是潞王常淓，可是常淓在任何情况之下，决定不担负领导抗清的工作。无论聿键怎样劝说，他一定不接受。从镇江退却的总兵郑鸿逵、郑彩看到聿键的忠义奋发、倜傥慷慨，都非常钦服。

在常淓的带头下，杭州投降了，不甘心屈服的人士渡过钱塘江再向福建退却。这一行人之中，有郑鸿逵、郑彩，有户部郎中苏观生，进入仙霞关以后，再征得南安伯郑芝龙、礼部尚书黄道周、福建巡抚张肯堂的同意，共同拥戴聿键为监国。弘光元年闰六月初七日聿键在福州，宣布即监国位，这一篇有名的监国诏书就是聿键的手笔。他说：

> 孤闻汉室再坠大统，犹系人心；唐宗三失长安，不改旧物。岂特其风俗醇固累世之泽哉，亦其忠义感奋，豪杰相激使之然也。孤少遭多难，勉事诗书，长痛妖氛，遂亲戎旅，亦以我太祖驱除群雄，功在百姓，而勋敌嚣然，睥睨神器，为子孙者，诚不忍守文自命，坐视其陵迟也。
>
> 二十年来，狂寇荐惊，孤未尝兼味而食，重席而处。比方二载，两京继陷，天下藩服，委身奔窜，孤中夜卧起，垂涕纵横，诚得少康一旅之师，周平晋郑之助，躬率天下，以授彤弓，岂板荡哉！今幸南安芝龙、定虏鸿逵二大将军志切恢复，共赋《无衣》；一二文臣以春陵、瑯琊之义，过相推戴，登坛读誓，感动路人。呜呼，昔光武、昭烈皆起布衣，所遭绝续，与大敌为雠，而能正言举义，躬承旧业。况今神器乍倾，天命未改，孤以藩服，感愤间关，逢诸豪

杰，应即投袂，知明赫之际，神人叶谟，上天所眷顾我太祖，绍其子孙，犹未艾也。

监国是担负起国家重任的意义，但不是皇帝，这表示着不是为争取帝位而作战，是一种高姿态，但是不称帝就不能争取全国的拥戴，无从集中力量和清政权作一次坚强的决战。环绕着这个问题，在当时的福州就有两种不同的主张。郑鸿逵认为不正位就不能安定人心，制止群雄割据的局面。从另一个角度看，他们认为监国的名义是正当的，待到打出仙霞关以后，称帝不迟，这是绝大多数的主张，郑芝龙也是这样主张的。最后鸿逵的主张说服了众人，闰六月二十七日聿键即位，以福建为福京，福州为天兴府，当年改元为隆武元年。即位诏书列举"汉光武闻子婴之信，以六月即位鄗南，即以是年为建武元年。昭烈闻山阳之信，以四月即位汉中，即以是年为章武元年"。黄道周为吏部尚书、武英殿大学士，张肯堂为兵部尚书。同时召集何吾驺、姜曰广、吴甡、高弘图为大学士。从当时的情况讲，福州聚集了全国的人望。问题在于兵权集中在郑芝龙手里。这一名由海盗出身的南安侯，始终没有把自己的认识提高一步，因此他始终在升官、发财、专权、投降这一条不光彩的道路上打转，没有考虑到民族和国家的前途。对于国家的贡献，只能举得出一条，他有一个儿子郑森，这是一位特出的人才，隆武帝一见就认清楚，收为义子，改名成功；隆武帝失败以后，他割据福建海峡地区，坚持抗战，成为民族英雄，这是后话。

这里我们可以附带地提出明末正统的观念。太祖的后人是大宗，成祖的后人是小宗，可是自从建文帝失败以后，大宗失去了统治的地位，从成祖到弘光帝，皇位继续掌握在小宗手里。隆武帝的出现，是大宗的复辟，当然会给成祖后人造成一种不安。隆武帝的声望和他左右的人才，不是成祖后人所能望及的，因此没有人提出皇权的争执，可是隆武帝对于可能出现的异议还是考虑到的。他有名的《与三藩书》，略见一斑：

……朕自龙江出渡钱塘，为闽、浙藩镇诸大臣之所推挽，不能造膝商兴复之务。顾念江南蕴义摅忠，能光复我帝室者，独有殿下耳。敌氛虽腾，天命未改。我兄弟既辑睦，无长沙、东海之衅，诸宗茅靡，亦无复圣公、盆子之事。此太祖神灵，累朝惠泽，沁于人心，不可诬也。顾以朕区区，悉率二郑闽、粤之师，精锐可战者尚未满六七万，诚欲约抚、昌之卒，下于罂子；章赣劲士，萃于鄱阳，不知谁当与谋者？虔台李允茂吾之故人，亦颇相闻乎？广信吾之北门，未有能操其锁钥者，殿下将何以教朕焉？

——《与益王由本书》

板荡以来，无言不疾，每夜祷天，顾我诸宗藩发愤举义，荡涤强氛，复我高皇帝之宇，而寂寂数日，未有应者。岂天亦阴骘下民，使王郎、盆子之事，无所张其牙翼乎？朕为闽、粤士民之所推戴，非有他勇智当于民心，亦谓是发愤祷誓者，与苍黎同志也。浃月以来，黎民劝进书至数百本，朕六七辞不得避，其元老旧学亦以高皇开辟之天下，当有高皇之孙子起而奠之。或诵南阳九世之说，近于符谶，朕不敢闻也。书云："予有十夫同心。"语云："众志成城。"朕持是以往，藉诸藩辅夹助之力，将大张六师，挞伐底定，以仰观孝陵，洒扫宗庙，扶十三宗之绪，唯贤王幸垂诲焉。

——《与惠王常润书》

鄱阳天下之奥区，黎献无事，击壤以诵王风，二百余年矣。比来两都继陷，无复吴芮、英布之伦，荷戈以纾敌忾者。朕为两浙、粤、闽之所推戴，长此巫忧，将率六师以复二京，洒扫孝陵，以观列侯之寝庙。晨夕惕厉，不遑启处。语曰："江湖之民多盗。"鄱阳、彭蠡，今则不然，则亦资贤王训讨之力也。王尚抚绥斯民，湛洽于德礼，以赞吾无疆之休，敦睦首义，朕其敢不自勉焉。

——《与淮王常清书》

这三道赐书和监国谕，都出自隆武帝手笔。从这里看出，他不但是一位有决心、有能力而且是一位有教养的领导者。从整个国家看，福州是比较偏僻一些，历史上也从来没有起自福州进而统一全国的先例，但是一切先例都是由人创造的，历史上以前没有起自南京进而统一全国的，但是明太祖开了这个先例了。这样的事情，以前有过，以后还会再有。

隆武帝在福州还有一个创造。明代大学士之制，创自成祖，自此以后，经过历朝的演变，多时至七八人，少则仅一二人。思宗时代大学士多至四十余人，这是十七年间进用的总数，同时入阁的实际上也不过七八人。可是隆武前后一二年间，大学士多至近四十人。当然这是因为搜罗英俊，号召人才起见，其实不要求都到福州，即是来者也不一定与闻机要。军政大权都掌握在郑芝龙、鸿逵手里，隆武帝其实是架空了。

但是有隆武帝和没有隆武帝是完全不同的。当时的福州成为南方的中心。长江流域以南的广大地区，人民是不甘心接受清政权统治的，特别是苏松一带的水网地区。清政权派来的官吏，经常是贪污盗窃，无恶不作，这既不能引起人民的重视，也无法唤起人民的崇敬。清政权派来的军队，多半是叛变投敌的败兵，有时也有一些清兵部队，那更是凶残嗜杀的凶神恶煞。这就为江南广大地区的起义创造了条件。

陈子龙久已回到青浦了。从上一年的秋天以后，他已经退出政治旋涡，准备侍奉祖母高太安人以终余年了。事实上这是不可能的。政治是一种旋涡，想脱离这种旋涡，是很平常的，但是不是能够脱离，这是具体的现实，不是想象可以解决的。没有脱离自己的影子的人，也没有脱离政治的人。

南京的政府崩溃了，杭州的局面也崩溃了，福州的消息还没有到，隆武政权的成立还没有透出，可是江南人民抗清的呼声已经爆发，这是自动的、没有组织的，因而力量也不够强大，可是起兵的已经风起云涌。这是自发势力的突起。闰六月十日，松江起兵。他们悬挂明太祖的遗像，大家跪在遗像前立誓。原兵部右侍郎总督两广军务沈犹龙称总督、兵部尚书，陈子龙称监军。吴淞总兵官吴志葵自海入江，在泖湖结寨，总兵官黄蜚拥兵船千艘自无锡来，和吴志葵连营。沈犹龙和松江人李待问、章简募兵数千人守松江。同时参将侯承祖守金山，构成犄角之势。这是当时东南一隅的自发势力。在敌人东来的时候，是经不起一击的。八月，清兵进逼，吴志葵、黄蜚败走。清兵破松江，沈犹龙出走，中箭而死。李待问守东门，章简守南门，城破俱被杀。清兵进逼金山，侯承祖与子世禄固守，城破，犹巷战。世禄中四十箭，被获，承祖也被获，父子同时被杀。吴志葵、黄蜚被获，清兵要他们对松江城说降，志葵说了，黄蜚不说，都被杀。

松江的陷落在八月三日，子龙在西郊遇敌，几于不免，得脱以后，携家走昆山。四日与夏允彝别。

允彝是子龙最密切的朋友。子龙出任绍兴推官的时候，允彝出任福建长乐县知县，数年后，吏部尚书郑三俊举天下廉能知县七人，以允彝为首。在这次松江失守以后，允彝赋绝命词，自投深渊以死。允彝的一死，给子龙留下了很大的创伤，他不但失去了一位最亲切的友人，同时更感到自己的无名的悲哀。二十多年以来的挚友，平时自许为第一流的人物，现在允彝由于抱有国破家亡的沉痛而自杀了，可是自己却因为舍不得八十余岁的祖母而偷生，他是留此身以有待，但是他不能不感到偷生的可耻。这个时期，他正在生和死的歧路上徘徊，但是他最后的决定还是不死。

在国破家亡中，死和不死是两条路，死可以保证自己的不受侮辱，不遭诽谤，是一条安全的出路，但是死不能保证对于敌人的击破，也不能保证正义的胜利，因此死只是对于现实的逃避。真正坚强的斗士决不自杀。从这一点看，生存就是胜利。但是我们也得看到既然生存，难免受到种种诱惑的考验，经不起考验的，很可能以留此有待开始而以甘心屈辱告终，就是说这是一条艰险的道路。夏允彝是以保全名节而自杀了，陈子龙仍坚持生存，坚持斗争。

和允彝诀别以后，子龙到嘉善西北三十六里的水月庵出家，庵中的僧人名衍门，子龙改名信衷，字瓢粟，又号颍川明逸。同时避地的有太仓张采，字受先，是复社的创始者之一。九月后，子龙再徙至西塘，徐滩。在这一大段时间里，子龙都在侍养祖母高安人。隆武二年三月高安人死了。子龙从五岁起就是在高安人的扶养下长大的。高安人死了，子龙解除侍养的责任，他感到可以专心一意为国家贡献自己的力量。

这时正是隆武帝在福州称帝的第二年。弘光元年五月南京失守，弘光帝被俘。六月潞王在杭州降清。闰六月初，唐王聿键在福州称监国，鲁王在绍兴也称监国，在形势未定中，为了不甘心屈服，对清抗战，各方并起，这原是可以理解的，但是在隆武传诏，甚至自称无子，愿意在身后传给以海的时候，以海听信张国维、熊汝霖的主张，认为"唐、鲁同宗，无亲疏之别，义兵同举，无先后之分，若一称臣，则江上诸将须听命于闽，如王之号令何"？其结果造成隆武帝和鲁监国的对立，对于反攻清兵的形势大大不利。可是，也正由于鲁监国的存在，清兵和以海的兵士，在钱塘江的两岸对峙，隆武帝在福建获得喘息的机会，可以从容布置，对于争取抗清的形势还是有利的。

　　子龙这时正在嘉兴、武塘中间流转，祖母死了，他可以一心一意地为国家、为民族的前途而奋斗。作为佛教徒，他可以在袈裟的掩护下斗争，这领袈裟并不妨碍他的活动。

　　子龙曾经做过绍兴推官，他和绍兴有多方面的联系；但是他和福州方面的联系更密切。黄道周这时是首辅大学士，虽然他没有兵权，更不能指挥郑芝龙、郑鸿逵这些武人，但是他的威望是很高的。子龙和两方面都有联系。据《明末忠烈纪实》，隆武帝授子龙兵部左侍郎左都御史，鲁监国授子龙兵部尚书节制七省漕务。这可能是事实，但是也不一定明确，因为明代重视监察权，左都御史正二品，地位已经很高，没有兼任正三品侍郎的。夏允彝之子完淳作《续幸存录》称"陈抚军轶符"。轶符为子龙别字，明代巡抚无不带副都御史或佥都御史衔者，因此我们可以假定子龙的头衔是副都御史或佥都御史、巡抚。当然这只是一些空衔，因为当时苏松、杭、嘉一带全部沦陷，他的任地还得用实力从清兵手里夺回。

　　子龙是一位才子，他早年的诗歌模仿汉魏，模仿六朝盛唐，虽然获得盛名，但是摹拟的痕迹犹未尽除，不免蹈前后七子的覆辙。隆武以后，他从志士更进一步而成为在民族危亡当中的战士，他的诗歌发展了，表现他那在艰难困苦当中苦斗的精神。这是鲁阳的挥戈，是刑天的干戚，是《国殇》的长剑秦弓。明代的诗歌到子龙末年已经达到最高的阶段。

岁晏仿子美同谷七歌

西京遗老江南客，大泽行吟头欲白。北风烈烈倾地维，岁晏天寒摧羽翮。阳春白日不相照，剖心堕地无人惜。呜呼一歌兮声彻云，仰视穹苍如不闻。

短长皂帽依荒草，卖饼吹箫杂佣保。罔两相随不识人，豺狼塞道心如捣。举世茫茫将诉谁，男儿捐身苦不早。呜呼二歌兮血泪红，煌煌大明生白虹。

欃枪下扫黄金台，率土攀号龙驭哀。黄旗紫盖色黯淡，山阳之祸何痛哉！赤墀侍臣惭戴履，偷生苟活同舆僮。呜呼三歌兮反乎覆，女魃跳梁鬼夜哭。

嗟我飘零悲孤根，早失怙恃称悉孙。弃官未尽一日养，扶携奄忽伤旅魂。柏涂槿原暗冰雪，泪枯宿莽心烦冤。呜呼四歌兮动行路，朔风吹人白日暮。

黑云隤颓南箕灭，钟陵碧染铜山血。殉国何妨死都市，乌鸢蝼蚁何分别？夏门秉钺是何人，安敢伸眉论名节。呜呼五歌兮愁夜猿，九巫何处招君魂。

琼琚缟带贻所欢，予为蕙兮子作兰。黄舆欲裂九鼎没，彭咸浩浩湘水寒。我独何为化萧艾，拊膺顿足摧心肝。呜呼六歌兮歌哽咽，蛟螭流离海波竭。

生平慷慨追贤豪，垂头屏气栖蓬蒿。固知杀身良不易，报韩复楚心徒劳。百年奄忽竟同尽，可怜七尺如鸿毛。呜呼七歌兮歌不息，青天为我无颜色。

杜甫的《同谷七歌》写出了国家丧乱、流离道路的痛苦，子龙的拟作更把时代的悲哀全部写入。南宋末年，敌人的大军南下，厓山一角的苦战，正如文天祥在《二月六日海上大战国事不济》那首诗所说的"南人志欲扶昆仑，北人气欲黄河吞。一朝天昏风雨恶，炮火雷飞箭星落。谁雌谁雄顷刻分，流尸漂血洋水浑"。现在又是这样的一个年代了。子龙遇到的正是"谁雌谁雄"的年代。

三歌指北京的崩溃，四歌指高太安人的病殁。五歌郑重地指出黄道周的殉国。道周是当时的名臣，是子龙的老师，没有接触到道周以前，子龙只是一名文士；接触到道周以后，他认识到自己对于国家的责任，在国家艰难困苦中，自己有责任对国家做出最大的贡献。道周，福建漳浦铜山人，铜山在孤岛中，有石室，道周读书其中，门下士称为石斋先生。"钟陵碧染铜山血"，指此。钟陵指南京钟山陵。隆武帝在福州，以道周为首辅，君臣同心，誓欲扫清顽敌，但是兵权在郑芝龙手里。芝龙的出身是海盗，受了明朝招安以后，逐步提升到总兵，现在已经晋升到大将军。海盗出身，并不一定能影响一个人的逐步发展，他同样地能干出一番为国为民的事业，可郑芝龙不是这样的一个人。在他拥戴唐王到福州的时候，可能他是有一种为国为民的思想，但是不久以后，他看到前途的艰苦，同时他也接触到清政权的说客。为国为民的思想敌不过求富求贵的欲望，他开始转变了。他由积极拥护转而为消极抗拒，这不是黄道周所能忍受的。这样一来，郑氏一家，除了郑成功坚持抗清以外，多半跟着芝龙走上了投降的道路，但是他并不提起投降而是说要出兵。出兵总得要粮饷吧。在隆武帝和户部官吏竭力搜刮，勉强应付以后，芝龙出兵了。他和他的部下说是要沿闽江北上，冲出仙霞关，可是一经从福州开拔，五六十里以后，他的军队不再前进了，仍由芝龙在福州小朝廷里把持一切，主宰一切。这种坐以待亡的局势不是隆武帝和黄道周以及其他主持正义的大臣们受得了的。切实一些说，这还说不上正义而只应当说是生存。积极抗战是一条生路，消极怠工是一条死路，这是非常明白的。黄道周是首辅，但他只是一名书生，他不懂得打仗，但是他懂得与其坐而待亡，不如自请出关，他在奏章中自称"江西多臣门生故吏，必有肯效死力者，且可连杨廷麟、何腾蛟为进取计"。这时杨廷麟以大学士据守赣南，何腾蛟以湖广总督节制长江中游，都是当时的重臣。道周的计划是充满希望的，但是道周有什么兵力呢？他率同自己的学生，现任内阁中书和兵部主事的以及他们的子弟、门客共一千多人从福州开拔，到延平以后，上疏请饷，粮饷的机构都在芝龙手里，还有什么给道周呢？隆武帝给他一些空白的委任状——当时称为空札。道周就凭这些空札，换到一些粮饷。他进军到建宁、崇安，可是谣言攻势来了，说他交结杨廷麟、万元吉这些江西的领导者。要兵，没有兵；要饷，没有饷，只仗着一片为国家、为民族的血心，到达离前线不远的地方，谣言一来，道周只有上疏自陈。他说："臣田无一亩，居止一椽，幸以是见悯于主上，见信于亲友，然不能以是见谅于犬豕豺狼。臣行年六十，无险心鸩语为凶人所雠，无奇功异能为要人所嫉，独恃一片肝肠，为高皇列宗与天下黎献共对白日耳……陛下不屑为昭烈帝，臣亦不屑为孔明；陛下不屑为宋高宗，臣亦不屑为李伯纪……古今谗贼，偏中于高明；近代人才，沈沦于苟贱。唯陛下省察。"在道周进兵的当中，徽州失陷了。道周下令部下赖继谨进击。参将高万禄请道周引兵登山，据险接战，正移师间，清兵突出，道周被执。从婺源解至南京。敌人和他谈到投降，道周说："我手无寸铁，有什么办法？"

"既然投降，那就必须剃发。"

道周很幽默地说："你已经剃发了！幸亏你是从剃发国来的。万一你从穿心国来，那你就得穿心，那怎么得了？"

隆武二年三月，清政权把道周押到东华门，道周坐到地上，他说："这里和孝陵很近，不需要再走了。"抬头一看，一家店铺的市招上，有"福建"二字，道周慷慨地说："福建，那是皇上所在的地方，就在这里杀头吧。"道周，在南京东华门外被杀。子龙《仿同谷七歌》所说的"殉国何妨死都市，乌鸢蝼蚁何分别"，正是指的这一件事。

六歌指的夏允彝的自杀。"予为蕙兮子作兰"，正指他们二人早年的交谊。彭咸湘水指允彝的投水。平生知己已经一死报国了，可是自己的前途还很渺茫，所以说："我独何为化萧艾，拊膺顿足摧心肝。"

七歌是叙述自己，凭着为国家为人民的意愿，子龙的决心是坚定的，但是在没有死以前，他不知道将会有怎样的遭遇，是激昂慷慨地把自己的生命献给祖国呢，还是默默无闻地死去，甚至在自己十分不愿的情况下死去？"杀身良不易"，这是一个问题，在未死以前，他能怎样解答呢？

这时他也想到祖母。身命不是自己的，为了报答国家，身命是国家的。但是自己还有祖母，五岁母病去世的时候，没有祖母，自己怎样能成立呢？所以身命也是祖母的。弘光元年，他准备把一生献给国家了，但是最后还是回家，他还得对于祖母尽自己的责任。他在长江以南钱塘江以北的这个三角洲上扶持着祖母从这一处迁徙到那一处，主要都是为了祖母的安全。祖母死了，子龙这一头的心事安顿下来，他便更好地考虑他对于国家的责任，有诗四首：

奉先大母归葬庐居述怀　四首

国破家何在？亲亡子独归。无颜上丘垅，有泪变芳菲。彤管虚长夜，丹旌对落晖。空余鸡骨是，霜雪满麻衣。

前岁南陔草，春风奉锦轩。今来西靡树，痛哭下松门。遗恨逢亡国，真慈念愍孙。先朝余宠在，画柳向平原。

行遁山河改，归来松菊荒。尚余三亩宅，无复万家旁。祈死烦宗祝，偷生愧国殇。但依亲垄在，含笑此高冈。

右军曾誓墓，平子亟归田。此日君亲尽，非关出处偏。大夫离黍赋，小雅蓼莪篇。并作今朝泪，烦冤莫问天。

祖母活着的时候，子龙在决心报国时，不能不关心祖母，现在祖母死了，子龙便可以一心一意地报国。"此日君亲尽，非关出处偏"，正指出在国破家亡时，自己的决心，这和张衡的《归田赋》、王逸之的《誓墓文》是完全不同的。"蓼蓼者莪"，子龙固然应当痛心于自己的不能尽孝；但是"彼黍离离"，在考虑到自己的祖国，他怎么也不能恝置。两样的痛苦，一齐扑向自己的面前，在把高安人埋葬以后，子龙可以一心一意地报效国家。当然，他理解到国家是自己的国家。他在仕途中，有过的是顺心的生活，但是更多的是拂意的生活；他对政治的措施，有一些是他同意的，但是更多的是他不能同意的。但是，管他呢？父母总是自己的父母，无论父母怎样对待我，自己对于父母有永远不能解除的责任。国家总是自己的国家，无论国家怎样对待我，自己对于国家有永远不能解除的责任。

在子龙遁迹水月庵时，汉奸们并没有放过他。首先是松江府知府张铣。这是崇祯时代的一名举人，投降了清政权。顺治二年，他以松江府的知府到任了。无论子龙怎样投身空门，张知府是不会放过的。张知府登门礼聘，子龙只能回他一封信。他用信衷和尚的名义答复：

……况衷病入膏肓，知昏菽麦，挂冠既早，未能效命本朝，布韭何心，岂堪上资新化。左车声实之论，难报韩王，盖公清静之谈，虚劳曹相。倘邀恢宏之德，长为湖海之人，礼诵之余，唯知仰祝耳。至如熊轼暂临，燕巢增耀，拥彗之迎既失，授餐之谊缺然，相鼠之讥，曷胜芒刺，而乃薪木无恙，缃素宛如，授托殷懃，封缄加固，眷顾鄙人，隆意至矣，敢比商容之闾，重烦乐生之禁哉。

子龙不是亡国遗臣，而是水月庵的和尚，关于这一点，子龙明白，张知府也明白，一切都等待着时代的发展。

一计不成，还有二计。分巡松江兵备道赵福星来了。他的官比张铣更大，他的气焰，当然也更高。他的敦劝更迫切，子龙的答复也当然更露骨。他说：

……衷力愧鲁阳，忠羞王蠋，干戈塞道，弃妻子于荒陬，老病相扶，奉衰亲而卜筑。知给园之稍广，庶凤业之可蠲，而跃浪冲飚，弋鸿罹雉，自东瞻衮绣，下覆慈云，召魄收魂，寻山泛水，从此猿鹤无警，乌獭旋舒，稍缓灰钉，无非解泽。昨者忽遇坦公年兄信使，得奉手书，训词谆切，盥手启诵，感愧百端。详读来教，知台臺效忠本朝，勉应时命，千载而下，皆得亮之矣。夫仁人君子，道非一端，或介石坚贞，洁身以寄名教，或龙见渊跃，濡足以救苍生，易地皆然，各行其志，要归之有益于世而已。况乎楚材晋用，殷士周桢，壮缪托命当涂，子珩远投邺下，岂云识务，弥见精诚。古之忠臣烈士，如此甚众，台臺又何疑焉。至如衷者性近山麋，识同井鲋，逢萌之冠久挂，中散之虱愈多，且星仅周三，毛已见二，秋零早剥，日昃嗟离，歌遍五噫，已易梁生之姓，章成七发，难平楚士之心。倘仰藉垂天，得游物外，黄冠自放，白发相依，俾城近青门，颇有种瓜之客，山闻白社，常来插柳之人，则春笋秋莼，咸饫明德，晨钟夕梵，悉领湛施矣……

看来这位分巡道是一位投清的官吏，他对子龙的压迫比那位张知府更强了，但是子龙是不可能屈服的，他的生活已经是"春笋秋莼，晨钟夕梵"，他的希望只是作为一名出家人，在暮鼓晨钟之中消磨自己的岁月。当然，这是一种掩饰，赵福星不相信，张㧙不相信，陈子龙也不相信。两个不同的民族，两种不同的文化正在拼死地搏斗，谁也不容许放松一步。子龙在为家为国的不同要求下，曾经感到极大的矛盾，他从南京的退出，一面固然是由于政治斗争的剧烈，一面也确实感到对于祖母的晚年，自己有无可推卸的责任。现在高安人已经死了，他可以放手履行对于国家的责任。

弘光的大旗倒了，但是隆武帝接了他的大旗，左右还有老师黄道周，在子龙最初听到这个消息的时候，他不容不踊跃。当然，他这时是水月庵的一名僧人，可得考虑他的身份，但是作为僧人，主要只是免得向清人学样，脑后拖着一条不成样子的尾巴。何况僧人也是应当爱国的，在1937年，凶暴的敌人带着长枪大炮向中国进攻的时候，他们还带有毒气炮和燃烧弹，那时中国人不是全部起来抗战吗？一般人抗战，僧人们也抗战，他们的口号是"出家不出国"。这个口号，正是方密之、陈子龙这些人的口号。

子龙是在苏松一带活动的。要抗击南下的敌人，第一着必须唤起民众。这一着是在明末的抗清运动中的生命线。有这一着便有了成功的希望，没有这一着就必然要失败,要亡国,要沦为不挂奴隶牌的奴隶。在清兵南下的当中,扬州失败了,扬州人民被屠杀了十天,当时扬州没有唤起民众,因此失败了。嘉定的组织比扬州好得多,但是还没有充分地发动人民大众,黄淳耀、侯震旸组织了当地的地主绅士,但是没有激发人民大众的爱国热心,因此也失败了。我们只能读到《扬州十日记》《嘉定三屠记》这两部血腥的教材。当时发动得比较好的是江阴,以区区的县城,抗击了清政权的大军。当然,那时的沿江地区,也曾对于江阴提供了一定的支援,但是主要依靠的还是已经发动起来的广大群众。所以能不能唤起民众,是17世纪40年代抗击外来政权的关键。

但是在这方面,子龙的工作是完全不够的。他的官并不大,作为地主,在明末时代的苏、松一带,也只是一个很小的地主。可能他读的书太多了,而所读的书又没有一本提到唤起民众这个颠扑不破的道理。

子龙是一位多方面都有成就的作家。他在隆武二三年间有《唐多令·寒食》《二郎神·清明感旧》两首词,录于此。

唐多令

寒食　时闻先朝陵寝有不忍言者

碧草带芳林,寒塘涨水深,五更风雨断遥岑。雨下飞花花上泪,吹不去,两难禁。　双缕绣盘金,平沙油壁侵。官人斜外柳阴阴,回首西陵松柏路,肠断也,结同心。

二郎神

清明感旧

韶光有几,催遍莺歌燕舞,酝酿一番春,酣李夭桃娇妒。东君无主,多少红颜天上落,总添了数抔黄土。最恨你年年芳草,不管江山如许。　何处?当年此日,柳堤花墅。内家妆,搴帷生一笑,驰宝马汉家陵墓。玉雁金鱼谁借问,空令我伤今吊古。叹绣岭宫前,野老吞声,漫天风雨。

这两首词大致是隆武年间的作品，有人说是三年的，但是也可能是二年的，因为在这一段时期，他往来于松江、杭州之间，所以他提到绣岭宫前，汉家陵墓，隐隐透出南宋亡国以后《冬青树引》的故事。

在他的诗歌里，我们也看到他的悲哀：

避地示胜时　六首

江潭愁鼓枻，沧海忆乘桴。此处同携手，何人可借躯？乱离忘岁月，漂泊憎妻孥。莫作穷途恸，乾坤定有无。

计拙存谋野，时危适遁荒。友人怜豫让，女子识韩康。周鼎无消息，秦灰正渺茫。冥鸿天路隘，何处共翱翔。

故物经时尽，殊方逐态新。恨无千日酒，真负百年身。芝草终荣汉，桃花解避秦。寥寥湖海外，天地一遗民。

局蹐三年内，萧条一概中。刺船排急难，赠策想雄风。北海孙宾石，东吴皋伯通。比来还寂寞，此义有谁同？

芦中谁可托，土室更难期。岁月归三叹，关河动五噫。马迁违大雅，箕子得明夷。礼乐终干橹，穷愁亦我师。

力穷支大厦，时异射高墉。未遇夷门老，还从石户农。朱弦悲匪兕，玄牝愧犹龙。泪尽人间世，天涯何处逢？

这六首诗大约是隆武二年的。崇祯十七年北京陷落，次年弘光元年，当年改元隆武至隆武二年，故称"局蹐三年"。隆武二年，子龙正在苏、松、杭、嘉一带漂泊，因此自比孙宾、梁鸿。他有报国的决心，但是没有得到侯嬴的策划，因此只能躬耕自给。他自叹身世的飘零，报国的无路，朱弦、玄牝二句指此。"泪尽人间世，天涯何处逢"，正是说同志的寥落，独居的悲哀。

他的那首《九日虎丘大风雨》可能也是隆武二年的作品，因为隆武元年九日，他在松江起义失败以后，往来嘉兴、杭州间，未必能至虎丘，隆武三年九月，他已经殉国，所以也不可能有此诗。

九日虎丘大风雨

吴阊门西风雨秋，泽鸹沙雁鸣河洲。黑云夜卷亭皋木，片片飞过鸳鸯楼。野夫吞声揽衣袂，惊雷掣电无时休。忆昔良辰日潇洒，青翰之舟赭白马。季伦宾客多英豪，谢家儿郎本妖冶。迎将西曲茱萸女，共醉东邻杨柳下。酒酣据地歌未央，繁英锦石金风凉。红树萧萧鸟归急，青天漠漠神飞扬。竭来朝市无遗迹，万事苍茫动魂魄。昔日金闺彦，半作泉台客。而我独何为，伤心对朝夕。曜灵流光不相照，霜飞鬼哭乌头白。君不见龙山置酒桓宣武，参佐风流映千古；又不见宋公秉钺真奇才，横槊赋诗戏马台。江左英雄安在哉，彭城南郡生蒿莱。呜呜鬐箄坎坎鼓，□□啸风浑脱舞，黄昏骑马醉射生，有客相看泪如雨。

这是一首非常激昂的作品，但是这样的作品给予作者和读者的只是无限的悲哀。作者歌颂的英雄是桓温、刘裕这两位在汉民族和外来民族作战中涌现出来的英雄，他们身上不是没有这样或那样的缺点，这些缺点还是非常严重的，甚至违反人民公认的道德规范的，但是他们不朽的战绩，在民族对外战争中显示了伟大的意义。为什么要歌颂？陈子龙所处的时代正需要这样的英雄。子龙喊出了"江左英雄安在哉，彭城南郡生蒿莱"，这里正倾泻着他不尽的悲哀。

子龙这首歌词歌颂的是谁？是吴江人吴易。吴易，字日生，崇祯十六年进士。南京政权成立后，史可法督师扬州，题授职方主事，留扬州监军。弘光元年，吴易奉调征饷，未及还而扬州失守。吴易和举人孙兆奎等起义，屯兵长白荡，出没太湖、三泖间，和清政权南下的军队作战。同一时期，陈子龙在松江起义。子龙失败后，吴易继续坚持斗争，隆武帝授易兵部右侍郎兼右佥都御史，总督江南诸军，封忠义伯。鲁王以海监国绍兴，授易兵部右侍郎，封长兴伯。吴易和鲁王的联系，子龙起了一定的作用。隆武二年五月，吴易在太湖中登坛誓师，子龙也参加了，可是印象却不够理想。誓师的地点在太湖中的一个孤洲，当地人称为盛氏书院。子龙后来和人谈起当时的情况，他说："长兴伯是一世人豪，但是在作战中，轻视敌人；幕府都是些轻薄之士，部下也没有纪律，还得遭到又一次失败。"不久以后，由于叛徒的出卖，吴易被获，在杭州的草桥门就义。"江左英雄安在哉，彭城南郡生蒿莱"，子龙怅念旧日的袍泽，真是不胜伤感。

最令他伤感的还是夏允彝，这是二十年来肝胆与共的挚友。由于松江起义的失败，允彝自杀了。为了国家、为了民族的将来，自杀并没有解决问题，但是自杀却结束了一生的任务。允彝虽然没有完成国家和民族对于自己的期待，却保证不再受到屈辱和污蔑。子龙由于祖母高安人的存在，他不能自杀，同时考虑到国家和民族的将来，他也不甘心自杀。自杀是一瞑不视了，但是他却坚持斗争。前面有不少的困难要克服，不少的痛苦要忍受，也有不少的艰危要挣扎。子龙考虑到自己的前途，他有多少的呕心沥血的言语要向平生至交允彝来倾吐。这是子龙《报夏考功书》的由来。允彝官至考功主事，故称夏考功。书中子龙首称：

……自足下长逝，遂已历期，每一念至，心焉如割，而不孝琐尾遁荒，寄命锋镝，复负大痛，茕茕亚庐，遥望家山，如在异域。既不能修朋友之服，哭寝门之下，若荀爽之于仲弓，巨卿之于元伯，又以文翰芜落，意志危惑，楚招秦赎，未遑缀染。自分旦夕溘死，握手泉路，无用修辞以饰冥漠，而卒卒视患，遂志无期。足下临殉，手疏见诀，不责以偕亡而有所敦勉，一载于兹，遘会阏阻，曾无毫发以获死所，窃恐良友必含愤于首阳之侧矣……

此下他又叙及允彝的为人。

> 足下孝友淳至，内行渊洁，性好人伦，有林宗藻鉴之奇而多士元长养之意。文章通博，吐言成论，而见童稚一言之合，贵于球璧；名高顾俊，一世龙门，而得末士一行之善，馨若椒兰。见人之贫则推解拯之，闻人之厄则匍匐救之。产同颜郭而宾客盈坐，如郑当时；介严偃室而抵掌是非，若杜周甫。其治民也，则有公绰之廉，宓贱之仁，巫马之勤，季路之断。崇教化，厚风俗，几于户封刑措焉。是以百里之内，仰以为神，四境之外，愿以为君。近世以来，沈潜高明，体周于素，斟酌不穷，如足下者盖亦鲜矣。倘得际明时，遇英辟，立鼎铉之间，处钧毗之任，必能赞巍巍之功，鸿缉熙之治，而运当百六，圣贤莫度，邦国殄瘁，良臣受难，天实为之，尚何言耶？

此下又叙及二人在位，时人指为复社领袖，所幸吏部尚书郑三俊推举允彝、子龙二人为天下贤能吏之首，这时已经是崇祯十五年，不久以后，北京陷落，旧人群聚南京，建立南京政权。子龙说：

> ……曾不逾时，至尊罹鼎湖之痛，京邑有黍离之悲，丁此迍灾，已愿陨灭；随以旧都再建，东南有君，自谓晋宋之业可成，温陶之绩可继。足下累茧南齐，调护群帅，仆亦挥扇江浒，呼集艅艎。及仆应召趋朝，足下擢领藻镜，是时群贤汇升，志存光复，未几而虹蜿扬辉，僭神炀灶，莠言谖说，绎络交会。仆以直言，取憎时宰，亟赋《遂初》，得遂鸟鸟；足下既坚卧不出，而负涂之辈，青蝇横飞，巧为谣诼，嗣复告密繁兴，大狱数起，几相锻炼。嗟乎，世事如此，亦孔亟矣，乃处累卵之危而愤睚眦之怨，忘门庭之寇而仇同室之人，不知此辈何恨于国，必欲空其善类而大命随之，卒之土崩鱼烂，栋折压焉，而夤缘卖国者，或再登华朊，独令数君与国共尽耳。易戒乱邦，诗称阢陧，岂不信哉！

在这段中，子龙提出自己建议创办水师之时，允彝在常州一带的活动，以后二人分别参加兵科给事中和吏部考功司的工作，本来想为国家多尽一些责任，可是得罪了当时的权贵，二人都一事无成。不久以后，南京沦陷。子龙、允彝都做出了自己的决定。他指出：

……北兵渡江，列郡茅靡，旧交故帅，受旨移书，逞其诡词，妄为招诱。仆为逋臣，莫能蹑迹，而足下则见其裨将，答书数百言，责以大义，矢以靡他。至各郡义兵起，同志之士纷纷建鼓，足下断其不可恃，次第得徐冢宰、徐詹事、侯纳言诸公死问[1]，语仆曰："事不可为，唯有守正不屈以从诸君子而已。"

此下又叙及在允彝决心投水自杀的时候，移书子龙，劝以为国家努力。他说：

……足下临殁，移书于仆，勉以弃家全身，庶几得一当。足下死不忘忠，款款之意，岂独为鄙人存亡计耶！今荏苒数月矣，上之不能伏欧刀，赴清流，速自引决，留皎皎之身以上先人丘垅；次之不能重胝跋涉，南走闽越，西奔滇蜀，痛哭于先帝之庭，以几幸宗庙之复血食，下之不能客游下邳，结纳沧海，持长挟短以怀纵横之计，而乃窜处葫芦之下，栖伏枋榆之间，往来缁羽，混迹屠沽，若全无肺腑者。仆即大不肖，靦然面目，如禽兽焉，而异日固有一死，其何以见足下？庶几足下知我心矣。

此下他说及所以不死之故，因为有祖母在。现在高安人已经去世，他自己决心把自己的一生献给祖国。他说：

---

[1] 徐石麒，官至吏部尚书；徐汧，官至少詹事；侯峒曾，官至左通政。

自慈亲见背,痛深罔极,槁窆粗毕,日思芒屩南奔,荷一夕之任,分身陨首,犹生之年,而逻络忽严,津梁顿绝。时无文范,会稽甲盾,复尔崩离,自此山河间隔,声问益渺。子胥乞食,田文鸣鸡,每怀古人,良用愧悼。至于平林、下江,无益先声,徒滋民怨,此仆所以束手而踌躇,仰天泣血而不能自止也。常思上负国家生成之恩,下负良友责望之旨,终夜不寐,当食辄叹,窃不自量,以为崩城陨霜,不绝于天,义徒逸民,不乏于世。夫赵有程婴、智有豫子,楚士一哭而《无衣》赋,韩臣弃家而素书出。何则?精诚之至,事有会合也。彼千乘之国,一家之臣,而尚有如此之士,岂天下万里,养士三百年,遗民数百万而遂无一人乎?以彼所为,概可睹矣。仆虽驽弱,安敢宁处?三冬之际,苟完茔域,将鹑衣跣足,自托汗漫,齐鲁文学之儒,燕赵奇节之士,荆楚感激之徒,庶几得一人焉!倘天下滔滔,民望已绝,便当凿坯待期,归死丘墓。足下其肯营一室于夜台之侧以俟我乎?足下生为万夫之望,没为千古之人,绂策加荣,琬琰不朽,且胤子负荷,既擅龙凤之文,复坚戴履之志,伟元可期,王颀非远,死而有知,岂有遗恨。至如仆者,触藩脱辐,百行无基,既失如兰,谁与启迪。数夕之间,必相见梦,或欢笑如平时,或忧戚若急难,卒未正告以后事,开发以径途。岂人鬼殊途,事理蒙昧,已不可问耶?抑仆志懈行污,永见弃于节士耶?悲夫痛矣。古人有云:"死者复生,可以无悔。"又云:"要之死日,然后是非乃定。"仆敢不勉旃以羞死友。足下聪明忠毅,九垓之内,谁不昭著?仆微志未能上达,其所以重费卮言,再渎神灵之前者,既以自誓,又瞻我友,冀不忘生平,默牖其衷也。百年奄忽,相见匪遥,陨涕陈词,烦冤何已。

隆武二年的秋后,南明政权的前途是黯然无色的。黄道周死了,江南起义的武装力量失败了。郑芝龙挟制朝廷,一边竭力搜索,一边却和清政权勾结，他的军队为数不过五六万，抵抗清军虽不足，挟制朝廷则有余。他在南明政权内部努力做出破坏南明政权的工作。福建以外，江西有杨廷麟的军队，湖南有何腾蛟、堵胤锡的军队，他们是两支武装力量，但是和南下的清军作战是不够的。这一切消息，陈子龙不一定很清楚，即使他知道了，当时的通道都被清军扼守，因此子龙只能在苏、松范围内，隐姓埋名，无论死友夏允彝对他寄以怎样的期待，子龙实际上是无所作为。为什么？因为他没有能够发动群众。明代的统治者脱离了人民，他们压迫人民，剥削人民，在他们和人民脱了节以后，他们凭什么发动人民呢？《嘉定屠城记》写到"时当事者与诸孝廉青衿悉仗剑立雨中，见守城者将散，大惊，分投劝勉，然不能禁矣"。这里的官、绅、举人、秀才挂着刀剑要老百姓守城，可是经过一场大雨，老百姓走散了，举人秀才毫无办法，嘉定终于失守。官、绅、举人、秀才是一个阶级，老百姓是另一个阶级，在老百姓走散以后，官、绅们是没有办法的。

在这个情况之下，无论夏允彝怎样属望，陈子龙怎样努力，要阻止清政权的南下，是不可能的。长兴伯吴易是一名抗清的豪杰，但是他所发动的只是太湖区域的乌合之众，这些人可以一哄而起，也可以一哄而散。吴易的失败是陈子龙估计到的，也亲眼见到的。松江的起义已经失败了，他不甘心失败，正在筹划第二次的起义。

但是从整个国家的形势看，这里正在兴起一个惊天动地的大转变。明朝的失败主要是政治上的大失败。从万历十年以后，神宗就是用一切办法剥削人民，宰割人民，终于造成了民穷财尽、智敝力竭的形势。接下是光宗、熹宗这两位昏庸的皇帝，以后是思宗。思宗十七岁做了皇帝，在现代的学制推行中，十七岁只是一名初级中学毕业生，他懂得了什么？人民对于这样的青年也不会提出什么要求。可是当时要思宗做的是担负起这个庞大帝国的命运，对于十七岁的青年，这样的要求合适吗？东北是建州军队的不断入侵，西北是陕西广大的饥寒交迫的人民。高迎祥、李自成、张献忠的出现是历史的必然性。待到李自成破了北京以后，思宗的政权解体了。思宗自杀，李自成也没有能保卫北京，东北的清政权入关了。这个时候，东北还处在半奴隶、半封建社会，他们的落后的社会制度凭着长枪大刀开路，闯进了山海关。他们的意识强加在中原人民的头上。经过两年的战争，这种半奴隶半封建的制度推进到长江流域，钱塘江、赣江、湘江流域都接触到了北来的血腥。单凭李自成死后的余部或明王朝的残余封建势力要打败这个清政权是没有把握的。倘若能把这两股力量结合起来，也许可以试一试，但是在南明王朝的朝廷里，是没有谁敢于提出这个把逼死思宗的李自成故部和封建王朝的后期执政者结合起来，成为一个抵抗清政权的集体。

这是一个迫切的要求，但是无论是南京的弘光帝，或是福州的隆武帝，都不能想象这样的结合。最后还是由于人民的智慧和勇气把这一点提出了，可是在历史记载里，还是遮遮掩掩地没有给我们一个明确的记载。

据官方的记载是：

> 李自成死，众推其兄子锦为主，奉自成妻高氏及高氏弟一功，骤至澧州。拥兵三十万，言乞降，远近大震。胤锡议抚之，腾蛟亦驰檄至。乃躬入其营，开诚慰谕，称诏赐高氏命服，锦、一功蟒玉金银器，犒其军皆踊跃拜谢……赐锦名赤心，一功名必正……然赤心书疏犹称自成先帝，称高氏太后云。[1]

从这段记载里，我们看到无论当时福州朝廷如何地宣扬，但是从李锦和高夫人看来，这一次的结合，只是阶级的结合而不是史家所称的"乞降"。可是无论怎样，这两支反对清政权的武装，重新合作了，对于清政权不能不构成巨大的威胁。

是不是隆武二年的局势已经不能支撑呢？很可能是如此。赣南是有一支部队，但是在杨廷麟、万元吉这些书生的领导下，不可能得到很大的发展。湖南也有一支部队，在何腾蛟、堵胤锡、章旷这些书生的领导下，即使得到李锦、高必正这些农民运动中涌现出来的领袖给予必要的支援，也不能得到很大的发展。特别是章旷，他和子龙同乡，也是松江人，他任沔阳州知州，

---

[1] 《明史》卷二七九《堵胤锡传》。

因为抗清有功，后来升到湖北巡抚，当然这只是空名，在后来的战争中，他没有跨出洞庭湖一步，可是他对于清政权的入侵是坚持反对到底的，最后在湖南的战争中咯血而死。

由于李锦、高必正的合作，抗清的气势大大地升高了一步。隆武帝久已准备出仙霞关北伐了，但是由于郑芝龙的牵掣，始终没有实现，现在他正准备由延平北伐。隆武二年八月听到仙霞失守的消息，隆武帝决定前往江西，由延平出奔。二十七日至汀州，二十八日隆武帝和曾后遇害。

对于侵略者的斗争，就从此熄灭了吗？不会的。一切爱国、爱民族、爱自己的文化的斗争是永远不会熄灭的。斗争是以这个形式或那个形式而出现，但是斗争永远是斗争。唯有不甘心于失败、不屈服于失败，不管是以什么形式出现，敢于斗争、勇于斗争的人们是最后的胜利者，而且永远是胜利者。

隆武帝失败了，他的弟弟唐王聿𨮁在广州称监国，十一月大学士苏观生、何吾驺劝进，是月称帝，改元绍武。十二月十五日清兵至，绍武帝被获。这是一位短命的皇帝，但是他的气度是壮烈的。在他被获以后，有人给他送食，绍武帝拒绝了，他说："我若饮汝一勺水，何以见先人于地下！"最后他自杀。

在这月十八日，桂王由榔称帝，改元永历。永历帝是一位平凡的人，但是他在西南支撑了十六年，直到康熙元年，他在出居缅甸时，被人出卖，送回云南，为吴三桂所杀，明亡。

弘光帝出奔为清人所获以后，隆武帝称帝以前，鲁王以海在绍兴称监国。因此明代末期曾经出现过隆武帝在福州、鲁监国在绍兴两个政治中心的局面。隆武帝被杀、永历帝在西南时，闽、越一带，鲁监国一度拥有号召的名义，不过这只是空名，当时的实力在郑成功手里，成功是接受永历号召的。

在隆武帝和鲁监国并存的时候，双方都授子龙官职。隆武帝授的是兵部右侍郎左都御史；鲁监国给的是兵部尚书、节制七省漕务。当然，这都是虚衔，没有职权，更谈不上官禄。子龙没有拒绝，实际上也无从接受，一切都在混乱的当中，但是子龙报国的热忱是始终不变的。在黄道周未死以前，他和闽中的关系较深；在道周生前和道周死后，子龙由于曾任绍兴推官的关系，和鲁监国的左右，也始终没有脱离联系。他给自己提出的任务是争取明朝的复兴。

松江府是一个比较偏僻的地方，但是在弘光帝失败以后，这里的重要性显著地提高了。清朝的江南巡抚土国宝的重兵驻在苏州，同时江南提督吴胜兆却驻在松江。这时由于鲁监国部下黄斌卿等在舟山，隆武帝的旧部郑成功在福建。这两部都是水师，势必要从长江入口，袭取南京，作为复兴的根据地。松江正是监视杭州湾和长江口的关键地区，因此吴胜兆的重要性突然地提高了，而由于他的地位，他和土国宝的矛盾也在不断地暴露。

在起义失败以后，陈子龙遁迹空门，踪迹不入城市，他自以为从此不问时事了，但是这是一种欺骗，特别是对于自己的欺骗。在欺骗自己的时候，这是注定不会成功的。

一次起义失败以后，必然要有第二次的起义。子龙的起义，和同时的若干地主阶级分子或知识分子的起义一样，必然要遭遇到第二次的乃至无数次的失败。为什么？这是由于他们不能依靠人民。由于明代的政治的腐化，人民对于统治阶级即使抱有某些幻想，但由于曾经受过统治阶级的不断的打击和镇压，他们久已绝望了，他们会认为统治阶级对于人民总是要压迫甚至屠戮的。东山的老虎要吃人，西山的老虎也要吃人，那么为了维护东山老虎的统治，豁出性命来和西山老虎斗争，实在是一件不可想象的事。明代末年多次起义的失败，原因多在于此。

那么在强敌入侵，进行统治的时候，在作战中，依靠谁的力量呢？陈子龙是依靠吴胜兆，也可以说是吴胜兆是依靠陈子龙。类似这样的事不但是一次，而且是多次。人是从失败的经验中吸收教训而后取得胜利的，但是更经常的是经过一次又一次的失败，不接受血淋淋的教训，终于在最后的斗争中以头颅偿还这次的失败。这是血的教训，然而血的教训并没有取得任何的成果。

为什么陈子龙和同子龙一个类型的人物愚到这样呢？这不是由于他们的愚昧而是由于基层的人民大众受到无数次的残酷的教训，不再信任他们的领导而终于袖手旁观，坐待国家的崩溃。为什么人民会这样死心塌地呢？他们认识到，无论他们怎样地为国家卖命，而他们的领导者即使在依赖他们而得以勉强生存以后，会提起血淋淋的屠刀毫不顾惜地进而屠戮群众。在读到明末的记载，和其他多次朝代末年的记载，我们会得到这样的认识。历史是无情的。在一个朝代的末年，历史会提出残酷的记载给我们以教育。

看到群众不会继续上当受骗，那么当时小地主阶级家庭出身或是官僚地主家庭出身的人要抗拒外来的侵略者在作战中依靠谁呢？他们依靠投奔建州侵略者的松江吴胜兆，后来江西的金声桓、王得仁和广东的李成栋，结果是同归于尽。建州侵略者没有放过陈子龙和万元吉。

从这些事实看，我们不能不嗟叹陈子龙、万元吉的愚忠，但是也不能不同情他们的那种为民族而奋战的忠诚和壮烈。

吴胜兆是投靠建州侵略者的汉奸，他靠屠戮自己的同胞起家，终于获得江南提督的地位，驻兵松江，为建州侵略者作一条防卫杭州湾和长江口的警犬，可是也正因此引起驻扎苏州另一条警犬汉奸土国宝的不满。吴易起义失败以后，他的部下多投奔吴胜兆，胜兆的兵力扩大了，更引起国宝的嫉妒，可是胜兆并不注意。在部队扩编之时，来了一位戴之俊，这是一位有民族意识的干将，之俊结交胜兆的幕僚吴芸、吴著兄弟，他们正在互相结纳、准备起义时，土国宝这条警犬是灵敏的，他一边上奏，一边又报告大汉奸洪承畴。承畴奏称胜兆滥受降卒。在这个群疑交集的当中，郑成功、黄斌卿的水军正在纵横海上的时候，胜兆的思想发生了动摇，他和之俊、吴芸、吴著兄弟谈到，他们都赞同胜兆的策略，主张伺机起义。

隆武元年的秋天，吴易在太湖起义的时候，之俊和子龙就认识。及至之俊投降胜兆以后，他们之间的关系中断了。现在通过子龙的朋友，重行取得联系。他请和子龙见面，可是子龙不答。他再去一封信，说明当日太湖之役，自己并没有忘怀，目的在于取得重行作战的机会。子龙给他答复，关系恢复了。

这时舟山的主将是黄斌卿，在崇祯十五六年间，他只是参将，由于子龙的推荐，累致大将，封威虏侯，屡由海船和子龙联系，历称恢复之意，可是没有进兵，一切都托之空言。偏偏戴之儁认为是事实。因此他乘了小船，来见子龙。

"海外的事情是靠不住的，"子龙说，"不会有什么结果。"

"这还得请老先生考虑考虑，不能把事情看死了。"之俊说。

"那也好，海船是经常往来的，"子龙又说，"请酌量办吧。我不会拦阻你们的。"

黄斌卿是联系好了，约定在四月十六夜由舟山开船直达松江海港。可是十三四日北风大作，眼见得兵船是无法到达了。海防同知杨之易、推官方重朗立即向总督洪承畴告密。承畴把告密信发给吴胜兆。十五日子夜，胜兆用令箭促之易、重朗来见。一面以后，随即把两人杀了。他认定过了这一夜，舟山的海船一到，随即发动兵变。五更以后，天色渐渐发白，可是黄斌卿的海船始终没有到。副将詹天祥、都司高永义，还有中军张世勋原来是在高台瞭望的，在他们确知舟山水师不能前来的时候，他们发动一次兵变中的兵变，把吴胜兆捆起来，用令箭把胜兆的亲信全部招来，随即杀死，戴之俊也被杀，同时把胜兆解往苏州。

洪承畴看到吴胜兆以后，通过严刑拷打，认定这一次未成的兵变，出于陈子龙的密谋。南京清军大帅巴山、操江都御史陈锦、巡抚土国宝都到松江，兵船屯在古浦塘。他们的目标是陈子龙。他们认定江南抗清的主谋，出自子龙，在子龙捕获以后，可以把江南的抗清志士一网打尽。

陈子龙和夏允彝的哥哥夏之旭带同一个童子，逃到嘉定侯岐曾家，侯岐曾正在踌躇的当中，仆人刘驯请求引导子龙出逃。子龙改姓名为李大樽，住刘驯家数日，侯岐曾吩咐顾天逵，导子龙至苏州，再行设法入浙江。这时道路戒严，舟航俱绝。巴山等大索子龙不得，可是逮到同行的童子。他们知道了子龙的行踪，派大队五百人前往，捕获刘驯，刘驯正在设法转移目标，可是子龙在堂中端坐，坦然就捕。

子龙就捕以后，进行严讯。子龙坐在地上。

操江都御史陈锦第一个发问。他对子龙说："你为什么造反？"

"错了，"子龙说，"我没有兵，怎样造反？"

"你接受鲁王的命令，身为七省总督，那还不是造反吗？"

子龙"哈哈"一笑，他说："错了，本朝只有七省总漕，没有七省总督。监国的圣旨，要我总督义师，我因祖母死了，有三年之丧，因此没有出兵。"

"你是七省总督，人人皆知，"陈锦说，"干什么要狡辩？"

子龙说："七省总督要杀，义师总督不应当杀吗？说清楚不算是辩护。"

陈锦又问:"你干什么不剃发?"

子龙说:"保留头发可以见先皇帝于地下。"

这一次答复引起了哄堂的大笑。当时的法庭中,无论堂上和堂下,都已忘却了留发是明代的制度,剃发是建州的风俗,不剃发就是不屈服的意义。

法庭中还在不断地讯问,陈子龙也在坚决地抗议,可是他越说越夹杂着松江方言,法庭上的三位问官无论是建州的侵略者或是投降敌人的汉奸,都不能理解,最后把子龙捆起来,放进船舱,准备把他解往南京。

仲夏的流水,在大小汉奸的簇拥下,正在把这位少年名士、中年志士、晚年斗士的陈子龙解往南京,再由特大汉奸洪承畴审问。子龙乘守卒不备,挣脱了绳索,跃入水中。

"来人呀,陈子龙逃了。"船上的兵士喊着。

大小汉奸高声大喊,不少人跃入水中,经过很久,在他们找到子龙的时候,他早已一瞑不视,完成了自己的任务。这才把他的头颅割下来,悬挂在船首虎头牌上。安息吧,一代的文人,千秋的志士,他的盛名大节永远是中国人的典范,永远为爱国的人们所怀念。

陈寅恪《柳如是别传》第三章引松江人曹千里《说梦》云:

> 鼎革之际,惟(吴)绳如(嘉胤)、(夏)瑗公(允彝)从容就义,言之齿颊俱香。即卧子一死,直是迫于计穷,不得与吴、夏比烈也。

曹千里说错了,陈寅恪也引错了。在国家垂亡的时候,倘使人人引绳投水,从容就义,那时全国成为一片废墟,齿颊俱尽,要香也从何香起?子龙在未死之前,千方百计,争取国家的存在,及至计穷途绝,奋身自杀,这才是真正的志士,真正的爱国者。嘉胤姑不论,允彝垂死的时候推重陈子龙,认为子龙必能继续斗争,远胜自己。我们对于允彝的期许,是不能忽视的。"迫于计穷",一点也不值得惊诧。真正的战士,必然要坚持斗争直到胜利或死亡。陈子龙安息吧!